JN194347

歴史がおわるまえに

與那覇潤

AKISHOBO

歴史がおわるまえに　もくじ

2　眼前の潮流をよむ　時評

【凡例】

・本書の第一〜三部には、著者が病気で教壇を降りる以前の二〇一四年までに執筆された論考を、第四部には逆に、大学を去って以降の二〇一八年に発表された文章を集めた。とくに前者については、執筆当時の歴史的な文脈を損なわないよう、なるべく本文の修正を控える形で再録した。

・初出当時には自明だったため簡略に記述したが、今日では丁寧な説明が必要と思われる箇所には、本書への収録に際して頁末に注釈を附した。すなわち、◆印を附して書かれた解説文は、二〇一九年七月時点のものである。

・各章の冒頭に記された刊行年月は、当該の文章・対談が初出媒体に掲載された時点のものであり、たとえば『新潮45』二〇一四年五月号に載ったことを「二〇一四年五月」と記した。そのため実際の執筆・対談の期日とは異なり、また雑誌の場合、五月号は一般に四月に刊行されるので、厳密には「書店に並んだ日」とも若干のずれがある。

・本書と対になる学術論文集として、『荒れ野の六十年』が勉誠出版より近刊の予定である。執筆時期が重なるのみにとどまらず、テーマとしても響きあう論文や書評を収録しているので、姉妹編として手にとっていただけたら幸いである。

はじめに
——偶然にたどりつくまで

歴史に必然というものはあるのでしょうか。

二十世紀のなかば、社会主義を掲げる国家が隆盛を誇ったころは、資本制を揚棄して共産制へと進むことを「必然」とする歴史観が力を持ちました。現存する社会主義体制の矛盾が明らかになり、修正資本主義の福祉政策も行きづまりを迎えた冷戦期の後半からは、逆に市場競争に基づく新自由主義への転換こそが時代の必然とされ、二十一世紀の冒頭に広いコンセンサスを得ました。

そうした歴史観をいま素朴に信じる人は、ほとんどいないでしょう。共産主義社会の未来図を世界に示すはずだったソビエト連邦は、一九九一年に瓦解し、新自由主義による発展の手本とされてきたアメリカも、二〇一七年発足のトランプ政権以降、露骨な保護貿易政策に転じています。

しかしそれでも、多くの人びとが歴史のなかに必然を見ようとしてきた事実は消えません。どうして、そうであるのか。

かつて必然論の立場で歴史を書いた私の体験に照らすと、その答えは「全体性」と「意味」への欲求に求められると思います。

必然という観点を失った政治経済論議のまずしさを、私のような平成期――ポスト冷戦の時代に言論の場で活動した者はよく知っています。政治の動向や経済的な情勢（たとえば「官から民へ」の推進）が、歴史の流れではなく為政者の意図に還元される結果、問題がいたずらに「個人化」されてゆく。

あんなやつが総理なせいでこうなった、あいつの首さえすげ替えれば事態は変わるとする論調が蔓延し、相手を罵る口汚さが商品となる心寒い論壇の惨状。こうした罵倒芸がじっさい、なんの変化ももたらさないことを私たちは知っています。「あのひとりのせいで」世の中がこうなったという糾弾は、裏返せばそのひとりに社会を動かす絶大な力の存在を認めているわけですから、「あのひとりのおかげで」わが国のいまがあるとする個人崇拝と同根の発想でしかありません。

敷衍していいかえるなら、たとえばヒトラーやスターリンという個人が冷酷な人間だったのは事実でしょう。しかし彼らの残忍さを示す挿話をいくら集めても、なぜ社会がそうした人間に権力を委ねてしまったかは説明できないし、ひいては「第二のヒトラーやスターリン」が生まれるのを防ぐ役にも立ちません。

二十世紀、すなわち全体主義と冷戦の時代の教養をわずかでも受け継ぐ世代としては、全体性を見る眼を養うために学問をし言論に反映することが、専門にかかわらず共通の責務であろう。それが私に歴史を書く際、必然という観点をとらせた理由でした。もっともそんな試みはいらないというのが、当時勤めていた学科の言い分でしたので、病気で心身を損なったのを機に離職しましたし、いまやそうした場所が世の中を「指導《リード》できる」とはまったく思いません。

いっぽうで全体性ではなく意味に関して、私はかなりまちがった考えを持っていたと思っています。ひとことでいえば、必然性が意味の基礎づけである、なんらかの「必然」を感じとれるときにこそ人は意味を味わえるという先入見に、とり憑かれていたということです。

卑近な例になって恐縮ですが、職場で仕事を頼まれるさい、「別にお前でなくてもいい。たまたま選んだだけだ」と言われて愉快な人はまずいないでしょう。嘘であっても「あなただからお願いしている。あなたしかいない」という言い方で頼むのが、人間どうしの社交のありかたとして基本的な作法《マナー》だと考えていた私にとって、少々信じがたい人間関係を以前の勤務先では体験しましたが、おそらくはそれが当世風の「社会常識」なのでしょう。

むしろその後、私が病気の最中に経験した新鮮なおどろきは、必然は意外に人を救わないということ。逆に偶然が人を助けるということです。

いわゆる新自由主義にともなう「能力主義」の風潮は、社会主義とはまた違うかたちで必然の論理を強化しました。能力が「高い人」は活躍し見返りを得るのが必然、「低い人」は落ちぶれるのが必然、というわけです。マルクス史学が「社会の全体」というマクロなレベルで必然性に基づく歴史《ヒストリー》を語ったのに対して、個人単位での必然の物語《ストーリー》がメディアに溢れかえったのが、二十一世紀の日本でした。

しかしこうした「必然の個人化」が、他の個人にたいする共感を失わせた結果、そこを越えたら社会という共同性を営めなくなる臨界が迫りつつあります。たまたま病気をしなかっただけの人が、いわば必然性をロンダリングして、偶然病気になった人に勝ちほこる例のなんと多いことか。

そうした風潮が深化すれば、たまたま肌が白く、異性愛で、標準家族を営んでおり……といった「偶然、多数派に生まれた人」がみずからの地位を当然視して、頭数を武器に民主的な暴政をふるう世界が生まれる。それがいま起きていることです。

必然性の論理にまた別の必然を掲げて立ちむかっても、なにも得られないのではないか。それが、社会主義を打ち破ったはずの新自由主義が、いままた新たな怪物の専制に敗れ去りつつあることの真因ではないか。

こうして私は、かつて自分が必然として描いた歴史のすべてを、いったん終えることに決めました。

「私たちが偶然、ここでいっしょになったことにも意味があるんだ」。

二〇一五年の三月、入院した病棟でようやく私のうつ状態が薄れてきたとき、コモンルームでそう演説していた若い患者さんの姿を、いまも思い出します。

——そうか、偶然でいいんだ。むりに「必然化」しようとすること自体に、じつは必然性がないんだ。

そう教えられたように感じたのを覚えています。出自や能力や容姿などが「ある」(＝所有している)から、必然として富や名声や人脈を得られるという考えは、ほんとうは寂しいものではないでしょうか。

病気はたしかに資産というよりも負債であり、だからそれゆえに人と出会えたことを形容することばは、必然ではなく「偶然」になる。しかしそうして生まれる関係が、能力によって選抜された(はずの)人びとが織りなしていた大学という場所のそれとは、比較にならないほどの無私と高貴さによって彩られていたことを、私は生涯忘れることはないでしょう。

必然化への欲求さえ捨てることができるなら、あらかじめなにかを「持っている」必要はありません。たまたま近くにいたのが私、たまたまこのとき出会ったのがあなたの関係でも、それはけっして確率論的な数学上のランダムではなく、そこから濃密な「意味」が立ちあがる偶然になりえます。

ユートピアを求めてディストピアに陥った共産主義はどこで誤ったかという命題は、冷戦終焉以降にさまざまな学問分野で探究され、それぞれに答えらしきものがでています（アヴァンギャルドの圧殺、社会主義計算論争、アジア的専制の遺産《レガシー》など）。しかし最初のつまずきの一歩は、人間にとっての意味を、そして自由を、偶然ではなく必然によって基礎づけたことにあったのではないでしょうか。

なにかを所有し、必然によって自分の存在を意味づけようとするのは、ほんらいは「しかたなく」そうするだけのことであり、他に生きようがないときの次善の手段にすぎない。それをあたかも人間の本質であり、人生の目標であるかのように錯覚することで、人は「所有に囚われて不自由になる」という逆説に堕ちていく――。ご存じのとおりそうした誤謬は、資本主義のもとでも無縁ではありません。

かつて社会主義体制の崩壊を「歴史の終わり」と呼ぶ人がいました。しかしそうした見方じたいが、必然として語られた歴史そのものだった。むしろ多くの歴史の語りとともにあった、必然という発想そのものを終えた後にはじめて、私たちはほんとうに問うべきことを考えられるのだと思います。

＊＊＊

そうした目で往時の仕事をふり返ったとき、病気が重度になる直前、「新入社員に贈る本」の紹介を頼まれた一文に同じことを記していたのに気づいて、雷に打たれた心地がしました。ああ、わかっていたんだな。自分が書いてきた歴史を捨てるか、文字どおりそれと心中するかの二者択一だったんだなと、当時の行きづまった状況を思い出します。

もちろんいまの私は、歴史を捨てるのが正解だと知っています。アフォリズムめいて言うのなら、「人生は歴史より長い」。しかし、そうわり切れるようになるまえにもがいた思考のいくつかには、いまも公に供する意義があるものと考えて、今回こうしてまとめることにしました。

当該の文章をここに掲げて、本書全体の前奏としたく思います。編集を担当してくださった亜紀書房の足立恵美さん、また歴史学者時代の対談の再録にご同意くださった七名の先生方に、あつく御礼申し上げます。

新入社員に贈る一冊
――『エイダ』山田正紀著

二〇一五年一月

もし、あのとき違う選択をしていたら……。
その地点を思い出せるかぎりで、人間には「自由」がある。

就職活動をまともにせず、会社に入ったこともない私が、新入社員のみなさんに本を贈るというのもおかしな話かもしれません。正確には大学三年生の年度末、一社だけエントリーシートを書きました。しかしそれを記入しながら、この作業をずっと続けるのは難しいかなと思ったことと、当時慕っていた先生がかねてから進学を勧めてくださっていたのとが相まって心を決め、リクルーターからのお電話に「大学院を目指すことにしたので、就活を断念する」旨を伝えました。

いまの仕事に就いたのも偶然です。博士課程の終わりごろ、同じ学年で親しくしていた院生が早々と地方大学に就職を決め、「応募書類を書く練習になるから、公募には出してみた方がいいですよ」とアドバイスをくれました。相変わらず慣れない手つきで自己アピールを書き、目についた公募先に送っていたところ、博士号の取得と前後して常勤職に採用していただけることになり、三年任期だった当時のポスト（日本学術振興会特別研究員）を半年で辞めて着任しました。

いまもふと、あのとき違う選択をしていたら、という気持ちが頭をよぎることがあります。そのまま大学四年生になっても就活を続けていたら、常勤職の公募に出さずに（二年度目からは海外で研究しようと考えていた）研究員を続けていたら、あるいはそもそも、それらの判断のきっかけになった、恩師や友人の一言がなかったら……。

いま世界で最も本が売れる歴史家との評もあるニーアル・ファーガソン氏が、「アメリカ独立がなかったら」「ヒトラーが勝っていたら」などの問いを仲間と真面目に議論した初期の編著 *Virtual History: Alternatives and Counterfactuals*（『仮想歴史学——異なる選択肢と反事実的思考』。原著一九九七年）で述べているように、「歴史にifはない」というのは俗論です。たった一人の人生においておや、誰にでもこれだけのifがある。だとすれば膨大な数の人々が紡ぐ生の連なりあいにほかならない歴史に、どうしてifのないはずがありましょうや。

山田正紀氏のSF大河小説『エイダ』（文庫版、五二五頁、七四〇円、早川書房）には、私の大学入学の年でもあり、同書が文庫に入った一九九八年に出会いました。人生を問い直そうとする会社員やその妻たちの振る舞いが、選択次第で可能だったかもしれない並行世界（パラレルワールド）の生滅をめぐる争いに変換される形で、かたや宇宙論を賭けた人間と異次元生命体との闘いになり、もうかたや古代ペルシャでのゾロアスター教発生以降、人類が常に向き合ってきた風景として描き出される。キャンパスの読書サークルで、その年のベストワンに推したことを覚えています。

「あなたには無限の可能性がある」などと言われるとかえって鼻白むという経験は、よほどの自信家でもないかぎり、みなあるところでしょう。しかし、「あなたには他の可能性もありえた」という事実は、いかなる歴史の必然論によっても消し去ることはできない。むしろ自らの過去を振り返り、そのような「他でもありえたかもしれない」地点にまで戻るための技法として歴史（学）はあり、そして、その場所を思い出すことができるかぎりで、いまあなたがどこで、いかなる仕事をしていても、人間には「自由」というものがあるのだと思います。

（『新入社員に贈る一冊』（第八版）経団連出版）

日本史を語りなおす

1

史論

冒頭に収めた三つの対談は二〇一四年の二〜三月、朝日カルチャーセンター名古屋校にて、当時勤務していた大学の提携講座として開講したセミナー「若手研究者と学びなおす　いま、いちばん新しい日本史」に基づく。大学のある職員さんは熱心に、企画のポスターを学内に掲示するよう働きかけてくれた。学生が受講するには高価だったため、私としては躊躇したが、「こうした先生の授業を本学では聴けるんだと学生に伝えたい」とのことであった。登壇して下さった御三方のその後の活躍は、周知のとおりであろう。

セミナーは東島誠氏と作った『日本の起源』（太田出版、二〇一三年）をテキストに使用しており、同書のもとになった同氏との二〇一二年の対談も再録した。震災の直後、すなわち日本史の展開のなかでは圧殺・忘却されてきた側の視点に、誰もが立つことのできた貴重な季節の記録として、一四年の講座と対比しながら読んでみるのも味わいがあろうかと思う。

書き直される日本中世史

――義経・後醍醐・信長の実像

呉座勇一＋與那覇潤　二〇一四年五月

與那覇　呉座さんは一月に新潮選書で『戦争の日本中世史』を出されましたが、同書はご専門の南北朝期（一三三六～一三九二年）を中心に、元寇（一二七四、一二八一年）から応仁の乱（一四六七年勃発）までを扱う「中世内戦史」ですね。いわゆる軍事オタク的な戦術史ではなく、むしろ戦争を素材として中世社会に対する見方がどう変わってきたのかを、鮮やかに示された書籍になっています。

乱暴に要約してしまうと、戦後歴史学における中世史の描き方はマルクス主義的な「階級闘争史観」に規定されてきた面があって、内戦、すなわち国内での権力闘争があるごとに「既存の体制への新興勢力の挑戦」とみなしがちだったと。前作の『一揆の原理』で提起された、歴史学がこれまで中世の土一揆や国人一揆をロマン化し過ぎていたという観点を、今作では政治史的に展開された印象を受けました。

まあ、自分が研究対象に選んだ時代を「推したく」なるのは、歴史で商売をしている者一般の性《さが》でもあって、「どうしてその時代をやってるんですか?」と聞かれたら、ついつい「激動期かつ変革の時代として、先の見えない今日の日本を考える上で最も意義があり……」と言いたくなっちゃう(笑)。呉座さんの研究はその種のアプローチに対して、アンチテーゼを出そうとされているようにも読めます。

呉座　いま與那覇さんがおっしゃられたように、どの研究者も「自分の扱っている時期こそ変革期だ」と言いたがる傾向は基本的にあるのですが、その中でも中世史というのは、明治期に近代歴史学が始まったころから変革期だと言われ続けてきた「変革期の花形」みたいな時代ではあるんです。

與那覇さんが『中国化する日本』でも書かれていますが、日本は黒船以来、近代化、西洋化を目指して進んできた。日本にとって西洋は、自分たちの先を行っている「モデル」だったんですね。その結果、日本の歴史というのはヨーロッパと似ているんじゃないかという議論がずっとされてきました。

その歴史観の中で、重要視されていたのが中世なんです。つまり、日本もヨーロッパも同じ封建制社会だった。だから日本もヨーロッパみたいになれるんだ、と。そういう意味では、「中世こそが変革期」と言いたがる研究者の性向は、日本の近代歴史学の歴史とも相まって、割と根が深い。

鎌倉武士が「革命の担い手」？

與那覇　ここでいう封建制とは、「在地領主層が緩やかな主従関係によって束ねられた、分権的な社会」の意味ですね。

呉座　ええ。いわゆる「御恩と奉公」の関係です。それこそ明治のころだと、中世の武士たちがゲルマン民族とかヨーロッパの騎士とかになぞらえられて、「似てるでしょ？」と議論されてきたところが、近代歴史学の出発点になっている。

與那覇　日本だけがアジアにあっても西洋化できるという根拠を見つけるために、日本史のなかにヨーロッパと似た要素を探してきたわけですね。西洋史で考えると、大帝国としての古代ローマが腐敗して崩壊し、地元のことは地元の領主が治める分権的な体制になっていく。つまり帝国から封建制への転換こそが、古代から中世へのステップであると。そういう見方をすると、ずっと皇帝専制だった中国は封建制がないからダメだが、日本には鎌倉武士がいたから西洋と同じになれるはずだとなる。

面白いのは、この視点が戦後も生き続けたというご指摘ですね。敗戦後、皇国史観を捨てて日本史研究が再出発する際にバイブルとなったのは、一九四六年に出た石母田正《いしもだしょう》の『中世的世界の形成』です。しかしこれは、東大寺という古代以来の荘園所有者の支配に対して、地元の在地領主たちが闘いを挑むというストーリーだから、「古代帝国に立ち向かい、自立を目指す封建領主によってこそ、歴史は前進していく」という発想では戦前と変わらない。

呉座　石母田の議論では、古代の律令国家を鎌倉武士たちが打倒していくという構図と、いわゆる天皇制国家を共産主義革命によって倒すという構図がオーバーラップされちゃっているんですね。それによって武士たちが「革命の担い手」にされてしまった。戦前とは違う文脈ですが、戦後のマルクス主義的な歴史観の中でも、武士が変革の担い手という形で高く評価されるという流れが継続していく。

與那覇　保守系の識者は今も昔もサムライや武士道が大好きですが、戦後直後は左翼の人たちも「天皇制国家に挑戦した革命家の先駆者」として、鎌倉武士を贔屓《ひいき》にした。左右両翼の双方に持ち上げられてしまうと、その歴史観はなかなか覆らなくて、だから平清盛よりも源頼朝の方が、なんとなくチャレンジャーっぽくて今もみんな好きだったりする（笑）。

しかし問題は、本当に彼らがそんな変革者だったのかということですよね。

呉座　中世史研究の中でも、だんだん流れが変わってきた部分があります。石母田正の場合、「武士が古代の律令制国家を打倒する」というストーリーをとっているので、『中世的世界の形成』では、一番の変革を鎌倉幕府の成立に見ています。つまり中世の始まりの部分です。でも、当然のことながら、ちょっと時期が早すぎるんじゃないの、という議論も出てくるわけです。

與那覇　早いというのは、何と比較して……。

呉座　これも戦後の歴史学者の思い入れみたいな部分がありまして、石母田の議論は、リアルタイムの共産主義運動と連動していました。中世史の世界では有名な「鈴木・石母田論争」というのがあるんですけど、鈴木良一という研究者が石母田の説に対して「武士が変革の主体というのはおかしい。武士ではなく、もっと下の農民、民衆こそが真の変革の担い手であるはずだ」と批判を加えます。

要するに、石母田の言っていることは、知識人が大衆を指導して革命を起こすという「上から目線のエリート主義」ではないか、というわけです。もっと民衆に寄り添って、民衆の力によって革命を起こすことこそが本当の革命である。だから武士じゃなくて民衆、農民を見ていかなきゃだめだという批判が出てくる。

與那覇　武士が貴族から政権をふんだくったところで、そんなのは内輪もめにすぎないと。

呉座　武士も結局、支配者の一味じゃないかという話ですね。

石母田は、鈴木にこう反論しています。自分も民衆の力、農民の力を重視している。しかし、平安時代末期にはまだ農民の力がそんなに強くなかった。だから武士たちに変革の夢を託すしかなかったんだ、と。そうなってくると、民衆が主役になって「本当の変革」が行われるのはいつなのかという議論になり、「南北朝時代じゃないか」という話が出てきたんです。

イメージしにくい南北朝

與那覇　このあたりが、中世史の専門家と一般の歴史ファンとの間でギャップが起きるところですよね。『戦争の日本中世史』という書名にしても、普通の人だったら戦国時代を連想して、南北朝には意識がいかない気がします。たとえば南北朝期に噴出した民衆の力とは、具体的にどういった現象になるのでしょうか。

呉座　ぶっちゃけた話、「そんなに民衆の力、出ているのか?」という疑問もあります（笑）。農民の一揆が大規模化するのも室町時代以降ですからね。

與那覇　しかもその一揆も体制打倒運動とまではいえないというのが、呉座さんの『一揆の原理』の議論ですよね。百姓が逃散《ちょうさん》するといってもストライキみたいなもので、領主側が折れれば帰ってくるわけだし、徳政一揆もいわば借金を巡る訴訟上の駆け引きとして、「強面《こわもて》」なところをアピールしているに過ぎないと。

呉座　今回のテキストである『日本の起源』で、與那覇さんが「南北朝が画期というのはどうもわかりづらい。戦国時代のほうがわかりやすい」と書かれているのは、実は一理ある。昔になればなるほど史料が少ないので、もともと戦国時代に比べて南北朝の方が史料が少ない。また、偉い人の史料は結構残っていても、民衆の史料は残らない。「残っていないだけで本当は頑張っていたんだ」という話も成り立たないことはないですけど、思い入れ先行のところがある。

最近は石母田正のように「鎌倉幕府が画期なんだ」と言う人は大分減ってしまいました。南北朝期が画期なのか、それとも戦国時代が画期なのかというのは意見が分かれるところですが。

與那覇　鎌倉画期説が衰退したというのは、幕府をむしろ京都の朝廷の統治システムの一部として見る見解が、有力になったためでしょうか。

呉座　そうです。鎌倉幕府に対する見方には、大まかに二通りあります。ひとつは、佐藤進一さんが提唱した「東国国家論」、つまり鎌倉幕府は東国に独立国家をつくったんだという議論です。独立国家をつくったというなら確かに画期的なわけですが、学界の中ではちょっと分が悪い。

與那覇　もうひとつが、中世にも「治天《ちてん》の君」（朝廷のトップとしての院・上皇）が幕府・寺社・貴族などの荘園支配のさらに上に君臨し続けたとする「権門《けんもん》体制論」ですが、こちらの方が強いと。

呉座　この論争には多少、学閥的な側面があります。佐藤さんは東大のたいへん偉い先生でして、かつて東大系列の研究者は鎌倉幕府をかなり評価する側でした。今はそうでもないですけど。一方、京大をはじめ関西の大学はやっぱり朝廷重視で、権門体制論が前提なんですね。

與那覇　もはや「論」ではなく定説だ、ということですか。

呉座　権門体制論以外あり得ないでしょみたいなノリがあって……。私はそこまでは思わないですが。

網野善彦のアクロバット

與那覇　南北朝画期説のスーパースターといえば、呉座さんの本でも大きくフィーチャーされている網野善彦ですよね。網野自身は東大の出身ですが、むしろ「西の歴史家の学説に親近感を持つことが多かった」という回想も残しています。

人口に膾炙《かいしゃ》しているのは、従来の天皇の型にはまらない君主としての後醍醐天皇（在位一三一八〜一三三九年）を描いた『異形の王権』（一九八六年）でしょう。つまり天皇制を打倒する、ないしそこから自立するというタイプの革命ではなく、天皇自身が「変革の担い手」だったという逆転の発想を打ち出したのが、網野史学ということになりますか。

呉座　網野さんの場合、いろいろと紆余《うよ》曲折があって、一筋縄では理解できません。一九五〇年前後に松本新八郎という歴史学者が「南北朝封建革命説」を提唱しました。南北朝内乱は革命であり、それによって封建制が成立したのだという議論です。駆け出しだった頃の網野さんは、五一年に「若狭における封建革命」という論文を書いています。これは松本説を鵜呑みにしてしまった論考で、後に「あれは抹消したい」と自分で言っているんですが、ともかくそこからスタートした。

與那覇　五〇年代前半は朝鮮戦争の影響もあって、戦後日本のマルクス主義史学の内部でも一番、革命運動の暴風が吹き荒れた時期だったわけですね。だからこそ、「変革の担い手探し」がかつてなく盛り上がったし、網野も含めてその失敗にはみんな傷ついた。

呉座　その後、網野さんは松本新八郎と対立して決別。革命運動からも離脱しました。そんなこともあって、網野さんとしては「南北朝封建革命説」は個人的にも学説的にも受け容れがたい。その結果、一九六六年に出された『中世荘園の様相』という本では……。

與那覇　初の単著ですよね（第三部参照）。

呉座　そうです。これは若狭の太良《たら》荘という一つの荘園を舞台にして書いているんですが、「南北朝内乱でも荘園制は解体していない」という議論をしている。

それまでの通説では、南北朝内乱期に荘園制が解体しており、そこに大きな変革があったと言われていた。だから、永原慶二さんなどの歴史学者から「網野は南北朝期の画期性を理解していない」と批判を浴びた。ただ、網野さんも南北朝期がある程度の画期ではあったと考えていたようです。かといって、松本新八郎との対立もあって、素直に認めるわけにはいかない。そこで、「民族史的転換」という発想を持ちだした。

網野さんには「鎌倉末期の諸矛盾」という有名な論文(一九七〇年)があるんですけど、そこでは実に複雑なことを言っている。つまり、農業中心のマルクス主義的な視点で見ると南北朝期は変革期とは言えない。けれども民族史的視点に立てば転換期なんだ、と。そこでクローズアップされたのが「非農業民」です。

與那覇　商工業者や芸能民など、移動しながら生活し、時に悪党と呼ばれる人々ですね。『太平記』でいうと、楠木正成のイメージが一番ぴったりくる人たち。

呉座　封建領主と農民が中世社会の根本ラインであるというのがマルクス主義的な考え方ですが、その根本ラインで見ると南北朝期に特に大きな変化はない。けれども、そのラインから外れている人たちが大暴れした。それが南北朝内乱なんだというのが網野さんの言う「民族史的転換」です。かなりアクロバティックな理論構成なんですけど。

與那覇　「封建制の担い手が古代の荘園領主を打ち倒す」といった、ベタなマルクス主義で南北朝に変革の担い手を探すと失敗する。しかし、同じ時代でも別の角度から切り取れば、やっぱり変革の契機は見出せるのだと。

呉座　網野さんの場合、まさにそういう発想です。それは最初からそう考えていたというよりり、松本新八郎との葛藤の中から生まれてきた部分が大きい。

與那覇　コイツと同じことを言うのは嫌だという気持ちがありつつ、「全部間違いだ」とも言いかねるから、「裏返しで正しかった」みたいなところに落としたと。それ自体は今も

1991年秋、石川県珠洲市での網野善彦。晩年には奥能登の海民の視点からも、農業中心の日本史像の相対化を試みた（写真提供・神奈川大学日本常民文化研究所）

色々な業界でありそうな話ですが（笑）、それが現実世界における革命志向ともつながっていた点に、戦後歴史学界だけが持つ重たさがあるわけですね。

後醍醐天皇は「普通」だった？

與那覇　ともかくそうして網野さんの場合は、天皇自身が「日本の伝統」を踏み外してみせたという点で、後醍醐と彼に連なる悪党＝商工業者勢力に着目した。私の『中国化する日本』も網野に依拠して、後醍醐を「中華皇帝になろうとした天皇」として論じたのですが、今回の呉座さんのご著書ではその点への批判もいただいたと思っています。

まず、公家の家格を無視して悪党でも側近にする後醍醐の野放図さを、宋代に科挙を導入して貴族制を廃止した中国皇帝への志向として理解するのは、先ほども名前が出た佐藤進一さんにルーツがあると。

呉座　ええ。網野さんの議論は、根本的な部分では佐藤進一さんにかなり乗っかっています。網野さんは西の歴史家にシンパシーがあったという話が先ほどありましたが、後醍醐の評価に関しては東大の佐藤さんに依っています。

與那覇　『戦争の日本中世史』ではさらに、後醍醐に「中国化を目指す」というような高い意識がそもそもあったのか、という疑問を出されていますよね。

呉座　これは私のオリジナルな見解というより、最近、学界の中で佐藤進一さんの「後醍醐が中国皇帝を目指した」という議論がかなり分が悪くなっているという現実があります。特に鎌倉時代の朝廷の研究が進んだのが大きい。

以前は、鎌倉時代は武士の時代だし、承久の乱（一二二一年。後鳥羽上皇による倒幕の挙兵）以降は朝廷なんて有名無実化していたから、研究してもしようがないという風潮があった。しかし権門体制論の影響で、鎌倉後期の朝廷の研究が随分進んだ。すると、「後醍醐ってそんなに変わったことをやっていたのか？」となってきた。

與那覇　幕府が滅んだ結果、もろもろの実権を鎌倉から取り戻している分、一見すると中国皇帝並みの専制君主になったように見えるけど、実は鎌倉後期の朝廷のあり方一般と対照するなら、そこまで突飛な行動様式でもなかったと。

呉座　そういうことです。鎌倉後期の段階で「治天の君の専制化」という現象は実はかなり進んでいたと言われています。後醍醐の独裁で決める、専制でやるという姿勢は、そういう鎌倉後期の朝廷の流れを引き継いでいる。ただ、鎌倉時代には鎌倉幕府という物凄く強い存在があったので、朝廷内部での専制化にとどまり、社会全体の中では大した変化ではないように見えていた。一方、後醍醐の場合は幕府という重石がなくなった分、独裁イメージが強くなってしまいました。

與那覇　たとえば自民党が野党に転落して権力がなかった時代（二〇〇九～一二年）に、安倍晋三さんがフェイスブックで大政翼賛会的な応援団に担がれていても、誰も気にしない。だけど民主党政権が自壊して、安倍さんがそのまんまの状態で首相に復帰したら、「え、なんかネット右翼が政権乗っ取ってるし！　日本やばいんじゃね？」となったような感じですか。

呉座　それはうまい見立てだと思います。実は、この点は私が権門体制論に批判的な部分でもあるんですけど、鎌倉後期の段階では、鎌倉幕府は事実上、次の天皇を誰にするかを決められる力を持っているんです。それを表には出さず、ふだんは朝廷のお考えどおりにと言っているんですが、いざもめてくると介入して天皇の首をすげかえちゃう。

そういう状況では、朝廷で幾ら独裁みたいなことが進んでも、やり過ぎれば幕府が介入してくるので、そこでストッパーがかかる。だけど、建武政権（後醍醐天皇）では鎌倉幕府がなくなっていますから、とめる人がいない。

與那覇　別の勢力に政権を取られた時点で、党内の派閥長老クラスの力は相当落ちていた。その後にふとした弾みで政権が返ってきたら、党の総裁がどこまでも突っ走って行けちゃうと（◆1）。どうも、比喩ではすまない気がしてきましたね。

鎌倉幕府崩壊の理由は「分からない」

與那覇　思わぬ方向から南北朝が「今の日本に通ずる時代」に見えてきたわけですが（笑）、

『日本の起源』でも議論したのは、そういう専制型のリーダーは中国とは異なり、日本では長続きしないということでした。実際、後醍醐の建武新政も数年で破綻して、室町幕府という別の幕府ができてしまう（一三三六年）。この理由はなんなのでしょう。

呉座　一言ではなかなか説明しにくいですけど、「中国化」の議論に即して言うと、結局、科挙のようなきちんとした官僚制を機能させるシステムがない点が大きいですね。

佐藤進一さんの議論で、後醍醐が中国皇帝的なものを目指したことを示す根拠として挙げられているのが「官司《かんし》請負制の否定」です。官司請負制とは特定の官を特定の家が請け負うシステムのことです。天皇が好き勝手に任免できないという意味で、一種の世襲家職制と言えます。後醍醐はそれを否定した、だから非常に画期的なんだというふうに佐藤さんは主張されたわけなんです。

ただ、佐藤さんの議論には批判が出されている。後醍醐は別に官司請負制という「システム」を否定していない。その請負によって得られる利益を自分とお気に入りに集めただけだ、と。世襲をやめて公募制にするなら改革と言えるけれど、「俺のお気に入りと交替する」と

◆1　安倍晋三首相は第二次政権の発足から約一年が経過した二〇一三年十二月二十六日、事前予告なしに靖国神社を参拝した。同盟国のアメリカからも強く批判されるなど外交問題となり、各社の世論調査で国民の賛否が拮抗（つまり半数近くが支持）したことも衝撃を与えた。

いうのでは改革の名に値するのか、という話になりますよね。

與那覇　後醍醐の悪党抜擢は、科挙のような新システムの導入を通じて行われたわけではない。中国化を目指すという確固たる「思想」をもって国のかたちを変えようとしたというより、鎌倉政権崩壊という権力の真空状態が生じたせいで、たまたま為政者が恣意放埒《しいほうらつ》の限りを尽くすことができたにすぎないと。

では、その鎌倉幕府の崩壊理由ですが、実は最新の学説では……。

呉座　本で書きましたけど、結局「分からない」というのが結論なんですよね。

與那覇　おそらく今でも中学・高校では「元寇の際に配る恩賞がなくて武士に不満がたまった」みたいな説明がされていると思いますが、あれは違うわけですか。

呉座　それはすでに否定されている議論です。確かに元寇のとき、恩賞が非常に問題になりました。その後、恩賞問題も含めて、鎌倉幕府で内輪もめが起こるんです。それが、教科書にも載っていると思いますが、安達泰盛《あだちやすもり》と平頼綱《たいらのよりつな》が争った霜月《しもつき》騒動（一二八五年）。

與那覇　御家人と御内人《みうちびと》（北条氏の私的従者）の争いですね。

呉座　それによって安達泰盛と一族、それから彼らに味方した連中が皆殺しになって、大量の所領が宙に浮くんです。粛清して手に入れた所領をとりあえず配って、当面の恩賞問題はそこでクリアされている。

與那覇　今の北朝鮮みたいですね。

呉座　実際、安達泰盛は若き新指導者・第九代執権の北条貞時の母親の兄という姻戚関係によって序列二位となった「改革開放」派。それが「反乱を企てた」嫌疑で一族もろとも粛清されたのですから、張成沢《チャンソンテク》事件（◆2）とうり二つです（笑）。

與那覇　そこまでそっくりとは（笑）。では、恩賞問題を乗り切った幕府がなぜ潰れたのか。呉座さんの本は、楠木正成の反乱を潰せなかったことが大きいと示唆していますよね。悪党の反乱ひとつ取り締まれないということで「京都の朝廷のほかに鎌倉政権がある意味って、そもそもなんだっけ？」という雰囲気になってしまった。そのタイミングで足利尊氏を筆頭に後醍醐側に寝返る人が出てくると、みんなばたばた続いてしまう。

呉座　本の中でも書いたんですが、ここがマルクス主義歴史学の欠点なんです。ともかく体制をひっくり返す革命というものを非常に高く評価し、それを熱望するという発想が根底にあるので、「体制の構造的な矛盾」みたいなものを指摘したがるんですよ。この体制は滅ぶべくして滅んだというふうに説明をするので、結局必然論になる。すると、楠木正成の件もそうですが、潮目が変わるというか、局面が劇的に転換する瞬間を捉えるのが難しくなって

◆2　二〇一一年十二月に北朝鮮で金正恩《キムジョンウン》が権力を継承した後、叔父（父の妹の夫）の張成沢は政権ナンバー2の後見役とみなされたが、二〇一三年十二月に処刑されたことが発表された。張は中国との経済交流による発展を企図していたとされる。

しまう。

與那覇　矛盾を「克服」することで人類が進歩していくというのがマルクス主義の発想でしたが、日本の場合はそもそも克服する対象がない感じがしますね。律令制がなし崩しに荘園制になって、そのままなし崩しに幕府ができて、潮目しだいでなし崩しに潰れると。封建領主には帝国を克服する意志がなく、帝国を「取り戻した」はずの後醍醐にも確たる思想はない。

信長は「北朝鮮の君主」

與那覇　この点は、呉座さんが描かれた内戦の「中途半端さ」にも通じる気がします。『日本の起源』の主題も、日本は古代以来、権力独占を非常に嫌う社会だということでした。専制君主を立てずに、複数の有力者がほどほどに実権を分有して共存するから、権力に逆らって一族皆殺しという例はそう多くなくて、南北朝の争乱なんて寝返ってもヘラヘラ降伏しては許されたり、でもまた出奔したりの繰り返しで、なにがどうなってるのかさっぱりわからない（笑）。

逆に気になるのは、中世の合戦でも徹底的に相手を滅亡させたケースです。三回目のゲストにお迎えする福嶋亮大さんは、源義経の壇ノ浦の戦い（一一八五年）に至る源平合戦に着目されていますが、一般的にぱっと思いつくのは、やはり織田信長あたりでしょうか。

呉座　中世史家として信長についてひとこと言っておくと、信長革命児論者たちは、信長の個性に引きつけ過ぎなんじゃないかという気がします。一向一揆の虐殺をやったことに信長の革新性を見る議論がありますが、信長の場合、周りをみんな敵に囲まれていたという特殊な事情がある。

與那覇　こちらも北朝鮮状態だったと。

呉座　戦国の世では、一回降伏した奴がもう一回蜂起するということが普通に起こる。しかし、信長の場合はそれでは困るんです。例えば一向一揆の降参を許した後で、上杉なり武田なりを攻めに行った時に再蜂起されたらどうしようもない。前後を包囲されていない戦国大名なら基本的に降参を許す方向になりますが、信長の場合は偽装降伏を許していると寝首を掻かれてしまうおそれがある。

與那覇　そこが南北朝とは違う。

呉座　信長ばかり注目されますが、実際は伊達政宗も同じような皆殺し作戦をやっています。伊達政宗がお父さんの輝宗から跡を継いで当主になった時期、伊達家は完全に敵に包囲されているんです。若くして跡を継いだばかりですから、なめられたら終わり。そうすると、皆殺し作戦をやるしかない。それで、「今度の新しい当主、若造だと思っていたけど、あなどれんぞ」となる。

與那覇　なんだか、ますます北朝鮮の方も比喩でなくなってきましたね（笑）。

呉座　北朝鮮を弁護するつもりはないですけど、周りを包囲されていると過激な方法で猛進しないといけない局面がある。それは別に信長がサディストだからではなくて、状況の問題です。

義経の「ジェノサイド」

呉座　それに比べると、義経の平家皆殺しというのはある意味、異常なんです。壇ノ浦の戦いのときは、平家はもう滅びかかっている。九州も、範頼《のりより》という源頼朝の別の弟に押さえられていて、完全に包囲されている。急いで皆殺しにする必要はないはずなんです。それを実行したというところに義経の特殊性がある。

この「ジェノサイド」の評価は両面あって、義経の冷酷さを非難する向きもあれば、結果的に戦争の早期終結に成功したことを評価する人もいる。当時の京都の貴族たちの日記などを読むと、後者の意見が目立ちます。

與那覇　小島毅先生は『義経の東アジア』で、壇ノ浦で義経が船の漕ぎ手を射させたのは今でいう戦時国際法違反、「壇ノ浦大虐殺」だと書かれていますね。しかし、日本でそういう徹底的なことをやると、義経は頼朝に切り捨てられるし、信長も謀反で殺される。

呉座さんの本で興味深かったのは、足利義満は意外にそこまで苛烈でなかったと。山名氏や大内氏のような有力大名を粛清はしたが、あくまで一族の内輪もめがあった際に片方に肩入れするという形で、もう片方は残すところが味噌だった。そこを間違えたのが、義満にあこがれていた六代将軍の足利義教《よしのり》で、恐怖政治のやりすぎで最後は赤松氏に殺害されてしまう（嘉吉の変、一四四一年）。

呉座　義経と頼朝の性格の違いというのは結構あります。一般には余り知られていませんが、平家がまだ京都にいて都落ちする前に、頼朝は後白河法皇に手紙を送っています。その中で、「東国を源氏が、西国を平氏がそれぞれ軍事警察権を持つという形で、源平が朝廷への忠誠を競い合うというのはどうでしょう？」と提案しているんです。後白河は、平清盛の息子で後継者の宗盛に「どう思うか」と打診したんですが、「ふざけるな！」と蹴られてしまった。平家にとっては頼朝はあくまでも朝敵（反乱軍）なので、そんな奴と手を組むなんてあり得ないというわけです。

確かに頼朝はそのときまだ朝敵なので、朝敵じゃなくなるための方便として言った可能性もあると思うんですけど、少なくとも頼朝には「親の仇は皆殺し」という徹底性はない。場合によっては平家と共存してもいいかなと考えていたということです。そこが義経とは全然違うわけで、歴史の勝者はやはり頼朝だということになる。

與那覇　「俺の望みは一〇〇％叶える！」というゴリ押しキャラは嫌われて、「僕の願いはみんなの願い」とうまくアピールできる人の方が生き残る。中国なら、儒教道徳のようなイデオロギーで正統化する形で完全な独裁者にもなれるけど、無思想の日本では逆に、ポリシー皆無でいいからほどほどに相手と折りあえるのが「徳のある人」なわけですね。

室町幕府は「戦後レジーム」

呉座　『戦争の日本中世史』でもちょっと書いたんですけど、南北朝内乱が終わった後の室町幕府の体制というのは、私は「戦後レジーム」だと思っています。「とりあえずの平和」で、幕府が全国を支配する形ができましたが、実際の将軍の権力はそれほど強いものではありませんでした。いわゆる「南北朝の合一」では南朝を全否定せず、南朝の天皇から三種の神器を「譲国の儀」によって引き渡してもらうという条件を提示した。つまり、三種の神器を持っていた南朝の正統性を幕府は認めていたわけです。

室町幕府の戦争の収拾の仕方というのは、実質的には勝っているけど「俺たちが絶対の正義だ！」みたいな感じではなくて、北朝と南朝のどっちが正しかったのかという話は割とごまかしている。ちなみに南北朝内乱を記した軍記物『太平記』は、まだ子供の足利義満が将軍になって、細川頼之が管領（補佐役）に就任して世の中平和になりました、めでたしめでたしという形でしめくくられているんですが、義満が足利家の家督を継いだのは一三六七年で、南北朝の合一は二〇年以上後の話（一三九二年）ですから、本当は全然平和になっていません。でも、戦争はもうこりごりという流れになっていたので、とりあえず平和になったと考えることにした。なあなあの合意でできたフィクショナルな平和、それはまさに戦後レジームだろうなと思います。

與那覇　戦後日本の平和にも、近いところがあるんですね。「日米安保の抑止力で平和憲法の理想が守られる」という、理屈で考えると徹底していなくて、右翼も左翼も完全には腑《ふ》に落ちない雰囲気。

呉座　ただ、「それって何かしっくりこないな」という違和感が、どうしても室町幕府の中に残ってしまう。それを意識化して政治を行ったのが六代目の足利義教だった。足利義教は非常に評判が悪くて、残虐なサディストのように描かれがちですけど、ある意味、そういう人が出てきても不思議じゃない流れがあったわけです。勝ったはずだけど何か釈然としない。一〇〇％満足できる結果じゃない、と。それこそ安倍さんが靖国を参拝することとも通底するような感覚です。

戦後、日本は経済大国になり豊かになった、でも戦後も七〇年近く経つのにまだ戦犯国だとか敗戦国だとかと言われるのは癪《しゃく》に障る、その辺のもやもやを晴らしたい気持ちというのは、出てきちゃうものなのかも知れません。足利義教にしても安倍晋三さんにしても、それは彼らの個性という以上に「戦後レジームの成熟」というか、かりそめの平和に倦んだ果ての成り行きなのかな、と思うところはあります。

與那覇　なあなあに納得できない「意識の高い人」が出てきちゃうわけですね（笑）。『太平記』の時代なら、これで太平になったんだからまあいいじゃないか、で済んでいたのが、徳川時代の後半から水戸学的な歴史の書き換えが始まって、「結局、真の正統はどっちなんだ。南朝ではないのか！」みたいな話になると。それが幕末の尊攘運動にもつながっていく。

　ふだんはいい加減な日本人が妙に「正論」を言い出すと怖い……というと、またもやこの時代が今日と重なって見えてきました。次回は政治思想史研究者の河野有理さんをお迎えしますので、以降もぜひ、そんな観点につながる議論ができればと思います。

（『新潮45』二〇一四年五月号）

儒学者たちの明治維新

――ひっくり返った江戸の「スクールカースト」

河野有理＋與那覇潤　二〇一四年六月

與那覇　河野さんは日本政治思想史がご専門で、すでに二冊のご著書があります。一冊目は、明治六（一八七三）年に作られた思想結社である「明六社」のジャーナルを分析した『明六雑誌の政治思想』。福沢諭吉やのちの初代文部大臣・森有礼《ありのり》、東大総長を務める加藤弘之などの名で知られる雑誌ですが、河野さんはこれを「西洋思想の輸入」ではなく「儒教思想の発展」という角度から、まったく新しく分析されています。もう一冊は、明治期には福沢と並ぶ著名人だったものの、その後忘れられた思想家・田口卯吉《うきち》を発掘された『田口卯吉の夢』です。

この分野になじみのない読者の便宜も考えまして、まずは河野先生のご専門である「日本政治思想史」とは何ぞや、というところから話を始めたいと思うのですが、いかがでしょう。

丸山眞男のために作られた学問

河野　ありがとうございます。日本政治思想史という学問は、こまかい事情は端折ってざっくり言うと、もともと「丸山眞男が作った学問」、あるいは「丸山眞男のために用意された学問」と説明するのが一番わかりやすいと思います。

自民党の選挙のスローガンではないですが、戦前にもやはり「日本を取り戻そう」という動きがあったのですが、当時の各大学では文部省の意向を忖度して、そうした「日本」を考える講座を作る動きがありました。そこで、東京帝国大学法学部は「政治学・政治学史第三講座」という、日本の政治思想史を教える講座を作った（一九三九年）。

ただ、文部省の意図に沿った講座だったものの、担当者に据えられたのは丸山眞男という、ある意味で文部省の意図に正面から挑戦するような人でした。これが日本政治思想史のそもそもの始まりなんです。

では、「日本政治思想史とは何ぞや」という話ですが、丸山眞男以来、日本政治思想史の主戦場は、江戸時代の儒教とか儒学といわれるものでした。

與那覇　ここで気になるのが、儒学は政治思想だ、という前提です。普通の読者には儒教が文学部ならまだしも、法学部で研究するべき「政治思想」だというのは、なかなかわかりにくいように思うのですが。

河野　確かにそうですね。儒教というと「親には孝」とか「君には忠」とか、道徳的なスローガンのイメージが強いかも知れません。では、なぜ儒教や儒学が政治思想史の対象でありうるのか。三点ほど理由を説明したいと思います。

一点目。儒学はあの世のことを扱わない、徹底した「この世の思想」であるということ。『論語』に、いまだ生を知らず、いずくんぞ死を知らんや、という有名なフレーズがありますが、儒学では基本的にはこの世のことをメインに考える。その意味で「あの世の思想」である宗教とは違います。

丸山眞男

二点目として言えるのは、儒教は「東アジア最古のリーダーの哲学」であることです。儒教は子どもや社会的に下の人に押しつけられる道徳ととらえられがちですが、それは大きな誤解で、相手にしているのはほとんどの場合リーダーなんですね。

與那覇　なるほど。元祖PHP、元祖『プレジデント』だったと。

河野　三点目については、この後お話ししていきたいんですけれども、儒学にはヨーロッパの政治思想史と少し似たところがある。それは何かといいますと、古典古代の存在です。

ヨーロッパの政治学者や政治哲学者には、ある時期まで、理想の社会や理想の政治のイメージが明確にありました。それは何か。アテナイ、スパルタなどのギリシャの民主政治や、ローマの共和制度です。つまり、「どんな社会にしたいのか？」という問いに、「それは古代ギリシャ、ローマのような社会でしょ」と答えるのが、ヨーロッパ人の共通の了解だった。

これは東アジアにも同じことが言えて、ある時期まで、少なくとも儒学者であれば、理想の世界や理想の社会のイメージは明確だったんです。つまり古三代《いにしえ》――堯《ぎょう》、舜《しゅん》、禹《う》と呼ばれる伝説の聖人王たちが治めた時代――です。それが本当にそうだったかは別にして、その古三代が理想の社会ということになっていた。

ですから、古代の理想世界のイメージを持ちつつ、それをどういうふうに解釈するかを通して現代を理解する、現代について議論するという姿勢が、ヨーロッパの政治思想家と東アジアの儒学者では共通していたのです。

江戸の儒学者に近代化の芽を探る

與那覇　前回お招きした呉座勇一さんのお話とも、共通する部分があるのが興味深いですね。

日本中世史でも初期には、武士をヨーロッパの封建領主に重ね合わせていたわけですが、政治思想史研究でも「理想としての古典古代」を脳内に抱く江戸時代の儒者の系譜が、欧州の思想家に擬せられていた。

河野　そうですね、日本政治思想史の開祖というべき丸山眞男の場合にも、日本とヨーロッパの「重ね合わせ」の意識は顕著です。ただし、そこで重ね合わされているのは先ほど述べた「古典古代」イメージというよりは、思考様式・思惟様式なんですね。

つまり、丸山と同時代の歴史家たちはマルクス主義の影響を受けて、主に下部構造（経済的構造）の面からヨーロッパと日本の「重ね合わせ」に腐心していた。丸山の場合には、彼らと問題意識を共有しながら、下部構造ではなく上部構造（思考様式・思惟様式）に着目しようとした。ヨーロッパにおける政治思想の発展図式が日本にも検出できるんじゃないか。そして、それは中国とは違うんじゃないか、と。

そこで重ね合わされたのはヨーロッパ中世のスコラ哲学と儒教でした。丸山は、この二つをどちらも、世界の存在のあり方（自然）と、世界のあるべきあり方（当為）とを区別しない思考様式の典型と見ます。例えば、こうした思考様式では、なぜあなたは目上の人に従わなければいけないのかと聞かれた時に、「それは天は高く地は低いからですよ」と答える。つまり、世界はそのようになっているからあなたもそのように行動しなさい、というわけです。つまり「目上の人に従う」という道徳的かつ政治的な命題と、「天は高く地は低い」という自然的環境に関する命題とを区別しない。

もちろん、これは説明になっていない。ですが、これが説明になっていないということに気づくには、われわれは近代人になる必要があるのだ、というわけです。

與那覇 この世の中はそれ自体として初めから正しいあり方をしている、という発想は、西洋では「神」、東洋では「天」や「理」の存在証明になると同時に、究極の現状追認にもなる。そこを離脱するのが近代化の第一歩であると、こういうことですね。

河野 つまり、初期には「ある」(自然)と「べき」(当為)が分かれていない自然法的秩序あるいはスコラ的秩序というものがある。これに対して、「ある」ということと「べき」ということは違うんだ、と考える「近代」的な思想が、ヨーロッパではたとえばデカルトやホッブズを通して生まれてくる。これが実は江戸時代の儒学の展開の中にも見いだせる、と。

自然と道徳や政治を、あるいは道徳と政治とを別々のものとして考え、政治に固有の論理の探究を行う。それが例えば荻生《おぎゅう》徂徠《そらい》(一六六六〜一七二八)の思想であり、これが日本の近代あるいは「政治思想」の芽生えであると、そういう図式を提供したわけです。

ヨーロッパ人の近代的な考え方と似たようなものが、江戸期に生まれてきたのではないか。そして、これが中国や朝鮮半島とは違って、日本が明治維新というものをなし遂げた理由の一つなんじゃないか。そういうふうに考えていたということは言えるだろうと思います。

與那覇 一番多くの人が覚えている丸山眞男の文章は、国語の教科書で読む「「である」こと「する」こと」だと思いますが、「する」ことが大事というのは別に直接行動を煽っているのではなく、むしろ「である」ことを相対化する点に意義があるわけですね。いまの社会がこうであるからといって、それは別に不変の秩序でも絶対の正義でもない。

河野　そうですね。さらに言うと、あの論文をよく読んでみると「である」ことが一方的に否定されているわけではないんですよね。社会の中には、「する」ことの論理（例えば業績主義）を適用するべき分野もあれば、「である」ことの論理を適用するべき分野もある。その両者がしかるべく適切に多元的に組み合わさっているのが「近代」なのだ。そういうロジックになっている。

例えば業績主義に代表される「する」ことの論理ではなく、「である」ことの論理が依然として適用されるべき分野として芸術やアカデミズムがあげられています（笑）。ただ全体としてはおっしゃる通りで、「である」ことに塗りつぶされていた「封建」に対して、それを相対化する「近代」的な「する」ことの論理を強調しているという点は否めません。

與那覇　「する」は「である」とはそもそも違う原理だと、荻生徂徠が気づくことで、日本人にも近代的な意味での「政治」を行うことが可能になったと。しかし、だとすると儒学以前には、日本に政治思想というものはなかった、ということになるのでしょうか。

河野　非常にいい質問ですね。正直に言って、先ほども申しました通り、日本政治思想史という講座はそもそも、東京大学が文部省の意向を忖度しつつ利用するために急遽作ったという側面がある。また、丸山が講座担当者になったのも二十代の頃ですから、江戸時代以前のことは（神皇正統記論という例外を除くと）あまり考えていなかったと思います。

その後の丸山は、鎌倉仏教や古事記、日本書紀の世界に踏み込んでいくわけですが、原点においては、江戸時代の中に近代の芽を探るというスタンスです。それがいわば、日本政治思想史という学問の初期設定と言えると思います。

儒教は「体制イデオロギー」ではない

與那覇　前回の中世史の議論では「武士は変革者だ」というイメージ自体が、研究者のあいだでは過去のものになりつつあるという話になりました。河野さんの分野でこれに相当するのは「江戸時代は儒教社会だ」という、いまも一般に根強い見方ではないでしょうか。

多くの人が思っているのは、儒教というのは封建道徳で、自然法よろしく徳川幕府の身分制を正当化する役割を担っていた。対して明治維新とは進んだ西洋思想を取り入れて、守旧的な儒教体制から国民が解放されていくプロセスであると。しかし、河野さんはじめ現在の思想史研究者は、こういう見方に否定的ですね。

河野　これは先ほどの日本政治思想史の初期設定とも関係があります。実は、丸山眞男も最初の助手論文を書いた時には、こうしたイメージを持っていました。つまり、江戸時代の支配的なイデオロギーは儒教で、その儒教の中から荻生徂徠のような変革者が現れてくるというイメージです。

ところが、だんだん勉強するに従って丸山も自己批判をするようになった。さらに、丸山の後、厳密に言うと、松本三之介先生がその間におられるのですが、東京大学法学部で日本政治思想史を講義することになる渡辺浩――彼は私の先生ですが――はここを戦線として丸山眞男に戦いを挑んだ。つまり、本当に江戸時代に儒学や朱子学が支配イデオロギーだったのか、と。例えば朝鮮半島や中国大陸に成立した王朝と比べて、本当にそう言えるのか。そんなことはないだろうというのが、渡辺先生の研究の出発点だったんです。

與那覇　『近世日本社会と宋学』（一九八五年初版）ですね。

河野　考えてみれば当然ですよね。日本に科挙はないわけです。朝鮮半島や中国大陸の支配者たちのように、儒学を本当に幼い頃から勉強して、自分こそは天の代理人であり、天の代理人としてこの世界に道を実現するために統治しているんだ、というような自意識をもつリーダーは、江戸時代に生まれることはなかった。日本の為政者は武士ですから、基本的には戦闘者で、最後まで刀を捨てなかった。儒学的に考えれば、戦闘者という「人殺し」は統治の任に携わるにふさわしい人間じゃない。そんな人殺しが統治しているなんて野蛮だよねというのが、中国とか朝鮮半島から見た江戸時代の日本だったわけです。

そういう意味では儒学とか朱子学というのは、とうてい江戸時代の支配的なイデオロギーではありえなかったというのが、丸山以降の日本政治思想史の常識です。

與那覇　武士による支配は元来思想を必要とせず、力がすべてのジャイアン主義でOK。そんな江戸時代には、勉強ばかりして理屈をこねる儒学者はむしろ日陰者だったと。ちょっとスクールカーストみたいですね。

河野　まあ、松平定信くらいまで時代が下ってくると、さすがに平和が続いてますので、勉強する奴も少しは役に立つかと思われてきますけれども、少なくとも江戸時代の前半期は、俺様は強いんだ、好きなようにして何が悪いんだ、という世界です。

「ガリ勉派のリベンジ」だった明治維新

河野　渡辺浩先生は、「関ヶ原の戦い（一六〇〇年）は山口組と稲川会の頂上決戦だった」と卓抜な比喩を使ってこの事情を説明しています。山口組が勝って世の中の仕組みを自分たちの好き勝手に作り替えたのが江戸時代の始まりであって、最初の統治者たちは勉強なんかする人たちじゃない。それどころか、勉強する人をバカにしていた。これが江戸時代の基本的なセッティングですから、江戸時代に勉強する人というのは常に日陰者だった。

明治維新は、このガリベン秀才たちのリベンジマッチだった。この時期は、福沢諭吉なんか典型的ですけれども、勉強の成果を認められることで社会的に階層を上昇する人が出てくる。つまり、江戸時代の日陰者だった儒学者たちには夢のような事態が実現する。明治維新はそういう機会としてあったんじゃないかというのが、最近の日本政治思想史による基本的な考え方だと思います。

與那覇 実は前回、建武新政についての説明を、渡辺先生の明治維新論(『東アジアの王権と思想』)を思い浮かべながら聞いていたんです。呉座さんいわく、後醍醐という人物には、本来大した思想はない。しかし、楠木正成の反乱を潰せなかった鎌倉幕府が面目を失って自壊したことで、予想外にも天下が転がり込んでしまった。あたかも、ペリーの黒船という「もっと強いジャイアン」の出現(一八五三年)で、江戸幕府の権威が失墜し、二百五十年の安定がみるみる崩れたのと同じです。

しかし河野さんのお話を聞くと、明治維新には南北朝の単なる反復ではなくワンランク「進歩」した点もあって、今回は政権が代わった後、それに飛びついて理想を叶えようとする思想家の集団がいた。その供給源が江戸の太平に暇を持て余し、「身分ではなく、われらの知性こそが重んじられる社会があるべきではないか」という夢想に耽っていた儒者たちだったと。普段だったら中学二年生並みの妄想で終わるところが、たまたまタイミングがよかったので、「あれ? 俺たちのアイデアって実はイケてたじゃん」と思い込めるようになった。

こういう「中二病集団」としての明治の思想家の実像を、河野さんは解明されたと理解してもいいわけですか（笑）。

河野　すごいまとめですが、そのとおりですね（笑）。

江戸時代の儒学者たちが置かれていた地位というのは、中国大陸や朝鮮半島の儒学者たちとは比べ物にならないくらい低いわけです。当時、日本は鎖国といっても朝鮮半島などとは付き合いをしていたわけですが、その最前線である対馬に仕えていた雨森芳洲《あめのもりほうしゅう》（一六六八〜一七五五年）という儒学者がいまして、この人が残している記録が非常に面白い。

儒学者にとっては「野蛮な国」である日本で、雨森芳洲は当時のグローバルスタンダードである儒学を学んで、中国大陸や朝鮮半島の人々のように日本を見ることができた。すると、彼の目にはこういう風に日本が映る。

日本では侍が偉いと思っているので、大名行列ではマッチョな男たちが筋肉隆々の姿を見せつけてマスゲームをやる。そうすると朝鮮半島の人たちは、「あいつら本当に野蛮だな」「儒学を学んでない国はかわいそうだね」と思う。ところが日本側は、「あいつらビビってるぞ」と思うわけです。

逆に朝鮮半島の人たちの風習に触れると、例えば彼らはお葬式で号泣するわけですね。今でも朝鮮半島で首領が死んで人々が号泣している姿が映しだされると（◆3）、「何か変な国だな」と思う日本人も多いと思いますが、これはまったくの誤りで、儒教的にはお葬式で号泣するのが礼なんです。朝鮮半島の人々は、「どうだ。われわれは礼儀正しいだろ」と泣いてみせるわけですが、日本側は武士なので、「あいつら本当に女々しいな」と思ってバカにする。そういう相互の誤解がずっと積み重なっている。雨森芳洲はどっちの気持ちもわかるし、やっぱり儒教がグローバルスタンダードだと思いつつも、「この溝は深いな」と思いながら生きている。

與那覇　インテリとヤンキー、もしくは文化系と体育会系の永遠の対立ですね。

老儒者が維新に見た「懐かしい未来」

河野　江戸時代の儒学者って、そういうわりと悲しい生き物なんですよ。つまり、自分の住んでいる社会が基本的に野蛮だと思っている。中国大陸や朝鮮半島の政治のあり方が正しいと思っている。でも、そうはならない不満を抱え続けながら生きている。

ここに、幕末にヨーロッパなるものが現れるわけですね。儒学を学んだ者にとっては、ヨーロッパは基本的には夷狄《いてき》（野蛮人）です。しかし、よくよく勉強してみると、ヨーロッパには例えば病院とか孤児院のような施設があるのを知る。そうすると、儒学の古典や律令

◆3　二〇一一年十二月十七日に、北朝鮮で総書記の金正日《キムジョンイル》が死去。国民が街頭で身悶えして泣き叫ぶ様子が、日本のメディアでも報道された。

にも、身寄りのない人たちを助ける施設があったと出てくるじゃないか、ヨーロッパって意外と儒学的じゃないかと思うようになっていくわけですね。これが明治にすごい勢いで日本がヨーロッパ化していくベースになったんじゃないか、と。

つまり、ある意味「中二病」的な儒学者だったからこそ、ヨーロッパの中に儒学的な理想の実現を見いだしていく。明治の初期とはある意味、ヨーロッパ化でも中国化でもあるような時代だった。そういうふうに考えることができるだろうと思います。

與那覇　体育会系社会の江戸時代の日本では、儒者が中二病で絶えず「ここではないどこか」を求めていたことが、結果的にプラスに作用したと。中国や朝鮮は文化系のクラスで、勉強する奴が科挙に受かって権力を持ってしまい「儒教の理想はもう体現ずみです」ということになっていた分、ヨーロッパと遭遇しても取り入れる気がおきない。

河野さんがご著書で取り上げた明六社はまさしく「文化系サークル」ですが、面白いのは「西洋的」な福沢諭吉や森有礼ではなく、阪谷素《さかたにしろし》（一八二二〜一八八一）という儒者を主人公に据えていることです。しかも、彼はかなり年配の人物ですよね。

河野　明六社に参加した時は五十歳を越えていました。当時であれば「晩年」といってもおかしくはない年齢です。

與那覇　そんなお年寄りが、若者たちの作った青臭い文系同人サークルに飛び込んでしまった。なのに、意外にも結構話が合っちゃったりすると。

河野　阪谷素は、明治維新をものすごく喜んだ。儒学者というのは普通、中国も朝鮮もそうなんですけれども、頑迷固陋《ころう》なので、ヨーロッパ化には反対するものなんです。われわれには尭、舜、禹、三代の道があるんだ、と。

ところが、日本ではなぜか、「ド」がつくぐらいのまっすぐな儒学者が、ヨーロッパ化万歳！　となるわけです。それはなぜなのか。一見ヨーロッパ化と思われるものの中に、江戸時代の儒学者たちが、自分たちが実現したい未来、あるいは「懐かしい未来」という感じになりますが、そういうものを見いだしたんじゃないか。それがこの「明六雑誌」の中にも見てとれるだろう、ということを本の中では考えました。

「儒教化」でもあった文明開化

與那覇　「懐かしい未来」と聞くと、ポスト3・11の空気を思い出します。SF的な想像力のなかでは頻繁に描かれてきた原発事故が本当に起こって、反原発何十年のガチンコ活動家と、いま初めてデモに目覚めましたという若者とが「今度こそ！」と一緒に盛り上がる。

まして明治維新の場合は、江戸の身分制からの解放というずっと前向きでポジティヴな空気があったわけですが、そこで「儒学者と西洋主義者の共闘」が実現した政治課題とは、具体的にはどんなものになるのでしょう。

河野　わかりやすいところでいうと、例えば結婚ですね。一夫一婦制の主張と妾の否定。

これは森有礼（一八四七〜一八八九）が火をつけた議論で、一見するとヨーロッパの一夫一婦制を導入すべき、という議論に見えるわけです。ところが、この主張には儒学者が考えた理想の男女関係のルールや家族関係が果たしている役割が大きい。

森有礼が、なぜ一夫一婦制が大事だというふうに言うかというと、「養子をやめよう」という議論とリンクしているんですね。江戸時代の日本では、養子がごく当たり前の存在でしたが、儒学的に考えると、血が断絶してしまう日本的な養子というのはスキャンダルなんです。余所の家から適当な子供を連れてきて別の家に入れるというのは、東アジアでは普通であればやっちゃいけない養子なんです。東アジア的に常識的な養子というのは、例えば私には息子はいないが弟がいる、そしてその弟には息子がいる、この子どもを私の息子にするというくらい。つまり、子どもの姓は変わらない。

ところが、江戸時代ではこうした形でない養子（異姓養子）がごく普通に行われています。それは江戸の人々にとって大事なのはイエの存続であって、血の連続ではなかったからです。森有礼が否定したかったのは江戸の人々のそういった感覚です。ヨーロッパではファミリーの絆があって、これは血縁でつながっている。だから血を重視しない日本は野蛮で、血縁や血統を重視するヨーロッパが進んでいて文明的なんだと言ったわけです。

この意見に儒学者たちは大賛同するわけです。中国も血縁を重視しますから。つまり、否定されているのは江戸の日本なんですが、その反対側にあるのはヨーロッパと中国。江戸時代というのは血縁を重視せず、異姓養子が当たり前に行われている。こういうあり方は変えなきゃいけない、親子というのはちゃんと血がつながっていなきゃいけないという点で、西洋化論者と中国化論者は一致しているわけです。こういう現象が、ほかにもいろいろ見て取ることができるというのが、私の基本的な考え方なんです。

與那覇　今日、儒教というと非常に保守的な、日本人なら日本の伝統たるイエ制度を重んじろ、みたいな思想だと思われがちですが、本来の立ち位置は相当に違う。徳川時代の儒者は「取り戻す」べき理想が自国の外にある、究極のコスモポリタン教育を受けていて、そういう人々が日本独自のローカルルールをリセットするチャンスとして飛びついたのが、明治維新だったと。

しかし、最近も「維新でグレートリセットを！」と掲げた政党がありましたが、勢いがやむのも早かったですよね（第二部参照）。明治の場合、政府が実際に輸入した近代ヨーロッパの諸制度と、儒者たちが江戸以来の夢の中で信じていた秩序とは、いつ頃まで一致していたのでしょう。

河野　面白いご質問ですね。それは、私の二冊目の著書で少し考えたんですけれども、一つの答えは明治二十三（一八九〇）年、つまり大日本帝国憲法が出来て立憲政体が完成した時です。研究者の間ではよく、明治二十年代までは何だかんだ言って江戸の続きだよね、と冗談めかして言ったりしています。

明治二十三年には、ボアソナードが起草した民法典も公布されている。裁判制度もまったく変わってきます。もちろんそれまでも裁判をやってはいるわけですが、これはある意味、江戸の続きでもあるような、明治になって儒学者が考えた理想の中国的なシステム（律令）のような、そういうものであり続けるんですね。

例えば明治の初期、裁判官を養成するための学校である司法省明法寮（法学校）では、フランス語などと並んで江戸時代の儒学者である伊藤東涯と荻生徂徠についても勉強するんです。明治二十年代までは、中国化でも西洋化でもあるような不思議な世界というのがあるんじゃないかと思います。

與那覇　そのまま行けば、和洋折衷ならぬ中体西用の日本になったかもしれない。われわれは明治維新が起こった瞬間から、日本は一直線にヨーロッパモデルで文明開化に突き進んだと思ってしまうわけですが、それは実態とかなり異なるわけですね。

コピーライターとしての徂徠と諭吉

與那覇　一冊目のご著書で知ったのですが、この「文明開化」という標語自体、儒学思想的には全く異なる二つの語を強引に組み合わせたものだそうですね。それを作ったのが、福沢諭吉という天才コピーライターだったと。

河野　文明開化という言葉は、おそらくは福沢諭吉が作った「明治最初の流行語大賞受賞作」です。厳密に一番最初に言い出したのが彼かどうかは難しいところなのですが、自覚的に流行らせようという意図で多用したのは明らかに福沢です。

この言葉、文明開化でイメージされるのはザンギリ頭、つまりチョンマゲを切ったヨーロッパ風の姿です。だから、文明開化は西洋化だと福沢もプレゼンしていた節はかなりあるんですが、同時代の人は必ずしもそうは思わなかった。なぜそう思わなかったかというと、儒学を基本的な教養としている人であれば、「文明」と「開化」という言葉はまったく別のニュアンスがあることを知っているからです。

文明という言葉を見た瞬間、儒教を学んだ人ならすぐ、古三代――尭、舜、禹の聖人の時代――のキラキラするイメージが浮かぶはずです。東アジアの知識人にとって、文明状態というのはやはり古三代であって、それの意味しているものは礼とかモラルというものが高い状態にあること。だから、文明というのはみんながもっと上品に、礼儀正しくなることなんです。

他方、開化という言葉も古典で用いられた例がないわけではないですが経学上の典拠は弱い。当時の人々が思い浮かべたのはむしろ「開ける」という言葉の方でしょう。「開ける」という言葉は江戸時代後期ぐらいから使われるんですが、「開けたやつだな」なんて言うときの、ちょっとポップといいますか、親しみやすいけれどもやや品が下がるといいますか、そういう状態を意味することが多い。

高尚でクラシックなイメージを持った言葉と、それとは正反対のポップなイメージの言葉を一つに合成した。その変な感じが多分、「文明開化」という言葉がウケた一つの要因なんですね。福沢諭吉はそれもわかってやった。そこが彼のセンスの凄さなわけですけれども。

與那覇　一時期、ポップさと日本らしさを共存させようとして、「J文学」みたいな用語法がはやりましたよね。それに近い感じということですか。

河野　そもそも日本人にとって漢字は、ある意味で横文字と同じですよね。今でも中部国際空港をセントレア、さらには飛騨山脈や木曽山脈のことをなぜか日本アルプスと呼んだりしていますが、日本人は同じようなことを漢字を使って明治以前からやっています。

例えば富士山を富嶽《ふがく》と呼ぶ。すでに日本語の名前を持っているものを外国の言葉で呼んでみるというのは、江戸時代の後期に一般庶民にも儒学的な言葉づかいがある程度浸透してきてはやり出した、一種のポップな遊びなんです。荻生徂徠という人はそういうことが大好きで、なんでも中国風に言い換えてしまう。箱根を函嶺《かんれい》、両国を二洲《にしゅう》（両＝二、国＝洲）と言い換えたりしています。

與那覇　今でも、徳川中納言を水戸黄門と言ったり……。

河野　中納言は中国風にいうと黄門なので、あれも一種の遊びです。藩という言葉もそうです。今、水戸藩とか薩摩藩とか、藩という言葉を使いますけれども、これはもともと江戸時代には公式にはほとんど使われていない言葉です。荻生徂徠辺りがカッコつけて流行らせた、ポップな言い方だったんですね。

それが幕末になってみんなに使われて、ついに行政用語として定着してしまった。そういう感覚というのは、明治になってから横文字を使う文化ともつながっている。その意味でも、日本人にとってヨーロッパ語と中国語はちょっと似たところがあると思うんです。

負け組ほど「強い個人」を望む国

與那覇　一方、二冊目のご著書では、明治の思想家で最も「新自由主義的」だった人物として、田口卯吉（一八五五〜一九〇五）を取り上げられていますね。面白いのは、彼は幕府崩壊や廃藩置県の混乱で、キャリアを台無しにされ行商にも出るなどかなり苦しい暮らしをしている。しかし、国家に保護を求めるのではなく、あくまでも市場を信じる。

近年の小泉改革の時期にも似たところがありましたが、日本の場合、確たる自己を持った「強い個人」が自立する社会を作れ、という主張を、むしろ社会的には「負け組」とされる人が唱える構図があるように思うんです。思想史家として、ここはどうご覧になりますか。

河野　なぜ「負け組」がそういう理想を求めるかと言えば、まさに負け組だったからこそ、ではないでしょうか。

先ほどの問いに戻りますけれども、儒学者は中国大陸にも朝鮮半島にも日本にもいたのに、なぜ日本の儒学者だけがヨーロッパ化に前向きになれたのか。それは、江戸の儒学者たちが「負け組」だったからです。というより、中国大陸や朝鮮半島の儒学者は、勉強すれば権力を握る可能性があった。少なくとも男子であれば、知的な能力と努力のみによって、金も名誉も権力も手に入れることができる。これは江戸時代の儒学者たちにはなかった状態です。それこそ福沢諭吉が望んだ社会ですよね。

與那覇　有名な「門閥《もんばつ》制度は親の敵《かたき》」（『福翁自伝』）ですね。

河野　能力のある武士が出世できるという環境は、江戸の人々にとってまったく自明ではなかった。逆にいうと、朝鮮半島や中国大陸においては、これはいわば自明なことであって、お金持ちの親戚に援助してもらって科挙に受かれば万々歳。勝ち組にすぐになれるわけです。やっぱりこの条件の違いは大きかったんだろうと思うんですね。

與那覇　つまり日本には江戸の儒学者以来、マイノリティでないと思想の担い手にならない構造があるわけですね。それは日本社会がそもそも身分とか地縁とか、「思想ではないもの」で回っていることの裏返しで、社会的な疎外感こそが思想家のエネルギー源になる。

今ふうにいうと、大学で頑張って勉強したけれども、卒業して会社に入ってみたら、大学での勉強をいかに忘れるかの勝負なんだと気づく。そういう社会はかなわない、俺はイヤだと思った人が思想を云々《うんぬん》すると。

大政委任論は「マニフェスト選挙」？

河野　それと同じ話なんですが、思想としての面白さという点でいうと、江戸時代は本当に面白いんですよ。「こんなこと考えるのか！」と驚かされるような人がポコポコ出てくる。それはなぜかというと、やっぱり学問じゃ食えなかったからです。学問で食えるとなると、学説が規格化されて「これを覚えれば試験に受かる」となって、要領のいい人はその規格化された学説しか覚えない。要は、語弊はあるかもしれませんが、ある時期までの司法試験と一緒になってしまう。

江戸時代の儒学者には「司法試験」がなかったからこそ、「そもそも孔子が言っていることの言葉ってどういう意味なんだろう？」と立ち止まって考えざるを得なかった。だからこそ、東アジア全体で見ても非常に特異な儒学思想が生まれた。そういう逆説があったと思います。

與那覇　オタクが出す同人誌は、営利を目指さないからこそ面白いみたいな話ですね（笑）。その中に「こんなに面白い俺たちに、なぜもっと光が当たらない！」と憤る人たちがいて、何かの拍子で本当に陽が当たることがある。その最大のものが明治維新だった。

河野　そうですね。思想の面白さというか、怖さは、そういうところにあると思います。つまり、お金とか名誉とか権力と結びつかなかったからこそ生まれた、負け犬たちの夢や遊びみたいなものが、いわば時限爆弾のような形で、ある歴史的状況の中で爆発するということが起きるわけです。

私が勉強した範囲でいうと、例えば大政委任論というのがその例です。標準的な日本史の教科書では、「明治時代は大政奉還で始まる」と記されています。しかし、「大政奉還」というからには、もともと朝廷から徳川に大政が「委任」されていなければスジが通らないのですが、そんな「委任」の儀式など行われたことはありません（厳密に言いますと「奉還」のわずか三年前に「庶政委任」というのが申し訳程度に行われたりしていますが）。実は、この大政委任論は、まだまだ徳川の世が永遠に続くと思われていた頃に、徳川の権力を正統化するための説明としてひねり出されたものです。本当は、「頂上決戦を勝ち抜いた山口組」が徳川の本質ですから、圧倒的な暴力の存在こそ政権の基盤になっていて、イデオロギーはどうでも良かったわけですが。

ところが、そういう現状肯定のイデオロギーとして考えだされたものが、幕末になると、「そもそも大政というのは京都の禁裏様にあるってことじゃなかったっけ？　じゃあ、お返ししないと」という、嘘から出たまことみたいな話になってくるわけです。

與那覇　「徳川様ってなんで偉いの？」という問いには「喧嘩が強いからだ」でいいのに、松平定信の頃に「天子様から政権をお預かりしているから偉い」などと理屈をつけたのがまずかったと。現状肯定の道具を作ったはずが、現状をひっくり返すテコになってしまった。

河野　ええ。だから今の日本政治思想史では、朱子学とか儒学は徳川を支える正統的な思想ではなくて、むしろ危険思想だったんだというふうに理解するわけです。

與那覇　余計な理屈を作ると足下をすくわれる。華々しくマニフェストを掲げすぎると、目下の選挙に勝っても次が怖いというような話ですね（◆4）。日本では、思想がかったイデオロギーによる正統化はかえって政権の命脈を縮めて、逆に万事「なあなあ」に収める人が有徳者と呼ばれる……のが『太平記』の教訓だという、前回の議論にも通じます。

明治時代は日本史上の例外

河野　政治権力がその正統性を過剰に説明するという点で、ヨーロッパの理想と中国の儒学者の理想って似ているんですよね。なぜわれわれが政治権力を握っているのか。儒学者であれば、それは中華皇帝がこの世界に理想（道）を実現するためだと説明する。ヨーロッパであれば法の支配。自由とかデモクラシーという言葉を使って説明する。でも、日本の政治権

◆4　二〇〇三年の衆院選から選挙期間中のマニフェスト（政権を獲得した場合に実行する政策集）の配布が認められ、当初は政策本位の選挙戦になるものと期待された。じっさいに二〇〇九年に民主党が子ども手当や高校無償化をうたって政権交代に成功したが、財源不足から消費税の増税を模索したことを「マニフェスト違反」と批判され、二〇一二年に政権を失った。

力は、どこかそういう言葉による統治というものに危うさを感じていて、実際に習熟度も高くないというところがあるように思います。

面白いのは、明治というのは言葉があふれている「理念過剰の時代」なんですよね。立派な理想とかお題目が語られている。

しかも、明治時代の日本人はとても演説好きです。日清戦争の後に来た梁啓超《りょうけいちょう》（一八七三〜一九二九）という中国の知識人がいるんですけれども、彼は「日本人というのは本当に演説がうまい。集まると誰かがスピーチを始めて、みんなでそれについてディスカッションする」と感心している。実際、明治の人々にはさまざまな演説の記録があって、小さい頃から人前で演説する訓練もやっています。

それが当時の当たり前なんですね。そういう意味では今の日本とは違ったところがあって、理念が空中戦をしている、日本史の中では例外的な時代なのかもしれませんね。

與那覇　日本史上の「例外期」にみえる南北朝の顚末が、実は日本史全体を捉える上で最も普遍的な教訓を示していて、逆に多くの人が「日本人の誇り溢れる時代」とみなす明治維新が、本当はスクールカーストが一時的に引っくり返った例外中の例外期だった。どの時代をみても最新の研究は、私たちの先入観を裏切ってくれるのが面白いですね。

（『新潮45』二〇一四年六月号）

すべては「崩壊」から始まった

――日本人の「美と国民性」の源流

福嶋亮大＋與那覇潤　二〇一四年七月

與那覇　福嶋さんは、現在のサブカルチャー分析を中心とした『神話が考える』でデビューされた後、二〇一三年に『復興文化論』という大著を出されました。同書で福嶋さんは、天災・戦乱などのショッキングな出来事が起きた後、ひとびとがそれらを当事者の想像力の内側で理解可能なものにするべく、再把握・再構築してきた営みとして、日本文化史の全体像を描きなおされている。古代から現在までを振り返る壮大な日本通史でもある点では、この連続講座のテキストである『日本の起源』と重なりあう面もあります。

その意味で今回はまず、『日本の起源』を福嶋さんはどう読まれたか、率直なご批判を伺うところから始めたいと思うのですが、いかがでしょう。

丸山眞男か、吉本隆明か

福嶋　非常に與那覇さんらしいご紹介、ありがとうございます。

日本の思想史を見てみると、大きく言って「丸山眞男的な方向」と「吉本隆明的な方向」がありますね。吉本の方向というのは、「大衆の原像を信じる」というスタンス。つまり、いくらエリートが前衛を気取ったってどうせ世界は変わらない、だったら最初から大衆の中に飛び込んで、彼らの抱くマスイメージを分析し、その中から可能性を見出していこう、と。これに対して丸山眞男は啓蒙主義的なスタンスで、要はエリート主義ですね。

ゼロ年代に出てきた若い評論家は、宇野常寛さんをはじめとして、おおまかに言えば吉本派が多かった。それに比べると與那覇さんはいわば丸山派で、若い評論家の中では珍しい立ち位置です。『日本の起源』はそういう差異を明確化した本だと思います。

與那覇　「丸山的」と言われると過分な賛辞のようですが、それ、言い方を変えると「上から目線」ということですよね（笑）。

福嶋　上から目線かどうかわからないですけど、與那覇さんの立ち位置は理解しているつもりです。確かに啓蒙に限界はあるけれど、それを完全に放棄すると大衆化現象のアドバルーンで終わってしまう。やはり日本社会はおかしいところだらけだし、それを歴史的に検証し批判することは必要だと思う。同時に、単なる批判で終わってしまってはまずいので、その上で何を建設していくのかが問われるのかなと思っています。

與那覇　スタンスの問題はあくまで出発点で、具体論が重要ということですね。

福嶋　それで言うと、最近の評論は現在よりもむしろ過去や未来について考える傾向が強くなっているでしょう。僕の『復興文化論』もそうだし、『日本の起源』もそう。東浩紀さんや宇野さんは未来派ですね。それはなぜかと言えば、ペシミスティックな言い方になりますが、言葉というのは往々にして粗野な現実＝現在に負けちゃうからです。

特に最近の政治状況を見ると、言葉によって現状を抜本的に変えていくのはかなり難しい感じもする。でも、過去や未来はむしろ言葉しかない。そこでは言葉は原理的に敗北しない。

與那覇　前回の河野有理さんとも、儒学者＝知識人を活気づかせた明治維新は日本史上の「例外期」だという話になりました。福嶋さんがおっしゃるのは、言葉の力で「今すぐ」何かを変えられるという希望が湧いたのが、民主党への政権交代や3・11の直後だったわけですが、その熱が冷めたところで、かえって言葉が本来の領分に帰ってきていると。

福嶋　言葉を一番有効に使おうとすると、特に人文系の場合、過去や未来に向かうことになる。ただ、それは諦めやシニシズムと紙一重なので、僕自身はかなり心理的な屈折はあります。

「故郷喪失」はいつからか

與那覇　その過去や未来を議論する方法について、「東京的か京都的か」という対比もある気がするんです。呉座勇一さんとの対談でも、中世の政治体制をめぐって京大系の「権門体制論」と東大系の「東国国家論」の対立があった、という話題がありました。ぼくは東京育ちですが、福嶋さんは京都大学出身で、今も（対談当時）京都にお住まいですよね。

福嶋　ええ。

與那覇　東京とは、日本史上の大ハプニングとしての明治維新の際、天皇を京都から移して急造された首都である上に、『復興文化論』でも指摘されているように、関東大震災後に根本から作り直されている都市ですね。そういう場所で育つと、ある種のリセットの感覚、丸山眞男であれば「戦前までの系譜とはきっぱり手を切って、西洋近代を戦後の日本に移築していこう」という話になりやすい。一方、京都の場合はそうはいかないよ、というメッセージを感じたのですが。

福嶋　それはあると思います。

ジャーナリスティックに文化論を語っていこうとすると、だいたい二つの語り口があるわけですよ。一つは関東派と言うか、「文芸批評」のジャンルですね。もう一つは関西派と言うか、「国学」ないし「新国学」のジャンル。前者の代表は小林秀雄です。小林に「故郷を失った文学」という有名な評論がありますが、いま與那覇さんがおっしゃったように、故郷=伝統を失ってリセットされた人間はどう生きるのかを考えるのが小林的な方向ですね。そうした批評の系譜は、吉本隆明や江藤淳など東京生まれの人たちに受け継がれている。ゼロ年代批評はその末裔です。

一方、関西派というのは、故郷をもう一回再建しようとするところがある。それは本居宣長や上田秋成のような国学者を経て、保田與重郎や折口信夫、さらには梅原猛のような新京都学派にまで連なる流れです。前近代的なもののポテンシャルを評価する立場ですね。

本来、故郷喪失者の作った文化と故郷を再建しようとする人の作った文化では水と油です。たとえば、東京の文芸批評は「リセットされた私」をめぐる実存主義になりやすいけれど、国学や新国学は「私」には興味がない。でも、僕はその両方から影響を受けているので『復興文化論』ではむりやりこの両者を統合してみたんです。関東と関西の中間で「名古屋的」とでも言うか（笑）、そんなスタンスで書いてみたところはあります。

與那覇　『東と西の語る日本の歴史』という著書のある網野善彦も、名古屋大学に勤めた時期に、自分の歴史観が形作られたことをほのめかしています。今のお話は、関東派には故郷喪失を「近代化に伴う現象」としてとらえる癖があるということですね。前近代までは農村共同体の揺り籠に抱かれて生きてきた人々が、都市に出てくることでデラシネ（根無し草）になる、これが近代社会を生きるわれわれの実存だと。

しかし関西派だと京都に古都の町並みが今も残っている上に、平安京に落ち着く前に実は何度も遷都しているので、いわば故郷を「失い慣れている」。だからこそ、デラシネを近代固有の病としては扱わない。

福嶋 それは同感です。町並みは確かに重要な問題で、東京って基本的に、よそ者が集まってグチャグチャになってる世界ですよね（笑）。荻生徂徠が江戸時代から言っていたように、東京には外縁がない。品川のあたりから南にだらだらと家が続いていって、簡単にスプロール化しちゃう。地理的に合理化できないんですね。

與那覇 中国直輸入の条坊制で、碁盤の目状に作られた京都とはまったく違いますよね。

福嶋 京都は街の中だけが合理性の世界で、その周りの山は非合理的なデーモンなり神様なりが住んでいるところ。スパンと世界が分かれるんですね。東京の場合は、合理性と非合理性がグチャグチャにミックスされる。そういう地理環境の違いは思想にも反映してくるでしょうね。

與那覇 よく名古屋がそういわれますが、東京（江戸）こそが実は「田舎くさい都市」の原型だったのかもしれませんね。なんとなく徳川様が天下を取ってお膝元が栄え、五月雨式に地方の人が流入しただけ。それがやがて、丸山のような「君たち、もうちょっとしっかり「作為」して、きちんとできないのか」という啓蒙の発想を生み出すと。

万葉集の世界は「ポスト文明」

與那覇　歴史教育で「奈良・京都は悠久の都」みたいなイメージを刷り込まれると、都が長く続いている印象がありますが、先ほどの話題のとおり、本来古代の日本は遷都が頻繁にあった。これが『復興文化論』の出発点でしたね。

福嶋　そうですね。

與那覇　たとえば中大兄皇子（天智天皇）が遷都した大津宮も、壬申の乱（六七二年）という壮絶な内乱の結果、五年しか使われない。その時代を生きた柿本人麻呂（六四五頃〜七一〇頃）は、次々に作っては棄てられる都に、敗者の怨念が残ることを怖れた。それを慰め、鎮魂するための「文学」を作ろうとした人麻呂の姿に、福嶋さんは日本文化の原型を見るわけですね。

福嶋　『万葉集』と言うと、すごく素朴な世界が書かれているというふうに思われがちですが、本当はそうじゃない。かつて都市文明があったが、それは壊れてしまった――人麻呂が描いているのは、そういう喪失の感覚なわけです。素朴な世界と言うよりも、むしろ「ポスト文明」なんですよね。

日本文学は野蛮からではなく、むしろ首都（の崩壊）から始まっている。だから、與那覇さんがおっしゃるように、悠久の歴史を捏造しちゃダメで、むしろ文明の切断＝崩壊の反復を考えないといけない。

與那覇　関東派と関西派の違いの、もうひとつの側面ともいえそうですね。

関東派にとっての文明とは比較的「新しく」壊れるもので、明治維新時に官軍＝薩長の田舎者の乱入によって、江戸の情緒や風雅が荒らされたというのが崩壊の原体験。二度目の崩壊は大正の関東大震災（一九二三年）で、そこから生まれた復興文化として、福嶋さんは川端康成の『浅草紅団』を取り上げられました。以降、三度目の東京大空襲（一九四五年）、四度目の東京オリンピック（一九六四年）による都市改造と続きます。

一方で関西では万葉集以来、文明崩壊はモダニティ（近代性）に伴う問題というよりは、古代以来の日本の文明史的な課題という位置づけになる。だから京都在住の福嶋さんは、同書を人麻呂から始められたわけですね。

福嶋　それは当たっていると思います。ちょっと話を変えると、僕は與那覇さんの大柄の仕事に共鳴するところが多いんです。今はとにかく物事を見るパースペクティブが完全に壊れちゃってるから、多少強引でも何らかの大きな物語を作る必要がある。そうじゃないと、一行コメントの賛成や批判ばかりで言論が埋まってしまう。

ただ、それと同時に、物語の快楽原則に流されすぎてもいけないと思うんですよ。そもそも、日本の伝統を古代まで遡ってみると、トラウマティックな出来事をあえて物語の中で反復していたりもする。中世なら『平家物語』、近代であれば中上健次の小説などです。単に無批判に「日本ってこんなにすごい国なんですよ」という快楽的な物語を提示するのではなくて、逆に不快で否定的な出来事までも全部貪欲《どんよく》に飲み込んでいくというのが、真に日本的な物語のスタイルだと思います。

要は、物語批判を組み込んだ物語こそが日本文学のコアを作ってきた。

與那覇　快楽原則を刺激するだけの物語では、「小難しく悩むことなんてないよ」という麻酔剤で終わってしまう。それに対して、ちょっと目を覚まして、知性を発動させなさいというスタンスで行われるのが、物語を「批評」する営為だと。『復興文化論』ではその原型として、平安朝の日記文学における内省を挙げていましたね。

福嶋　そうですね。

與那覇　自分の場合は物語批判というよりは、「物語構築」を通じての知性の発動を考えています。世の中、わけがわからない今だからこそ、「こういう歴史的文脈で起きているのでは」という形で現状を把握してみましょうよと。

たぶんそこが上から目線的なわけですけど（笑）、福嶋さんはもう少し下からというか、「知識人が大衆に教える」のではなく、「物語がボトムアップで生まれる」様子を描かれていますね。壬申の乱の後には柿本人麻呂が出て、源平合戦の後には琵琶法師が平家物語を語り継ぐ。

正史より物語を好む国

福嶋　中国では「正史」を大事にしますよね。一つの王朝が滅びると、次の王朝が前王朝の歴史を記す。これが延々と続いていくわけです。けれど、日本は正史をあんまり大事にしない。律令国家の初期の段階では、『日本書紀』とか一応頑張って作るわけですが、途中でやる気がなくなってくる。いわゆる「六国史」も最後は公家の日記みたいになる（笑）。

一方で、日本で国民作家になるのは、江戸時代の頼山陽、近代の司馬遼太郎のように、歴史と物語を融合させた作家です。江戸時代にも一応水戸藩が作った『大日本史』などがあるわけですが、頼山陽の『日本外史』（一八二七年頃）の方がはるかに影響力がある。よくも悪くも日本では歴史と物語が融合してしまう傾向がある。というか、むしろ積極的に融合させた作家こそが成功するんですね。だからこそ我々は、日本の物語はどうあるべきかを批評的に吟味しないといけない。

與那覇　日中比較も、『日本の起源』と『復興文化論』に共通のテーマです。福嶋さんの一冊目のご著書の副題が「ネットワーク社会の文化論」でしたが、日本にしても中国にしても、「ネットワークの総体」という視点でとらえている。

ネットワークとは一般には、コミュニティや共同体の対義語として使われるわけですが、

『復興文化論』では「日本」をベタな農村集落というより、和歌や物語といった「テキストが織りなすネットワークでつながりあう総体」として把握されていますよね。

福嶋　基本的にはそういう考えですね。

與那覇　中国がネットワーク社会だというのはわかりやすい。あそこまで広い国を一つの共同体として一体運営するのは無理なので、科挙で選ばれた官僚同士のネットワークのことを中華帝国と呼んでいる。しかし、それでは日本のほうには、がっちりした「一体の共同体」があるのかといえばそれも違うというのが、福嶋さんの見方ですよね。

むしろ「一体の日本というものがあるはず（べき）だ」という考え方自体が、中国思想の影響で、江戸時代の途中からそう思い込み始めただけではないかと。

福嶋　そもそも「忠君愛国」という言葉が中国語ですからね。朱子学から江戸時代の水戸学へと連続していって、最後は尊皇攘夷につながっていく。だからナショナリズムそれ自体も、日本固有のものというより、中国から輸入した海賊版のようなところがある。

これは僕が昔から疑問に思っていることなんですが、果たして日本人にとって「ネーション」は魅惑的な存在として見えているのか。ネーションそのものを愛するのが難しいからこそ、天皇のようなアイコンを挟み込んできたわけでしょう。

與那覇　俗な例だと、くまモンやふなっしーのように一体ずつ「ゆるキャラ」を置かないと、県や市への愛着が湧かないみたいな（笑）。

ヨーロッパの近代ナショナリズムの原点であるフランス革命（一七八九年）は、王様というアイコンと、ネーションとを切り離した。王様のような具体的な人物ではなく、人権宣言という理念の下に一つの国を作ろうと。いわば「廃君愛国」が十八世紀末以降の近代ナショナリズムだったのだけど、東アジアにとっての「愛国心」はまったく異なる、より深い歴史的文脈から始まっているということですね。

福嶋　ええ。

與那覇　中国ではしばしば王朝が交替する上に、異民族の侵略による滅亡も多い。そうした亡国体験に対し、「俺はあくまでも、古い王朝に殉じる」と書きつける人たちがいた。たとえば南宋の文天祥《ぶんてんしょう》（一二三六〜一二八三）です。こういう「忠君殉国」の姿勢こそが、実は東アジアにとっての元祖ナショナリズムではないかと。

明治以降に入ってきたフランス革命的なナショナリズムではなく、近世中国で生まれたカギカッコ付きの「ナショナリズム」のほうが、儒学や漢詩文のテキストのネットワークを通じて、あらかじめ江戸中期以降の日本人の想像力をとらえていたのですね。

福嶋　そうですね。『復興文化論』では「ヴァーチャル・ネーション」という言葉を使いましたが、日本人にとってネーションというのは常に海賊版でしかない。エロス的な対象として血肉化されているとは思えないですね。

日本的な美の宿るところ

福嶋　このテーマを広げたいんですが、ちょうど與那覇さんが『帝国の残影』という優れた小津安二郎論を書かれていますよね。小津は日本を代表する映画監督ということになっていますが、日本国家を直接とらえるということはしない。日本というネーションを撮る代わりに家族を撮る。家族の外で起こっているであろう国家的な問題は、寓意的に変換されて家族の枠の中に閉じ込められている。

與那覇　そうですね。日本全体を圧縮した「箱庭としての家族」というか。

福嶋　で、本当はときどき「帝国的」なイメージが小津映画には侵入してくるんだけど、そういう作品はだいたい失敗作扱いされて、まともに評価されてこなかったというのが、與那覇さんの論旨ですよね。これは非常に大事なテーマで、「国民的」と評される表現者にしばしば共通するスタンスです。

例えば夏目漱石はちょうど日露戦争の最中に小説を書き始めるわけですが、戦争のことを正面からは書かずに、あくまで学生コミュニティとか家族の姿を書く。で、そのミニマルな人間関係の中に、外部の国家的な問題を全部折りたたんじゃうわけです。国家そのものは全然肉感的に響いてこなくて、それをダウンサイズしないと知覚できない傾向がある。

與那覇　日本は国土のサイズが小さく、一体化したナショナリズムが作りやすいので近代化できたとしばしば言われますが、実はそうでもない。家族や地域のような小集団を、「万葉集は国民の歌だ」「天皇家に尽くすのが忠義だ」といった、物語のネットワークでつないではじめて日本ができる。

福嶋　ええ。だから、日本でナショナリズムをやろうとすると天皇が必要になるわけですよ。「天皇抜きのナショナリズム」とか「方法としてのナショナリズム」とかが十年ぐらい前からときどき議論されていますが、僕はそんなの無理だと思う。

同じ枢軸国でも、ヨーロッパのファシズムは国家それ自体をアートにしようという試みだったとも言われている。ヒトラーはまさにアーティスト崩れであり、国家的祝典のプロデューサーだった。戦争も映画の延長のような形で演出し、国家それ自体を一つの芸術作品として仕立てあげていく。

でも日本はそういうことをやらない。むしろ「欲しがりません」ですごく貧乏臭い。

與那覇　『日本の起源』の表現で言うと、「田舎臭いファシズム」ですね。

福嶋　そうです。だから日本の建築家もすごく不満がたまる。ドイツのアルベルト・シュペーアなんかはヒトラーに取り入ってすごい建築を作っているのに、なんで俺たちは作れないんだ、と。

では、結局日本的な美はどこに宿っていたのか。井上章一さんの『戦時下日本の建築家』

に書いてありますが、戦時中に建築家の前川國男は「日本的なもの」は青葉とか古鷹みたいな巡洋艦においてこそあり得ると言っていたらしい。これは戦後の『宇宙戦艦ヤマト』にまっすぐ繋がってくる話でしょう。

與那覇　最近また再ブームの、ゼロ戦もそうですよね（◆5）。

福嶋　そうです。で、この奇妙な美学を踏まえると、もうひとりの「国民作家」である宮崎駿の問題もきれいに見えてくる。結局、国家それ自体をアートにするのは無理である。しかし、ゼロ戦とか巡洋艦みたいな兵器ならばチャーミングに見せられる。今のジャパニメーションの担い手は、富野由悠季《とみのよしゆき》さんにせよ庵野秀明《あんのひであき》さんにせよみんな軍事オタクですが、そこには立派な理由があるのかもしれない。

與那覇　メカニック・フェティシズムこそ「現代の万葉集」ということですか。

福嶋　その行き着いた先が『艦隊これくしょん』（笑）。ともあれ、前川國男の提示した感性は、実は戦後もあまり変わっていない。

◆5　二〇一三年十二月、ベストセラーとなっていた百田尚樹『永遠の0』の映画版（山崎貴監督）が公開され、翌年の邦画興収一位となる大ヒットになった。一方、宮崎駿監督のアニメ映画『風立ちぬ』も二〇一三年七月に公開され、零戦の設計者・堀越二郎をモデルとするストーリーが話題を呼んだが、宮崎は戦争をロマン化する同時代の風潮には異を唱えている。

與那覇　『艦これ』は防人《さきもり》歌だった（笑）。確かに、ファースト・ガンダムのジオン公国も「ナチスのパロディ」になるわけですよね。自分の国からは、持ってこれる事例がない。

福嶋　日本人にとって国家をチャーミングなものにしていくのはそれぐらい難しいことだと思うんですよ。常に国家の外部へと美がずれてしまう。

戦後初期は稀な「リアル亡国」

與那覇　だとすると通説に反して、日本人とは実は、非常に国家意識が「弱い」人々の集まりということになりますね。

福嶋　ええ。宮崎駿さんを例に取っても、彼が何を恐れているかというと、国家が壊れることよりも生態系が壊れることですね。小松左京も似たようなことを言っていましたが、日本人の終末意識は国家の滅亡から来るんじゃなくて、自然破壊とか生態系の崩壊のほうから来ている気がします。

現在の「右傾化」とか「ネトウヨ」の問題を見ても、同じような国家意識の弱さを感じる。確かに右傾化はしていると思いますが、国民的な連帯感はむしろ弱まっている。ネットもすぐに「あいつは在日だ」「非国民だ」の嵐で、一部の政治家もそれにホイホイ乗っかっていく。外から見るとナショナリズムが高まっているように見えて、中身はかなり空洞化している。

それは一つには、ネーションが人工的で、日本人には必ずしもフィットしていないからではないかと思います。

與那覇　『復興文化論』の近代編は「劇場」がキーワードでしたが、たとえば安倍首相が靖国神社に行くのもある種のお芝居ですよね。「私は国を愛する男だ」という演技を通じて、ファンに拍手してもらう分、アンチもつく。日本人にとって国家は、そういう「パフォーマンスの素材となる記号の体系」としてしか存在しえない、ということになりますか。

福嶋　そんな気はしますね。

與那覇　「俺は芝居じゃない、ガチだ」と言おうと思ったら、三島由紀夫のように自衛隊に乱入して腹を切るしかない。逆にいうとふつうの日本人というのは、江戸時代以来ずっと生活実感とは乖離した、ヴァーチャルな国家像＝忠君像だけをもてあそんできた。

福嶋　ええ。だからこそ本居宣長のように、人工的な国家像を批判する人が出てくるわけですよ。宣長が批判した「漢意《からごころ》」は、まさに中国ふうの「忠君愛国」のことですからね。

與那覇　いま風に言うと、ネトウヨは全然日本人っぽくないという話ですね。しかし、そういうヴァーチャルな国家意識をもてあそび、「俺はこんなに意識高く国を憂えている」と言いまわっていたら、本当に最大級の滅亡が来ちゃったというのが、第二次大戦の経験だった。

福嶋　それはあるでしょうね。その一方で、日本の文化史的に見ると、国家が滅亡しかけた直後の世界こそユニークということもあるでしょう。

例えば、日本の戦後をさしあたり二つの時期に分けるならば、四五年から五五年までの間と、五五年体制の成立以降ということになると思う。四五年から五五年というのは、ちょっと異例だった。すごくごった煮的な時代ですが、そこにはある種の世界性があった。現に日本映画の黄金期はまさにその時期ですよね。

與那覇　特に五〇年代前半が、溝口健二や黒澤明がヨーロッパで受賞しまくった時期ですね。

福嶋　溝口は『夜の女たち』（一九四八年）という傑作を撮っていますが、あれは敗戦直後の大阪のパンパンの話です。新藤兼人によると、当時の溝口はネオレアリズモのロベルト・ロッセリーニを意識していたらしいけれど、日本でもいわばロッセリーニ的な仕事が必要だということで、それまで芸者さんの様式美の世界を描いたりもしていた溝口がパンパンを撮りに街に出てしまう。風流も何もないような世界を描くわけです。

でも、五五年体制ができちゃうと、そういう束の間の世界性は消えてしまうわけですね。與那覇さんの小津論も、五五年体制が確立される前の、カッコつきの「戦後」をどうとらえるかという研究だと理解しました。

與那覇　小熊英二さんや福間良明さんの強調される視点ですね。五〇年代半ばまでの十年間には、「いわゆる戦後」とは違う社会があったと。換言すると、ヴァーチャルな滅亡をもてあそんでいる時期の日本人はロクなことをしないが、本当に滅亡した時は結構やるじゃん、

1970年11月25日、自衛隊員を前に人生最後の演説をする三島由紀夫。
この日を境に「現在」に続く時代が始まってゆく（第三部参照）

ということになりますか。

福嶋　まぁ平和の産物と言うべき戦後サブカルチャーでも、例えば小松左京の処女長編『日本アパッチ族』は、敗戦直後の闇市的世界をもう一回復元する試みでしょう。あるいは、横溝正史のミステリーだって金田一（耕助。探偵役）は復員兵ですね。SFにせよミステリーにせよ、日本のエンターテインメント産業の根っこには、五五年体制以前のカッコつき「戦後」をリバイバルしようとする欲望があると思うんです。

與那覇　『犬神家の一族』は、トリックも戦争なしでは成り立たない。

福嶋　戦後サブカルチャーは、闇市的な戦後から養分を得続けている。そこに大きなポテンシャルがあった気はしますね。

宮崎駿の自然と手塚治虫の記号

與那覇　ぼくは映画版の『風の谷のナウシカ』も、ありうべき「もうひとつの復員」を描いているという風にみるんですね。侵略者のクシャナ皇女が、満洲国に擬された場で壮絶な失敗を体験する。それを救ったナウシカの姿から学んで、故国に教訓を持ち帰るのだと。『復興文化論』の戦後編は、まさにその宮崎駿と手塚治虫の比較論でしたが、この日本アニメの両雄は「問題意識は共通していたが、語り方が違った」と理解してよいですか。

福嶋　そうですね。與那覇さんが『ナウシカ』と満洲国を接続されたのはとても面白い。実際、宮崎駿さんには、大東亜共栄圏的な帝国志向が潜在的にはあると思うんですよ。彼は京都学派が好きですよね。

戦前における京都学派は大東亜共栄圏を正当化するイデオロギーになり、戦後は一度影響力を失う。しかし、帝国志向が無くなったわけではなくて、ある種の生態学としてリメイクされる。雲南に行けば照葉樹林が広がっていて、それが日本のモチ食の源泉であるとか……。

與那覇　中尾佐助らが唱えた、照葉樹林文化論ですね。

福嶋　『もののけ姫』にはそういう生態学的な世界が開けている。それによって、かつての多民族的な日本帝国を変形しつつ取り戻しているという感じはします。

與那覇　逆に手塚治虫のほうは自然回帰ではなくて、自然の抹消に向かうと。

福嶋　手塚治虫は生態学的帝国を志向するというよりも、一種のコスモポリタンでしょう。西洋であろうが日本であろうが、全部同じ枠組みで見ている。あれは大正教養主義的なものじゃないかな。

與那覇　宮崎も手塚も国民国家＝日本という枠組みを超えているのだけど、「自然・風土」で超える宮崎と「人工的記号」で超える手塚とでは、超え方が違うということですか。

福嶋　僕はそう思います。

與那覇　日本人はリアルな国の滅亡をあまり体験しなかった分、一九四五年の滅亡の存在感が突出している。しかも核時代の到来という、人類史上の画期とともに帝国が滅ぼされた。江戸時代からヴァーチャルな滅亡、ヴァーチャルな国家を3Dゲームのようにプレイしていたら、いつの間にかそれがリアルになっていたという逆説ですね。

福嶋　ただ、「どん底まで落ちる」という経験が日本にはそもそもあんまりないわけですよね。よくも悪くも、日本は底が浅いところがあるわけです。だいたい、原爆を落とされた後に『ゴジラ』を作っちゃうわけだし、戦後の広島を描いた作品で一番有名なのも『仁義なき戦い』だったりするでしょう（笑）。

與那覇　「原爆が落ちたまさにその土地でも、人々はこがいに逞《たくま》しゅうやりよるけぇのう」と。

福嶋　広島の「ポスト原爆」の荒野が、結局やくざの殺し合いの場所に化けちゃってる。だけど、そういう変なところも含めて、僕は「日本だな」と思うわけです。小松左京ふうに言えば、それはある種の悲喜劇なんですよね。悲劇と喜劇が全然区別できない。四五年から五五年の時期は、そういうトラジコメディ的な世界がいろいろなところで見られたんだと思います。

與那覇　「日本人らしくない」ネトウヨたちと違って、妙に「意識が高く」ない分、何ひとつタブー視しない人たちだからできたわけですよね。

福嶋　それはそうです。それに、核で世界が滅びちゃうっていうのは、ある意味で究極のお笑いの世界ですよ。科学の進歩を追求した果てに、ハイテク爆弾で人間が滅びちゃうんだから。

日本文化の可能性とは

與那覇　日本人にとって国家それ自体は抽象的すぎて、一部の「意識高い系」の人の視野にしか入らない。ただ一方で、「日本人なら、こういう文化的なストックは共有してるよね」という意味での共通性、福嶋さん的にいえば「イメージのネットワークの総体としてのネーション」は、欧米諸国と比べても分厚そうですね。

福嶋　そうかもしれませんね。

與那覇　一時話題を呼んだサンデル教授の講義にも出てきたけど（◆6）、欧米社会ならモーツァルトが文化だと思う人と、マドンナが文化だと思う人とは階級として断絶している。逆に日本では、麻生副総理の趣味がマンガでも誰も変だと思わない。その点がヨーロッパ型の

◆6　二〇一〇年、NHK教育テレビが哲学者マイケル・サンデルの講義を「ハーバード白熱教室」と題して放送（全十二回）、大講堂で学生とディスカッションする内容が広い視聴者を獲得し、テキストの『これからの「正義」の話をしよう』はベストセラーとなった。以降二〇一五年頃まで、NHKはサンデルをゲストとした討論番組を断続的に放映した。

民主主義や平等感覚とも、中国由来の忠君意識とも異なる、日本独自型のネーションなのかもしれない。その起源を福嶋さんは、古代の歌詠みまで遡っている。

福嶋　和歌はすごく民主主義的ですよね。古今集の仮名序には「生きとし生けるもの、いづれか歌を詠まざりける」なんて書いてある。動物も人間もみんな歌は持っている、その点で平等である、と。

日本人は政治的な意味での平等性をどう作っていくかということに関してはあんまり知恵が働かないいんだけど、文化のレベルでは古くから平等主義はあったという気はしますね。與那覇さんが言うように、まさに無階級的な世界を肯定するわけです。

與那覇　男性限定ですが、中国では科挙への挑戦権という形で政治的な平等を担保した。日本にはそういう政治の制度はない分、感性の点において平等性を認めたと。天皇の歌と詠み人知らずの歌を、ごっちゃに入れて平気な世界。

福嶋　まさにそういう感じですね。いわゆる総表現社会で皆がウェブで何か言っているという現在の状況は、和歌の民主主義と似ていなくもない。前国家的なデモクラシーですね。

與那覇　問題は、そのような日本型ネーションや日本型民主主義が、優れた成果を実らせる時代と、逆に堕落してダメになってしまう時代の双方がある点ですね。文化面での日本のポテンシャルを、文化以外の領域に広げるにはどうすればよいか、という問いとも言えます。それについて、福嶋さんがいま考えていることはありますか。

福嶋　その問題は難しいですね。ただ、南北朝時代の北畠親房《きたばたけちかふさ》の『神皇正統記』（一三三九年）という本がありますね。一般的には皇国史観の本みたいに思われているけれども、中身はかなりプラグマティックなんです。人民を統治するためには何でも導入すれば良い、儒教でも仏教でも芸能でも、統治に役立つなら何でも使いましょう、と(笑)。

日本式の統治論ということで言えば、僕はそういうプラグマティズムが結構大事だと思っています。何か一つの原理で日本の社会をよくすることは不可能だから、いろいろな手がかりを利用していけばいい。だから、日本の政治家は文化も宗教も詳しく知ってないとダメなんですよ。

與那覇　それこそ大平・中曽根政権でブレーンを務めた、山本七平もそう書きましたよね。『神皇正統記』は皇国史観の原点に見えて、天皇の悪政よりは幕府の効能を認めるなど、実は原理主義ではない。むしろ、融通無碍さと表裏一体の中庸主義こそが日本らしさの本質だと。

福嶋　それはそうだと思います。だから、最初の東西文化論とも関わりますが、多元的な資産をうまくやりくりしていくのが望ましいんじゃないかな。

ちなみに、僕は暇を見つけては地方都市に旅行したりするんですけど、そこそこの都市だと必ずインテリがいますよね。地方の博物館に行って、そこの名物おじさんみたいな人が、滔々とその地の歴史を語る。そういう市井のインテリが日本の知的エネルギーになっている気はするんですよね。

與那覇　まさに、学者の本は読まないけど、山本七平なら読んでいる人たち。ここで丸山眞男なら「この亜インテリめ！」と怒るのかもしれませんが、そこは吉本隆明でいくわけですね。

福嶋　僕はそちらのほうがいいと思う。地方都市にもいろいろな賢人がいる。これから先も維持できるか分からないけれど、それはやっぱり日本の財産ですね。

（『新潮45』二〇一四年七月号）

歴史学に何が可能か
――「中国化」と「江湖」の交点

東島誠＋與那覇潤　二〇一二年五月

――二〇一一年に『中国化する日本』を出版された與那覇潤さんは、執筆の動機として、日本社会が大きな曲がり角にあるいまだからこそ、これまでの西洋化という物語とはまったく違う「大きな物語」＝「中国化」を立てて考えてみる必要があり、それを通じて日本の針路を示せるかどうかに、「歴史」というものにいまもまだ意味があるのかがかかっているとおっしゃっています（本の話WEB「「西洋化」に代わる物語を」）。いっぽう東島誠さんは、3・11以降特に強調された「絆」という言葉を再考するために、「無縁」「合力《こうりょく》」「義捐《ぎえん》」「交通」「江湖《ごうこ》」など歴史上特別な意味を込めて用いられた七つの漢語をもとに公共論を展開され、『〈つながり〉の精神史』として上梓されました。

この本のなかで東島さんは、「記憶」以前を扱う歴史学は、基本的にメタファーとして以上の意義はもちえない、つまり、歴史学は処方箋を書くことはできないが、そこで立ち止まり、考えるためのヒントを出すことはできる。むしろ歴史学は立ち止まって考えることを要求する思考方法だとおっしゃっています。今日はおふたりに「歴史学に何が可能か」というテーマでお話いただければと思います。

マルクス主義史観から離れて

東島　歴史家の眼から見て、『中国化する日本』の最後の押さえ方は、あくまで歴史家のお仕事だなという感じがしました。「中国化」を賛美するのではなくて、不可避的に入ってくるものとして、そのときどうするか、という問いとして書かれている。そこで筆を止めるのが、歴史学だと思いますし、私もそこまでしか書けない。出版されて、考えは変わりましたか？

與那覇　いや、変わらないです。むしろ、「読んだから話を聞きたい」と声をかけていただいて話にいくと、「中国化が必然だという感じがしますが、どうにかなりませんか？」とみなさんおっしゃる（笑）。私は「中国化」は歴史の必然だとは書きましたが、それがいいとも思っていないし、そうは書いてないですよね。それで、「じゃあ中国化しないで済む知恵を出しあいましょうか」という感じになります。

東島　そこを読み間違うとおかしなことになりますよね。「中国化」という概念は、あくまで、〝いま〟を考えるための道具立てです。現在を議論の起点として、理念型、つまり分析のためのものさしとして用いることで、過去の歴史を切っていく。

「中国化」か「再江戸時代化（非中国化）」か、という理念型の組み合わせが成功していると思うのは、「中国化」の対となる概念を、江戸時代という、より新しい時代のなかに求めた点にあると思います。従来の歴史家は、たとえば「固有法」秩序に「律令法」秩序が入ってきて角逐《かくちく》する、*1といったように、固有なものが普遍的なものに先行する、ということを当然のように論じてきましたから。〝現在〟が問題関心の起点にあることで、さまざまな〝歴史的現在〟も明らかにしていける、ということでしょう。

與那覇　そこで規範理論だと、よりもっと未来志向で「こういう社会を目指すべきだ」という語り口にいくわけですよね。弱者を守るにはロールズのリベラリズムでいこう、というような。そうならないのが、歴史研究ゆえの語り口かなと思います。

いっぽうで今回面白いと思ったのは、「中国化は必然だ」と書くと、なぜか読者によっては、それが「中国化はいいことだ」に変換されてしまうらしい。それって、大昔のマルクス主義史学の態度ですよね。歴史にも自然と同じように客観的な普遍法則があり、生産力の発展によって歴史も発展していく。だから歴史の必然とはすなわち「進歩」であり、いいことだという前提になってしまう。それで、進歩のゴールとしての共産主義がユートピアになってしまったわけですね。
歴史学者は苦闘しながらも、そういった発展段階論[*2]は間違いでしょうとやってきたと思うんです。実証主義で、一次史料に基づいてマルクスの図式が当てはまらない事例を示すなり、マルクス主義の内部でも、たとえば共産革命が先進国でなくむしろ後進地域で起きた理由を説明するなり、従属理論[*3]や世界システム論[*4]で「先進」と「後進」は同時に創り出されてきたことを明らかにするなり、方法は多様でしたが。にもかかわらず、一般には意外とそれ以前の感覚がいまだに残ってるんだなと感じました。歴史家たちのマルクス主義との格闘って、まったく共通体験になっていないんだな、と。

東島　でもそうした発展段階論と真に格闘してきたのは、無思想な素朴実証主義者ではなく、むしろマルクス主義者のなかのほんの一握りの人々であったのかもしれません。ここで私が念頭に置いているのは、石母田正と網野善彦です。

二〇〇三年に雑誌『歴史学研究』が「石母田正『日本の古代国家』発刊30周年」の特集を組んだときにも述べたのですが、この石母田のレイト・スタイルを[*5]「史的唯物論」と規定するのはほとんど致命的な誤読でして、石母田のベースにあるのはむしろヴェーバーの『支配の社会学』[*6]です。石母田はマルクス主義者としての運動に深くコミットしながら、にもかかわらず学問的には孤立していたのです。マルクス主義歴史学では絶対取り上げないような初期マルクスの〈交通《フェアケーア》〉を一九七〇年代はじめに論じてもいました。その点では一九八〇年代の柄谷《からたに》行人さんや浅田彰さんの議論に先行さえしているんですね。歴史学の限界を突破しようとする人は、外には素朴実証主義者、内には既存のマルクス主義者と戦わなければならなかったのです。

石母田以後でいえば、網野善彦が、まさにそうでした。「社会構成史」、つまりマルクス主義でいう社会構成体の発展段階の歴史のことですが、そうした次元に回収されない、「民族史的次元」の時代区分を、『日本中世の非農業民と天皇』で提唱したわけです。網野は中井信彦に依拠しつつ、柳田民俗学とアナール派歴史学[*7]の共通点として、「一回性のない、繰返される民衆の歴史」を挙げていますが、民俗学的な「習俗の次元」にあきたらず、「この日本を真の意味で世界の諸民族にひらかれた世界にする」ために、あえて日本を相対化する意図をもって「民族史的」という言葉を選んだのです。

――東島さんは『〈つながり〉の精神史』のなかで、「「中国化」と「再江戸時代化」のふたつのウェーヴでもって歴史のトータルな動態が説明できるとする挑発的な内容であるが、これは、歴史上の三つの変革期に外部世界に開かれた「江湖」の思想が浮上するという私の見通しにとっても示唆するところが大きい」と書かれています。具体的には、どういうことでしょうか？

東島　かつては日本史でも世界史でも、中学・高校で歴史を学ぶ際の定番のひとつが、「貨幣経済が農村に浸透して貧富の差が拡大（階層分化）し、共同体が解体する」という説明でした。しかも同種の説明は、時代の転換期のたびごとに登場します。何度も共同体が解体するというのは、マルクス主義的な発展段階論がベースにあることをわかっていないと、なかなか釈然としない説明です。

でもそうした転換期の現象を、発展段階論ではない仕方で説明しようとしたのが、與那覇さんの「中国化」の議論なのだと思います。ここでの「中国化」とは、宋朝をモデルに、グローバリゼーションや社会の流動化の契機として用いられているわけですが、そうした変革可能性、別の言い方をすれば、複数の選択肢を前にどちらに舵を切っていくかが問われるような時代は、それこそ繰り返し歴史に登場するわけで、その瞬間を捉えるのに、非常に有効だと感じたのです。與那覇さん自身は、中世開幕から南北朝時代、明治維新以降、そして現在を、「三度押し寄せた「中国化」の大波」と呼んでおられます。

いっぽう私が、「歴史上の三つの変革期」と呼んでいるのは、南北朝（十四世紀）、戦国（十六世紀）、幕末〜明治（十九世紀）で、この三つの時代にのみ、中国渡来の「江湖」という言葉が流行《はや》る。それこそ既存の日本社会にない、オープンな世界をあらわす思想のウェーヴとしてせり上がってくるんです。つまりその瞬間、「江湖」世界を受け容れることが「選択肢」の一つとして確かにあったわけですね。ちなみに中世に限定すれば、樋口大祐さんは、

『「乱世」のエクリチュール』という本で、源平争乱期・南北朝動乱期・戦国時代という三つの「転形期」を取り上げられていますね。こうしてみると三者の注目する「変革期」の議論には重なりあう点が大きい、ということが、あらためてわかります。

與那覇　言い方を変えると、そういう「共同体の解体」が繰り返し出てくる教科書のように、マルクス主義史学の全盛期は、「どの時点の解体がいちばん決定的か」という議論をみんながやっていた。安良城盛昭《あらきもりあき》さんなどが典型ですが、たとえば「農奴制はここからだ」というように、画期的なステップを発見しようとしていた。そうやって過去を位置づけることで、マルクス主義でいう「奴隷制→農奴制→資本制」の発展段階論に乗せていこうとした。だけど実は、発展段階論自体が嘘なので、そういうものではない叙法を見つけないといけなくなったというのが、歴史学にとってのポスト・マルクス主義ですよね。

東島さんの場合はそこで、それぞれの時代に変革への思想的契機が孕まれているのだけれども、未完のまま流産していく、その繰り返しが歴史だというスタイルを採られた。自分はもっとベタに、発展という軸で考えるのではなくて、中国型／日本型というふたつの理念型でいこうと考えたんです。歴史をその反復として見ていく。そう考えることで、いつの時代でも「共同体の解体」が指摘されることの謎を解こうとした部分はありますね。いずれにせよ、反復論こそが進歩史観を清算する道ではないかと。

共鳴する「中国化」と「江湖」

東島　中国型／日本型というモデルで大事なのは、あくまで理念型だということですよね。つまり、ある社会を中国型だと同定するためのものではなく、むしろその社会のどこがどこまで中国型か、というように、差異を明らかにするためのものです。純粋な中国型、純粋な日本型が、当事者も含めて歴史的に実在するわけではない。

中世の変革期が面白いのは、非中国的なものが優位な社会のなかで、いびつなかたち、落ち着きのわるいかたち（「異形」といってもよいでしょう）で、現実とは対極にある理想ないしは「自由にしてケシカラン」ものが出てきます。逆に、そうしたオルタナティブが喧伝されてくると、「中国化」を肯定し日本を否定する側も、結局は「日本」像をくっきりと立ち上げてしまうことになる。これは、ひところ酒井直樹さんが強調された対‐形象化の、いわば中世版です。

あと変革期には脳内中国、身体日本という人も多い。後醍醐天皇は脳内では中国皇帝を目指すが、身体的には日本そのもので、易姓革命[*8]や儒教的徳治をまったく理解していないと周囲から批判されています。平安初期の政治改革を断行した嵯峨《さが》天皇もそうで、宮廷儀礼や殿閣・諸門の号を唐風にし、唐風書道に勅撰漢詩集と、ほんとうに脳内は中国ブームなのですが、実際にできあがった政治制度は、天皇の近臣（家産官僚）が特権集団を形成するという、きわめて日本的なものでした。

與那覇　いまの問題提起を自分なりに受けとめますと、『中国化する日本』の原型になった論文[*9]には、「中国化」という言葉で表現しているものは、文化的な遺伝子（ミーム）とかDNAのようなものであり、日本的・再江戸時代化と書いているものは、日本人の身体全体のようなものだというイメージを出しています。生物学的にはラフな比喩でしょうが。講義で説明するときも、「中国化」は、日本社会の体調がいいときは別に出てこないけれど、身体が弱ってくると出てくるアレルギーみたいなものだと（笑）。江戸時代的な社会がうまく機能しているときは、遺伝子的には入っていても「中国化」は発症しないというイメージ。

東島　それはまさに網野理論にも通じていて、網野善彦の考える中世的な自由（無縁・公界《くがい》・楽）とは、恒常的にオンであるというよりも、しだいにフェイドアウトして死滅寸前の戦国時代に、自治都市のようなかたちで一挙に花を咲かせるといった話です。網野はマルクスの「ヴェラ・ザスリッチへの手紙[*10]」を読んだことを機に、マルクス自身は単純な進歩発展史観ではなかったのだと悟り、むしろマルクスのいう原始共同体の自由が次第に衰退していく歴史として『無縁・公界・楽』を描きました。原始共同体の自由とその後たどった歴史とは、與那覇さんのいうDNAと身体の関係に近い。

與那覇　東島さんの一連の著述の鍵概念である「江湖」も、ときどき浮上するのに引っ込められてしまうものですよね。さきの私の論文では、「中国化の遺伝子」という言葉を使いましたが、東島さんは「江湖」という言葉でそれをとらえてこられたのではないか、と思います。その視点に立つことで、たとえば一時期の公共哲学ブームのなかで幕末の横井小楠《よこいしょうなん》[*11]が、「伝統思想のなかから近代西洋に通じる公共概念をつくりあげた」ともちあげられた事例についても、別にそれは横井ひとりがすごいのではなくて、中世から脈打つ系譜の幕末における発現というかたちでとらえることができます。

「江湖の遺伝子」がときどき発動されるけれど、またおさえこまれてしまう。そのうちの一つだけを取り出して、それのみが決定的な転換だととらえるのは、発展段階論的な考えですよね。そういうものではない、ということを東島さんは一連の著述のなかで示してこられたように受け取っています。

東島　「江湖」という言葉は、唐代に禅僧たちが、江西の馬祖道一《ばそどういつ》と湖南の石頭希遷《せきとうきせん》の二大巨匠のあいだを〈往来〉して学んだ故事にちなむもので、特定の縁や狭い世界に留まらない、広く開かれた世界を示します。だから市販の辞書のほとんどは説明不十分ですね。この言葉がいざ日本に入ってくると、「中国化」（南北朝）にも「欧化」（戦国・幕末〜明治）にも使われたところが味噌です。だから明治の「欧化」を「中国化」と呼んで多くの人を驚嘆させた與那覇さんの議論に「江湖」は史料面での根拠を提供できなくもない（笑）。

――ここで日本史上、「江湖」が三回浮上したというお話を、まとめてお話しいただけますか？

東島　最初に登場するのは南北朝時代です。当時の禅僧たちが、しばしば〈日本社会の現状への批判の言葉〉として用いいました。たとえば中巌円月《ちゅうがんえんげつ》*12のように中国を見てきた人は、帰国して日本がいかに理想にほど遠いか、そのことに絶望したのです。義堂周信《ぎどうしゅうしん》*13にいたっては「江湖の義いずくんぞあらんや（江湖の義なんてないんだよ）」と述べています。五山禅僧といえば、当時第一の知識人であり、漢詩を詠み、外交の担い手でもありました。世界が見えるところで活躍した彼らが、突き抜けたところで思考できたのは、ある意味当然ですが、そのなかで、「江湖」という言葉が、理想として語られていたわけです。

「江湖」というのは、先述したように、唐代の禅僧がノマド的に移動しながら学んだことが語源です。ある一つのコミュニティに留まらず常に外へ出て行くという意味で、開かれた属性をもっていた。それが日本社会に入ってきた南北朝時代というのは、戦争の時代であり、世の中がひっくり返っている時代です。流動的で、組み替え可能な時代だからこそ、「江湖」の思想が受け容れられたわけです。実際、南北朝時代には、田楽・茶・連歌のように、身分を越境して楽しむような、まさに「江湖」的な文化が誕生したんです。

ところが南北朝時代の流動性が終息していくと、芸能の場の身分解放も指定座席へと変貌していきます。しかも「天皇がそこに列席していると仮想することで自分の席が決まる」というふうにです。そうなると、「江湖」は現実性を失い、完全にユートピア化するんですね。「江湖」は現実にはない理想の世界として、漢詩に詠まれ水墨画に描かれたりする。そのいちばんわかりやすい構図が、室町時代の文化で教科書に出てくる「瓢鮎図《ひょうねんず》」です。この絵の従来の説明はことごとく間違っているといってよいのですが、実は将軍足利義持[*14]が「江湖」の禅僧に対して出した宿題に対する回答で、「ナマズ（江湖の禅僧）は人（将軍）につかまらずに自由に泳ぐことができる」という、「江湖」世界の自由を描いたものでした。

「江湖」は、日本にいままでなかった世界をあらわす言葉として登場しました。ですが、しばしば当時の禅僧たちは、「江湖」が素晴らしいとするよりも、既存の日本社会を批判するときに「日本は江湖の理想にほど遠い」といったわけです。これはあたかもヨーロッパの思想に学んだ近代知識人が「日本には市民社会が育たない」と日本社会を批判したのとそっくりな語り口ですよね。それどころか、「公論」や「公議」という言葉は、すでに中世禅僧の世界にあるんです。幕末~明治に出てきたと思われている「公論」の思想は、中世禅僧からすれば五百年もの周回遅れです。たとえば人事にしても「公選」という言葉があり、国籍も問わず「異朝の名匠」大歓迎、ただし権力者のコネはだめ、の世界です。そうした禅僧の「公論」を支えているフェアプレイの精神や、討議する合理性の思想が、「江湖」だったのです。

ただ、室町時代を通じてそれが次第に現実性を失い、退潮していったさきに、戦国時代という流動性の時代がふたたび登場すると、またも「江湖」の思想がせり上がってくるんです。たとえば宣教師がつくった『日葡《にっぽ》辞書』（日本－ポルトガル語辞典）には、当時の言葉として「江湖の散人」が登場します。文字通りノマドですよね。ひとところに留まらず常に移動する都市的な人々の登場、そうした交通する人たちが結成した「町の集会」を「江湖の寄合」と呼んだのです。そればかりか宣教師は、「江湖の散人」のような新しい人々が、交通よりも生産に根ざす人々、既存の価値観の持ち主からは「さげすまれていた」、ということすら伝えてくれています。そして戦国時代が終息すると、文字どおり「江湖の散人」の時代も終わってしまうんです。

ところが、幕末〜明治になると、「江湖」は、今度は新聞・雑誌といったメディアの世界に登場してくるんです。「江湖の広きに訴える」とは、異なる場所にいる人々がメディアを通じて同じ問題を共有するということで、だから中江兆民は、『東洋自由新聞』の読書公衆（the reading public）に向かって「江湖の君子」と呼びかけたのです。そしてそれが、やがて主義主張を超えた共闘の言葉として使われていく。江湖倶楽部、[*15] そして彼らと共闘した、内村鑑三・幸徳秋水・堺利彦らの理想団[*16]の運動ですね。経済的な利害や思想信条はお互い違うんだけれども、たとえば足尾鉱毒事件の追及、請願運動の支援のために共闘しようというわけです。ただし、これはだいたい日露戦争で終息してしまいます。継続的に発展しえなかった。「江湖」の思想が日露戦争を越えられなかったというのは、大きい問題ですね。

ちなみに三宅雪嶺の用いた比喩によれば、「江湖」は富豪（越の范蠡《はんれい》）・詩人（唐の陸亀蒙《りくきもう》）・政治家（宋の范仲淹《はんちゅうえん》）の三つが活躍する場なのですが、これらは、新興ブルジョアジーがまずは文芸サロンに参入し、やがて政治的言説を闘わせていくという、西欧近代のブルジョア公共圏の発生過程に必要な要素ばかりですよね。ただし私自身は、さきほどの遺伝子の話に引きつけていえば、二〇〇二年に講座『公共哲学』第三巻に書いた論考では、ホモロジー（相同）ではなくアナロジー（相似）だと述べたことがあります。今回の與那覇さんの問題提起を受けて、あらためて考えてみたい問題ではありますね。

歴史の普遍的な遺伝子

――「中国化」や「江湖」を遺伝子としてとらえるということは、「中国化」「江湖」はある普遍性をもっているという意味でもあると思います。それらは、歴史のなかに存在している普遍的な力学だというニュアンスがあるのでしょうか？

與那覇　どちらかといえば、私はその立場に近いです。日本が「江戸時代的」な社会構造を中世から現代まで維持できたことのほうが奇跡的な偶然であって、中国中心の東アジア世界の文脈では、ほうっておいたらそうはならなかったはずだ、というのが、拙著で書いたことです。全地球的にも同じことがいえるかどうかは難しいですが、網野善彦は無縁の存在を世界に普遍的なものだと思っていますよね。

東島　そうですね。

與那覇　原始古代の自由まで遡るわけですから。ただ普通の網野読者は、彼のいう「無縁」の概念を、普遍的にどこでも発現しうるような遺伝子としてとらえるよりも、「無縁所」というかたちで発現した特定の場所や時代に注目してとらえてきた節がある。「中世には無縁所がいっぱいあった」というように。その状況に疑問を呈したのが、東島さんの著作だったと私は理解しています。[*17]

――南北朝以前に網野的な「無縁」世界といえるようなものはあったのでしょうか?

東島　俗世の共同体から自由だ、という意味では、奈良時代に行基《ぎょうき》の運動がありました。「知識結《ちしきゆい》」という結社、自発的な中間団体を構成していたんです。石母田正には「国家と行基と人民」という有名な論文があります。行基が先進地域の人たちに支持されたというのは、結局僧や尼になることによって、課税を逃れられるからなんですね。人々が新しい富をもってくると、結社の運動に入っていく。もっとも行基自身は、気づいたときには、聖武天皇の大仏造営という、国家的規模に拡大されたフィクション（共同体の幻想的形態）に心を奪われてしまうわけですが。

平安時代だと「富豪浪人《ふごうろうにん》」の運動でしょうか。こちらも逃げる理由は、基本的に課税されたくないほど富を蓄えているからです。社会の流動性が高まったその頂点、ちょうど将門の乱や純友の乱のころに、志多良神《しだらがみ》の信仰・運動が起こります。志多良とは手拍子を取ることですね。志多良を打ちながら歌舞し、御輿を担いで、最初は数百人ではじまったのが、気づいたら数千万人にもなっていたといわれる運動で、それがすわ入京するとの流言で、都人を驚かせたのです。このように社会の流動性のなかで出てくる特徴的な言葉の一つが、まさに「富豪浪人」なんです。かつて志多良神の運動が、中世的世界の序曲として描かれたこともありましたが、ただ運動としては一過性のもので終わっている部分はありますね。やがて彼らは、地方社会を統治するうえで、なくてはならない在地の有力者として重用されるようになっていくわけです。

鎌倉時代については、御成敗式目四二条[*18]の「去留の自由」をどう解釈するかが研究者の論争の的でしたが、ここでは省略しましょう。

與那覇　古く時代を遡るほど、人々は土地に縛りつけられていたというイメージがありますが、実はけっこう移動していたということ自体は、昔からいわれていたと思うんです。しかしそこで大きな争点だったのが、困窮して生きていけないから夜逃げのように逃げるという消極的なイメージでそれをとらえるのか、むしろある程度の実力をつけたからこそ、納得できない体制であれば積極的に他所《よそ》にいく話なのかという議論で、一九八〇年代の網野さんと安良城盛昭さんの論争にもその構図があった。それを日本人というのは、いまに至るまで繰り返し続けているということなんでしょうか。

一九八四年には浅田彰さんの『逃走論』が出るわけですが、八〇年代というのは現代思想的にも、動くことはいいことだというニュアンスで語られていた。フリーターだって、最初はポジティブなイメージでしたよね。ところが長期不況のなかで、同じものが「非正規雇用＝搾取されている存在」に変わる。それが最近、久々にまたノマドという言葉がはやりだしてきた（◆7）。振り子が揺れ続けています（笑）。

東島　ただ、遺伝子の話に戻すと、日本において、普遍的なものより、江戸時代的なもののほうがずっとドミナントになっている状態をどう考えるのか、というのは興味がありますね。「中国化」のひとつの要素として、與那覇さんは貴族のような政治的中間層や荘園＝村落共同体といった中間集団が打破されるとされていますが、むしろ日本社会のなかでは、中間勢力の既得権益が確保された状態で、その権益を誰が取るかが、コロコロ変わるんです。だか

◆7　ノマド（遊牧民）は本来、浅田彰らが依拠したドゥルーズとガタリの概念で、八〇年代の現代思想ブームのなかで流行した用語。二〇一二年ごろからカフェやシェアオフィスを仕事場とする「格好いい高収入フリーランス」の働き方をPRする呼称に流用され、議論を呼んだ。

らいかにも変わったかに見えて、実はさして変わっていない。

たとえば日本の荘園制は「職《しき》の体系」*19と呼ばれますが、源頼朝によって武士の政権ができたときも、この仕組みの中間的な得分のところに押し入ってきて利を得ようとするわけですね。中世後期に成熟し江戸時代につながるとされる村請制《むらうけ》*20（惣村自治）だって、基本的にはそうです。怖いお兄さんたちがやってきたことを、一見人のよさそうな乙名《おとな》、沙汰人《さたにん》、番頭などと呼ばれる上層農民たちがやるようになるだけで、下層の農民にとっては、以前とさして変わらない。それは支配構造が変わるのではなく、中間の権益に吸着する層が変わるだけだからです。上も下もあまり変わらず、真中だけが変わる、といわれたのは中世史家の五味文彦さんです。

與那覇　誰がそれを担っているかはともかく、中間集団が存在しているほうが日本ではノーマルな状態だということですね。確かに、常に持続するという意味では普遍的ですよね。しかし普遍的といったときに、同じ場所で耐久力が強いというより、どこへいっても通用するというニュアンスでとらえると、「中国化」なり「江湖」のほうが普遍性に近い。

東島　そういう意味での普遍性が、日本社会ではけっして強くない。つまり、どちらが普遍的かという話ではなくて、日本社会のなかで考えたときに、普遍性がどうして埋もれていくのか、ということですね。

與那覇　自分が江戸時代化という概念で提出したのは、そういう中国的な意味での「普遍のかたち」に頼らなくても食べていけるから、という答えですね。

東島　でも、実際には食べていけない人もいっぱいいますよ。江戸人口の半分以上が「その日稼ぎの者」です。それで『〈つながり〉の精神史』では、松平定信[*21]が「下々困窮」によって「人々解体」となる事態をくい止めるべく、いかに都市下層社会への救済政策に尽力したかを取り上げたんです。

與那覇　そこがおそらく、一九八〇年代に歴史研究も現代思想も「都市」にフォーカスした理由でもあったのかなと。都市でも食べていけるようなかたちでごまかすと、そこに権力が出てくるんだと思います、それこそ東島さんの取り上げられた松平定信が、人足寄場《にんそくよせば》をつくったように。しかし、ごまかしきれないから、常に壊れている。櫻井進さんなどがずっと江戸はフーコー的な監獄都市だという視点を書き継がれましたが、それこそドゥルーズのフーコー批判ではないですが現実には穴だらけなわけで、絶対にそこからはみ出す奴が出てくる。そのときに「江湖」が浮上する、ということですか？

日本の場合、ブルジョアは革命しないという感じがすごくする。農村に継ぐ家がある長男は革命しないで、放っておけば都市で野垂れ死にの次男三男が革命する。昔ならそれをプロレタリアート蜂起に見立てることもできたけど、日本的経営でそのプロレタリアートが正社員になってしまうと、今度はワーキングプアが革命する、みたいなことを繰り返していくのかなと。

アーレントとハーバーマスの問い

與那覇　普遍性の遺伝子の話でいえば、それこそ網野さんは、それを「解放のポテンシャル」としてとらえていた節があると思います。社会を変革しようとすると、現実には必ず挫折する。しかし、変革が達成されれば平等が実現し、しかもその平等というのは画一的な人間がたくさんいるというものではなくて、多種多様な人間が対等に認めあうユートピアができるはずだという衝動は、何度裏切られようとも死に絶えることはない。

ポテンシャルとしてはそういうものがあり、それが人類史上何度も出てきたということを、網野さんは一九五〇年代の国民的歴史学運動[*22]の挫折以降、ずっと考えていたといわれますよね。その普遍性の遺伝子を網野さんは「無縁」という言葉で追求したし、おそらく東島さんの「江湖」概念も、それと重なってくる部分があると思います。

そこで私が面白いと思っているのは、アーレントの場合だと、自由概念にはふたつあるという言い方をするわけですよね。liberty-liberationのような拘束抑圧からの解放へと向かう自由と、freedomという複数性がある自由とを区別している。そして、冷戦下での左翼的知識人はliberationのほうで革命を考えていたけれども、それはだめなんじゃないかということを示唆し、アメリカ独立革命のような、多様なものが残って革命になるのが真の革命であると説いた。

逆に東島さんの「江湖」概念というのは、両方がうまく入っているような気がするんです。東島さんは、「江湖」は交通空間であることを常に強調されていますよね。ふたりの師のあいだを行ったり来たりという原イメージがあって、けっしてそれは画一的な空間に帰結するタイプの解放ではないということを、常に強調されています。むしろ「江湖」という、禅林からはじまって日露戦争までは現に存在した志向を組み立てると、libertyとfreedomは別系統の概念で一緒くたにできないとするアーレントの議論とは、また違った思想の言葉をつくれるのでは、と感じます。

ハンナ・アーレント

東島　確かに「江湖」の実際の用例は、権力からの解放（中世の「瓢鮎図」の鯰《なまず》）、戦国時代の「町の集会」や明治の民権運動とその帰結としての「自由」、利害を越えた共闘（アスペクトの複数性）にいたるまで、幅広いレンジをカヴァーしていますね。ちなみにアーレントの『革命について』では、liberation（解放）をthe end of rebellion（反乱の最終地点）、foundation of freedom（自由の創設）をthe end of revolution（革命の最終地点）に結びつけて説明していて、前者を動的な第一段階、後者を静的な第二段階とすれば、歴史家はややもすれば第一段階の反乱と解放のほうばかりを強調しがちだ、ともいっています。アーレントは逆に自由の創設という点で、アメリカ独立革命をフランス革命より高く評価するわけですね。

革命を（フランス革命型であれアメリカ独立革命型であれ）経験していない日本の歴史家ならば、なおさら反乱こそがすべてだったわけです。ただ反乱といっても日本の場合、せいぜい善政要求か年貢減免闘争（要は税金を安くしろ）であって、対象を転覆するまでにはいたらないし、一揆は一味神水《いちみしんすい》[*23]することによって文字どおり一つのアスペクト、たった一つのパースペクティブを人々に強要するものですから、アーレントの『人間の条件』にしたがえば、それはthe end of common world（共通世界の死）です。

これに対して「江湖」の思想はといえば、解放から複数性まで入っているものの、反乱そのものは未発に終わった感がある。中世の「江湖」はマジョリティを形成しえず、定住民からはさげすまれるノマド、やはりマイノリティ側の思想なんだと思います。ところが近代の「江湖」は、はじめてそのマイノリティの思想が民権運動や反鉱毒運動といった、光のあたった表舞台に出てくるわけですよね。「江湖」に思想の幅があるとすれば、数世紀を隔てた異なる時代状況のなかで出現する用語であることによるのかもしれません。

與那覇　アーレントが描く西洋史だと、複数性をキープするような理想的な公論空間は、それこそ奴隷制に支えられた古代ギリシャのポリス市民にはつくれたけれど、それ以降はほぼ全然だめだったという話ですよね。『人間の条件』が十全に整った時代はそこで終わりだと。

ハーバーマスの場合は、いや初期のブルジョア市民公共圏というのも、わりと似たような条件が整っていたという話になるわけです。ただそれもすぐに変質してしまったということで、一九六二年に『公共性の構造転換』を書くわけですが、一九八九年の東欧革命を見て、翌九〇年の同書の新しい序文では、市民社会の可能性をもう少し長続きさせられるのではないか、と書いたわけですよね。一方で、東島さんの、特に『自由にしてケシカラン人々の世紀』では、アーレントでも晩年の瞑想＝「現象の世界から退きこもる能力を備えた人間精神」（『精神の生活』）の称揚を引いて、狭義の政治的なアクションとは異なる方向に向かわれているような気がしました。

東島　アーレントの「公共領域」やハーバーマスの「公共圏」の議論を読んでいて思うのは、両者は近代批判か肯定かではすれ違うものの、公共的なるものをただ称揚するというのではなく、それが容易に喪失したり変質したりするものだ、と考えている点では非常に近いということです。アーレントはギリシャのポリスのような空間がalwaysでもall the timeでもないこと、ハーバーマスの場合もブルジョア公共圏がepochaltypisch（特殊時代類型的）であることを強調しています。歴史上コンスタントに実在するものでない、創造しようと努めなければ存立しえないような「可能なるもの」でしかない、という点では、「江湖」が永続的でなく時限的に出現し、やがて輝きを失っていく、というのもこれに近いと考えています。特にハーバーマスの場合、アーレントと違ってヘレニッシュ（ギリシャ）、ブルジョア、東欧革命と、三つのピークを設定している点などは、「江湖」の三つのピークを強調する私の議論に、より近しいものといえるでしょう。

ご指摘の『精神の生活』の一節は、『公共圏の歴史的創造――江湖の思想へ』以来、強く惹かれていた部分ですが、それを書いた当時はむしろ、アーレントのたどり着いた終着点、すなわち古代ギリシャへいたる「虹の架け橋」を渡ることによって過去の世界に「心落ち着く場所」を求める、というような態度を拒否するのだ、という点こそが重要でした。というのも、さきの話にもあったように、網野理論では始原的古代性の自由へと、いとも簡単に「虹の架け橋」を渡ってしまうわけで、それをいかにして乗り越えるかが、当時の課題意識の根底にありましたから。

十年後の『自由にしてケシカラン人々の世紀』では、その同じ一節から特に「現象の世界から退きこもる能力」の部分を強調したわけですが、「退きこもり」のさきに、ふたたび「現れ」の世界に出て行く、というところに力点を置きました。十七世紀の天和の飢饉のときに、それまで退きこもっていた今長明《いまちょうめい》*24という仮名の人物が、意を決して漂泊の旅に出てみると、旅先で飢饉の惨状を目の当たりにすることになる。そしてついには都市を超えたボランティア・ネットワークを創り出す人へと変身していく、という物語が誕生するわけです。

かつてあったはずの自由へ郷愁を抱いても仕方がない、いま目前にある問題にいかに眼を向けるか、というときに、アーレントのこの言葉の重みを感じた、というのが正直なところです。

與那覇　想像力として「江湖」的なものを立ち上げるためにこそ、いったん退きこもって瞑想してみることが、新しいユートピアの再創造になると。逆にいうと、すぐ現実化するものをつくろうとすると、むしろ罠に落ちるということになる、といってもよいでしょうか。

東島　私がずっと追いかけてきているのは、やはり「未完なるもの」なんですね。つまり、かつてのマルクス主義的な未来像が描けないという思いが、世代的に確実にあります。歴史家が研究者を目指した時期が、一九五〇年の朝鮮戦争から五五年体制にいたるころなのか、はたまた一九六八～六九年、一九八九年、二〇〇一年なのか。そしてこれは現在進行形ではありますが、二〇一一年に研究者となることを決意した人の歴史学は、やはり他の世代と違ってくると思うんです。私は一九八九年が、研究者への道を決めた年でした。與那覇さんは二〇〇一年世代ですよね。

戦後の中世史研究の軸

東島　一九五〇年～五五年に、当時二十代の網野善彦が何を経験したか、については、與那覇さんが『帝国の残影』のなかで書かれていますね。

與那覇　小熊英二さんの戦後民主主義論を和田春樹さんの朝鮮戦争論と折衷しただけですが、戦後日本の基本線が「中国化」から「江戸時代化」へ、すーっとシフトしていった時代の象徴と見ています。中国革命から朝鮮戦争へという東アジア冷戦の深化のなかで、コミンフォルムの指令で日本共産党が一時的に暴力革命路線を採って、歴史学研究会はじめ、傘下の歴史学者の卵たちをどんどん山村工作隊に送り込んだ。リーダー格が石母田正で、督戦隊として学生を煽る役割だったのが網野善彦。しかしこれがボロボロの結末に終わったことの後悔が、関係者たちのその後の歴史叙述にも影を落としていく。網野については、私の後輩の内田力さんがその影響を追跡しています。[*25]

東島　網野にとっての研究の出発点が一九五三年にあったことは、自身しばしば回顧していますね。小熊さんの『〈民主〉と〈愛国〉』が典型ですが、一九五〇年代前半の国民的歴史学運動の蹉跌というのは、歴史学以外の人にも非常にわかりやすい説明です。しかしより重要なのは、石母田も網野もいずれも、長期にわたるwithdrawing（退きこもり）の季節を経て、さきにも述べたとおり、既存のマルクス主義歴史学の殻を脱ぎ捨て、それぞれに新しい歴史学をリスタートさせた、ということのほうでしょう。小熊さんのような目配りの利く論者が、一九六〇年以降、十年余にわたる石母田の最後の苦闘、『日本の古代国家』をはじめとするレイト・スタイルの著作群を一切黙殺されている、というのはちょっと驚きですね。

ここで話を進めますと、いわゆる戦後歴史学のなかで、中世史という、現代社会と何の関係もなさそうな時代の歴史が、現代を照らし出す有効なメタファーを提供し続けたことは興味深いことです。そもそも二十世紀の有名な歴史家といえば、やはり中世史の石母田と網野なんです。時間軸をずっと戻しますと、戦時中にかかれた石母田正の『中世的世界の形成』は、単なる天皇制批判としてではなく、戦争に抗う運動を形成しえなかった知識人の頽廃への批判（自己批判）として書かれたため、戦後歴史学のバイブルとして読み継がれました。ですがこのふたりだけでなく、中世史研究、特に佐藤進一さん以降の東大系の中世史家は、戦後民主主義とタイアップした議論を出してきました。これにはおよそ三つくらいの軸を挙げることができるかと思います。

第一に、合議か専制かという、戦後民主主義の申し子というべき議論です。鎌倉幕府の歴史は将軍親裁→執権政治→得宗《とくそう》専制[*26]というように展開し、両端の専制にはさまれた執権政治の時代の合議制こそ、歴史上稀に見る時代だ、と評価するわけです。第二に、京都の朝廷・天皇をいかに相対化しうるか、という可能性を源頼朝の政権に託したのが、いわゆる東国独立国家論[*27]です。第三は、ヴェーバーをベースに第一の軸をより彫琢《ちょうたく》した議論といってよいかと思いますが、日本社会はパーソナルな人間関係をベースにした伝統的（家産制的）支配が強固である、ということを前提として、これをいかにインパーソナルな合法的支配に書き換えていくことができるか、が問われました。この流れを代表するのが、さきほど述べた石母田古代国家論の苦闘ですが、じつはこれを側面で援護したのが、一九六〇年に佐藤進一さんの提示された、武家の支配における主従制的支配（≒人格的支配）と統治権的支配（≒非人格的支配）という理念型、すなわちヴェーバリアン的な議論だったわけです。

これらは戦後歴史学のパイオニアたちの議論ですが、さきの世代論でいえばぎりぎり一九六八～六九年世代に間に合う村井章介さんの、霜月騒動をめぐる論文「執権政治の変質」などは、書かれたのはずっとあとの一九八四年ですが、問題設定はいかにも全共闘世代的、という趣旨のことを、佐藤進一さんの後継者で村井さんの師にあたる故・石井進が述べています。すなわちパイオニア世代の歴史観では、一二八五年のこの事件は、一般御家人の代表である安達泰盛が、北条氏の利害を代表する平頼綱によって滅ぼされたことで、北条氏の専制化が強まった、というものでした。まさに合議から専制へ、の枠組みです。

しかし村井さんは、はたしてそうか、と待ったをかけられる。安達泰盛は一見御家人の代表に見えるけれども、実は北条氏の外戚じゃないか。そっちとつながっているではないか。だから御家人の代表とは見なせない、というように、あの頃と「そっくり」の論調だと、石井は指摘したわけです。これは村井さんが当時どのセクトにいた、ということではなく、やはり同世代的な歴史の語り方なんだろうと思います。

與那覇　合議と専制という戦後の一貫した問題意識があると、合議派のほうが偉そうに見えるけれども、それってどうなのかという異議申し立てをしたのが、一九六八年のインパクトだったということですか。結局、体制に取り込まれるような「合議」に意味があるのかと。五五年体制を補完する既成左翼への苛立ちと相似形のエートス。

東島　そうですね。合議というのも、アリバイ的なものでしかないと喝破したわけですね。

與那覇　そうすると「江湖」概念というのは、「合議をしていても「江湖」になっていなければ意味はない」ことを示し、問題化するツールとしてもとらえられる。

東島　そうです。新聞が出れば公共圏が誕生するわけではない。機能の仕方が「江湖」的かどうかが重要だ、という話です。今回の本にも書きましたが、「合議した」ということにして物事を決めてきたというところがあるんです。不思議なことに、それをやらないといけないという意識はある。ただ、合議の質は問わない。最初から結論は決まっているが、形式として合議は必要だ、という時代が長くあったんです。

マックス・ヴェーバー

　ではそうした合議と対極に理念化されている禅宗世界の「公論」では、はたしてオープンな議論が可能だったかというと、そこに将軍が介入してくればそうもいかないんじゃないか、介入の余地を残したところが問題だ、とこれは私の博士論文の口述試験の席上で、まさに村井さんからいただいたご批判です。私はそうした状況を指して「江湖の義いずくんぞあらんや」といえるまでになったところが、それまでの合議と一線を画しているだろう、と考えるわけです。そうした合議はアンフェアである、と批判できる言葉として、「江湖」の思想がせり上がってきたわけです。

與那覇　合議か専制かという軸があるいっぽうで、「江湖」なのか「非江湖」なのかという別の軸があるとしたとき、合議をやっていてもそれが「江湖」になっていなければ意味がないだろう、というのはわかりやすい。いっぽうで、私が「中国化」という言葉で表現したかったのは、「専制だけれども江湖だということになっている」権力形態なのかな、といま思いいたりました。

東島　うーん、実に微妙ないい方をされましたね。「江湖だということになっている」という史料はないんですね。実際に用例として出てくるのは、「合議だということになっている」ものを「江湖の精神に反する」と批判する言説なんです。だからさきほどのような問題は、「専制だけれども合議したということになっている」といえば十分だと思うんです。「中国化」は史料上の用語ではないので柔軟に使えますが、いっぽうの「江湖」は、網野善彦の「無縁・公界・楽」同様、史料上から拾い上げられた概念ですから、明確に史料に反する用い方は、歴史家としては選択しづらいんですよね（笑）。

そこで議論を戻しますが、実態は専制なのに、合議したということになっている、ということでよろしければ、それこそ、佐藤進一さんがその用例を分析された「時議(時宜)」の話ですね。これは君主の意向がそのまま「時の議論」であり、「時の宜しき」に叶うものであるとして正当化される仕組みのことです。要するに、社会が認めた、議論を経た、ということにして、実際は専制的なことがおこなわれるわけですね。私が同様の例として取り挙げた、「公儀」という人格がそのまま「公議」を体現する、というのもそうです。

與那覇　網野善彦の「非農業民と天皇はつながっている」という議論も、「すべての国民を表象しえるのは陛下だけ」という議論だと誤解されて随分叩かれた。いわば、天皇が「「江湖」にして専制」のような存在になってしまうと(第三部参照)。しかし私は、理念型としてならそれはありえるという気もします。苅部直先生が横井小楠評価の先鞭をつけた論文が『歴史という皮膚』に再録されていますが、横井小楠と元田《もとだ》永孚《ながさね》*28は、人脈的にも思想的にもつながっていて、横井は開放された公共性を構想した素晴らしい人で、元田は天皇を専制君主にして教育勅語をつくらせたわるい人だといわれるけど、実は儒教的な統治理念という観点で見れば、一貫した流れがあるということを明らかにされています。

つまり「「江湖」にして専制」というモデルもまた、日本史上常に存在してきたのではという気がする。現在だと、そのミニチュアというか最新版をやっているのが、橋下徹さんだと思う(対談当時は大阪市長)。彼は選挙で一度選ばれれば、合議はいらないと思っている節がある。「みんなが僕を支持して、僕がみんなのことを考えている以上、僕が決めれば合議する必要なんてない」というのが、彼のスタンスですよね（第二部参照）。

いちばん怖いのはそういう専制家と、既存の地域共同体とが結びついて、それこそ網野的な逃散＝「足による投票」すら許されなくなる場合でしょう。実は、江戸の幕藩体制に中国の儒教的な徳治主義が混じってできたのがそれで、上杉鷹山《ようざん》が素晴らしいという言説もその系譜といってもいい。儒教思想は名君を作為的にでもつくる。名君だったということにして、それを目標にやっていく。

日本のポピュラーな歴史認識では、ああいった藩政改革を近代化のさきがけだととらえるんですよね。しかし、『「名君」の蹉跌』の著者マーク・ラビナ氏が皮肉めかして書かれていましたが、[*29]自分たちの統治者を道徳的にもちあげ礼賛して、それに向かって全員がんばろうという近代化は、ブルジョア市民主義的な近代化というより、プロレタリア一党独裁に向かう近代化なんじゃないかと（笑）。藩政改革と儒教思想の関わりをポジティブに描出した小川和也さんの『文武の藩儒者 秋山景山』も、自分はむしろそういうふうに読んでしまいました。「江湖」にして専制的」なものが、「君主は、共同体を表象している」というアジア的共同体論の世界へと転化する危険性について考察するのが、いま歴史研究に求められる任務ではないか。

たとえば橋下徹さんを批判するときに、ファシズムをもじって「ハシズム」だとかいって近代までしか遡らないと、あまり意味がない。むしろ中世・近世を含む長い時間軸を採って、「江湖」にして専制」の典型だと考えるほうが問題が見えてくると思います。ところが、いまの日本では遠い時代まで遡る議論が、歴史リテラシーのない人には一見「トンデモ」と見分けがつかないので、影響力をもたない（笑）。近視眼的なスローガンのほうが流通しやすいということはあります。しかし、思想なりアカデミズムなりがどうアクチュアルになりえるかということを考えるときに、そうした長いスパンをもちえないことが、一つボトルネックになっていると思います。

一九九〇年代の袋小路

東島　わかりました。與那覇さんがあえて「江湖」にして専制的」といわれたいのは、非農業民と天皇というメタファーの歴史性においてなんですね。ただし、アジア的共同体への転化の危険性ということであれば、それこそさきほど述べた、「公儀」という君主の人格がそのまま「公議」を体現する、という話ですので、結局そこにいたるわけなんですね。

じつはさきにも触れた石母田正『日本の古代国家』は、まさにマルクス主義的なアジア的共同体の議論を踏まえつつも、そこからの脱出経路をヴェーバーの理念型によって模索したものだったんですね。となると、戦後歴史学のパイオニア世代の議論は、いまなお有効だ、あるいはそこへと問題が回帰しつつある、ということでしょうか。

そこで、再度歴史家の世代論の話に戻しますが、一九六八〜六九年の次として一九八九年を設定しました。一九八九年以降の一九九〇年代、要するに世紀末になるとナショナル・ヒストリーに対する批判が強まりました。歴史の語りが、どうしても否定ではじまってしまう。さきにも対－形象化の話をしましたが、日本批判の言説自体がかえって「日本」像を立ちあげてしまうということで、真っ先に槍玉に挙げられたのが丸山眞男でした。おまけにあれもだめこれもだめという同工異曲のコピーが増産され、「現代思想についてはわれ関知せず」という人以外は、ほんとうに歴史を論じにくくなった。

與那覇　東《あずま》浩紀さんが当時使われた言葉でいうと、「否定神学」的な状況ですね（◆8）。

東島　思えば、一九九〇年代から二〇〇〇年頃までは、歴史学がもっとも罪深い学問であるかのように語られた時代でもありました。

與那覇　実際、その十年をはさんで前とあとに、東島さんと私がいるのかなというふうに感じるところがあります。九〇年代的な現代思想と関係諸学の結びつき方というのは、西洋的な意味での近代＝明治以降をメインターゲットにしてそれを叩くという時間軸だったと思うんです。逆にいうと、中世や近世の都市をポストモダンで位置づけようというのが、一九八〇年代には普通にあった。ところが九〇年代に入ると、なぜかそれがぱたっと消えて、ポストモダンとは「国民国家を批判するためにある思想だ」ということになっていた。

その国民国家は日本では明治にできたから、それ以前に遡行する必要はないといった具合で、タイムスパンが短いあいだでしか思想と歴史がコネクションをもてない期間が一〇年くらいありました。そのなかで、東島さんはそれ以前のものも吸収されているので、また違う認識をもっていらっしゃるように自分には見えていたんですね。中世をフィールドにしていても、いくらでも思想と歴史が結びつけられるんだ、ということを実践していらした。

東島　いやそんなに楽な話ではなく、『公共哲学』第三巻の論考でも言及したように、ちょっと周回遅れくらいで、上野千鶴子さんの『ナショナリズムとジェンダー』の問題を、歴史家が好んで議論していた時代があったんです。そのため、歴史学のなかでは歴史学を批判し、外に出ると歴史学を擁護するという、不思議なスタンスを取らざるをえなかったんです。

與那覇　まさに「江湖の散人」（笑）。たとえば東島さんの『公共圏の歴史的創造』でも、柄谷行人さんや浅田彰さんが注に出ていたりしますよね。一九八〇年代の都市論的な問題意識を濃厚にもちつつ、でも当時の社会史はだめだということを書かれていたのが興味深かった。

◆8　否定神学はもともと、「神とは……のことではない。なぜなら……だからだ」と問うことで、教義を鍛えてゆくキリスト教神学の思考法を指す用語。転じて現代思想では、他人の主張を「それは真の民主主義ではない」等と批判するだけで、なにが真の民主主義かは述べない姿勢のことを指す。東浩紀が『存在論的、郵便的』（一九九八年）で用いて広く知られた。

一九七八年の網野さんの『無縁・公界・楽』にも大きくインスパイアされていた八〇年代の社会史ブームは、しかし東島さんからすると、歴史のなかから思想を練り上げていくというよりは、思想的に面白いといわれているものを歴史のなかから安易に切り取っているように見えていたということでしょうか。

東島　ひょっとしたらそれ未満かもしれない（笑）。社会史ブームの渦中の議論は、それこそなんでもありの世界でしたからね。だからそうした議論への違和感は、はっきり表明させていただきました。ただ、本丸というべき『無縁・公界・楽』に対しても当初から批判はあり、いちばん強かったのは近世史からのものでした。安良城理論が力をもっていましたから。

しかし、中世史家は、社会史から距離を取っている人の仕事でも、明らかに社会史をくぐり抜けている感覚はあるんです。制度史のようにかっちりした議論ができるところにシフトした研究者であっても、良質な議論は社会史や現代思想をくぐり抜けている。だから、網野善彦が歴史学の世界では黙殺されていた、というのは間違いだと思います。

――一九九〇年代以降、歴史学と現代思想とのつながりが国民国家批判に集約されていくというのは、理由があったんでしょうか？

與那覇　一言でいえば、「いま、政治的に「歴史問題」として騒がれているもの」に引きずられたということでしょうね。それこそアーレントでもハーバーマスでも、そういう問題にリンクさせないと歴史研究の論文では引用できないという雰囲気で、おのずと近代史に限られていったというのは、あると思います。日本の歴史学の主流は、よくもわるくも実証に徹して外在的な理論を嫌うところがあるのですが、たとえば従軍慰安婦のことを書くなら、序論とか結論にレヴィナスやデリダの名前が出てきても、お目こぼししてもらえたわけです。逆に中世史の論文でそれをやったら、正気の沙汰ではないと思われる。

東島　まあ、中世史家のあいだでもマルセル・モースだけは根強い人気がありますけどね。それはともかく、「歴史を見る眼の歴史」を複眼的に意識しつつ論じようとすれば、前近代史研究者が現代思想に触れるのは、さほど意外なことでもなく、本当に史料の読める人は、ひそかに現代思想だって読んでいると思いますよ（笑）。あと、国民国家批判の議論は、いまいわれた従軍慰安婦の問題がまさにそうですが、「事実とは何か」といった、歴史認識の問題とセットで受容された点が大きかったと思います。

與那覇　一九八〇年代の江戸東京学が典型ですが、「都市」が歴史学者にとっても批評家にとってもテーマになるという時代のほうが、現代思想をより長いスパンに適用しようとはしていたと思います。その適用の仕方が浅かったという批判はあるかもしれませんが。対して、一九九〇年代以降は、それが許されるのは近代だけというムードになった。

東島　近代史は歴史家のシェアがあまり高くない、というのもあるかもしれません。

與那覇　いわゆるカルチュラル・スタディーズ化が進んだ十年間でもあったんでしょうね。逆にいうと、やっているご本人はポストモダンの思想に影響を受けたという意識だったのでしょうが、結果的に西洋中心の歴史軸に日本を乗せて理解していく傾向を、むしろ強化したような気がします。ポストモダンであれば、本来、西洋中心的な歴史観を批判・解体していくはずなのが、現代思想的な批判理論の適用範囲を明治以降に限ることで、日本の近代化の本質は、バリバリの西洋化だということになってしまった。日本史を西洋化というルートに乗っけて理解する傾向を、批判するどころか助長するかたちになった。

二〇〇一年の衝撃

與那覇　しかし二〇〇一年ごろに、その流れが煮詰まってくるんですよね。一九九〇年代に一貫して国民国家批判、ナショナル・ヒストリー批判をし続けたものの、結局、何も変わらなかった。みんな内心飽きていたんですが、次のギアチェンジが見つかりにくかった。

そういうときに、二〇〇一年から小泉改革がはじまり、9・11テロが思想的な衝撃を与えたんだと思います。二〇〇三年にはネグリ＝ハートの『〈帝国〉』が翻訳されました。それで、「やはり敵は国民国家ではなくて、グローバル資本主義権力なんだ」という雰囲気になっていったと、私は見ていました。ナショナリズムだけ叩いても世の中が全然よくならないときに、ネオリベラリズムと当時呼ばれた、国内の格差拡大が進行してくれると転向しやすいんでしょう（笑）。それで、格差を縮めるためなら、ナショナリズムも使えるのではないか、という発想に変わる。冷戦期よろしく、「真の敵は資本主義にあり」という話ですよね。

最近感じるのは、冷戦体制の清算というのを、どの学問もうまくできなかったのではということなんです。一九八九年は冷戦体制が終わる年ですが、それをきちんと分析して理解する前に、二〇〇一年という次の衝撃が早く来てしまった。

東島　一つ付け加えると、一九八九年で世界的には変わったとは思いますが、日本では昭和の終焉から五五年体制が崩壊する一九九三年まで、若干のタイムラグがあった。さらに一九九四年にハーバーマス『公共性の構造転換（公共圏の構造変動）』の邦訳新版がこれまた四年遅れで登場し、一九九五年の阪神・淡路大震災によって現出した「ボランティア元年」という市民社会的なユートピア像が、一九八九年の幻想を、思考のレヴェルでは、なお引っ張るかたちで推移したんだと思います。そうこうするうちに丸山眞男が死んでしまい（一九九六年）、慌てて近代の総決算へと向かうことになった。一九九〇年代前半のタイムラグが、冷戦体制の清算をする時間的余裕をなくした面はあるかもしれませんね。

與那覇　一九九〇年代に国民国家批判が噴出した背景は、一つは冷戦が終結した結果、当時はユーゴスラビアが焦点だったように民族紛争の問題が噴き出したことですよね。ナショナリズムのことをきちんと考えないといけない、というのがあった。当時いちばん参照されたのがアンダーソンですが、本人が『ベネディクト・アンダーソン グローバリゼーションを語る』のもとになった際の講演で、冷戦が終わってからやたらと偉い人から電話がかかってくるようになったといってました(笑)。ライバルの社会主義が消えて、今後アメリカが向き合うのは途上国や紛争地域のナショナリズムの暴発なんだ、ということらしいですね。これ自体はグローバルな現象だったと思います。

いっぽう日本でナショナリズム批判が出てきたのは、自由主義史観から「新しい歴史教科書をつくる会」(一九九七年発足)へという流れがあり、それをカウンターで叩かないといけないという文脈が強かった。でも、あれも要するに冷戦体制崩壊の副産物だったわけです。社会主義が理念的には正しいという感覚が、日本だけでなく西側世界のインテリゲンチャのあいだを覆っていて、それに頭をおさえつけられているようで気にくわないと長いこと思っていた保守系の人たちが、「ほら! 理念的にも正しくなかったじゃないか」といいだした。この二重の意味で、冷戦体制の崩壊の副産物として、一九九〇年代の国民国家批判があったと思います。

ところが、なぜ国民国家が焦点化されたのかという文脈をきちんと清算する前に、特に日本では一九九五年頃からそういった問題系がスタートしたこともあって、考える時間が短いあいだに次の画期が来てしまった。その都度ホットトピックは出てくるけど、なんとなく終わっていて、得られた知見が何だったのかははっきりしないという状況にあると思います。

東島　歴史家の立場でいえば、研究をはじめてから一つの仕事をまとめるまでに、通常一〇年くらいはかかると思うんです。現代思想なり社会学なり、旬の学問ならテーマによっては促成栽培で出てくる面もありますが、歴史学、まして前近代史はそうもいかない。当時の学会の大会テーマも、近現代史を含めた包括的なテーマでは極力世界情勢にキャッチアップしようとしますが、時代ごとの部会になると、冷戦後に劇的な変化があったかどうか。

中世史で村や領国の境目をめぐる紛争がテーマになっていく点などは、いかにも民族紛争のドメスティック版の議論だな、という感じで見ていました。前近代史の分析に新しい視点が加わったのはたしかですが、ただそうした研究をすることによって、現代社会の問題を照らし出すことができるのか、というと、そうはなっていない。やはり歴史学は促成栽培的な発想ではダメなんですね。

與那覇『自由にしてケシカラン人々の世紀』での「戦国時代は人々を自由にしていない」という結論は、それ以前の旧来の、同質性をベースにおいて、村社会的な、惣村の結合こそが民衆の力なんだとする語りに対するアンチテーゼなのでしょうか？

東島　そうですね。ただ、それでもこの本で以前の共同体批判よりゆるめたつもりなのは、「誰にとって惣村は住みやすいか」としたことですね。自治というかたちで、既存の中間層の権益に入りこめた人たちにとっては大きな成果で、それは認めましょう。でもそうでない下層の人にとっては「住みやすい」といえますか、という論法を採用したわけです。

惣村は、ヴェーバー風にいえばライトゥルギー[*30]的な既存のシステムをそのまま使いますから、できあがったものは、いままでやってきたことと変わらない。自治の名のもとに、段銭《たんせん》、家役《いえやく》、棟別《むねべつ、むねべち》といった、以前の領主と同じ名称の税を課したりするわけですから。

與那覇　さきほどの、中間集団は残っても、担い手は変わるという話ですね。

東島　そう。新しい、結社的な中間集団ができるのではなく、既得権益の源泉となっているような、構造にへばりついた中間集団です。ただ、村落研究自体も旧態依然というわけではなく、かつてのように生産力があがれば自治が達成されるというような単純な図式を脱皮し、少なくとも集団間の連携が議論されるようにはなってきている。村落自治から村落間の連携へのシフトは、一貫して評価してきているつもりです。

――東島さんは、『自由にしてケシカラン人々の世紀』のなかで、「戦後民主主義に育まれた歴史学は、〈国家からの自由〉を論じることはできても、〈共同体からの自由〉を構想することができなかった……だから都市であれ農村であれ、〈共同体による自由〉、その究極の表現としての住民自治の実現、といったことが盲目的に信奉され、これを称揚するかたちで研究史が積み重ねられてきたのである」と書いていらっしゃいます。

與那覇　そうした図式を打開したいという志向は、二十世紀末期の思想全体を貫いていたと思います。一九八〇年代であれば、都市がそれにあたる。東島さんも、「都市史研究を〈共同体〉論から〈結社〉論へシフトする」ことを掲げられていますが、まさに都市をポジティブに語ることで、批判的なイメージを出していた。逆に九〇年代はひたすらネガティブに、国民国家を同質性に基づく幻想の典型として近代研究者が叩き続けた。

ただ、同質性をひたすら解体しても、資本主義権力は回るということが二〇〇一年以降のネオリベラリズムで明らかになってくると、反転して同質性でもいいやということになってくる。二十年かけてモードが変わってきたように思います。そしてそこに二〇一一年の震災が来て、地域で助け合うって大事だよねというムードが出てくると、最初から惣村一択で来ていたオールド中世史的な「絆」論が、周回遅れ的な大逆転でトップランナーになると。

ポスト二〇一一の現状

與那覇　ポスト3・11でいちばん顕著になっているのが、原発は西洋近代の技術だからといった論理で日本の伝統回帰を訴えかけるような、江戸時代再評価だと私は思っているんです。こんなふうに震災を受けとめるのか、という驚きがあります。すごく明敏なことを書かれるはずの方が、そういう非常に単純な主張をされる。中沢新一さんなんて、網野の甥なのに「再江戸時代化」の急先鋒ですよね。宮台真司さんもそちら寄りに映りますし。

逆にいうと、「江湖」的ではない（＝共同体的な）かたちの救済のイメージとか、あるべき社会秩序の理想像が、日本では強すぎるということが明らかになったのかな、という気がします。

東島　さきほどアーレントの話のときに少し紹介しましたが、『〈つながり〉の精神史』では、江戸時代に出版された「旅立つ今長明」の挿絵を載せたんです。それは與那覇さんのいう江戸時代化肯定、いいかえれば自分の属するコミュニティ内の助け合いで無事にやっていければそれでＯＫ、というような、コミットする範囲を非常に狭く設定する発想の、まさに対極にある思想を絵にしたものです。「瓢鮎図」の「江湖」の思想のアップデート版といってもいいですね。共同体を旅立つ決意、地域を越えて展開されるノマド的な運動が、硬直した江戸時代のなかにもリアルに拾い出せるんです。

あらためて紹介しますと、今長明とは一六八二年、天和の飢饉のさなかに出版された『犬方丈記』の仮名の主人公で、『犬方丈記』はその名の通り、鎌倉時代初頭の「五大厄災」のなかを生きた鴨長明の随筆『方丈記』の擬《にせ》物語（パロディ文学）です。今長明はそれまで住んでいた京都の悲田院《ひでんいん》（社会的弱者を養う機関）を旅立ち、長崎の地に降り立ったところで、ボランティア活動のルポルタージュに目覚め、その情報を堺、大坂、京都へと橋渡しすることによって、地域を越えたネットワークをつくり出していくわけです。

実は今回の本では、被災地の現場に立つ実感のなかから、かつてのようにノマド的な運動と共同体とを対立的に描くことは、当面休戦しようと考えました。いままではマイノリティの視点から、コミュニティのもつ排除の機制と闘ってきたところがありました。ところが今回は休戦を選んだ。いま、みんながコミュニティの肯定に向かっていることに水をさすかわりに、そうでない方法も同時並行的に考えてほしい。そのために今回の本では、いま一人ひとりが可能な想像力の範囲を、壁を越えていかに拡げていくことができるか、を主題に、「死角への眼差し」を強調したのです。

與那覇　一九九〇年代以来、日本はナショナリズムが強すぎると批判されていたわけですが、ほんとうにナショナリズムが強ければ、東日本大震災で生じた瓦礫を受け容れるはずですよね、福島第一原発事故の影響があったとしても。でも、とにかく自分の地域にはもってくるなとなっているのは、東島さんが批判されてきたようなコミュニティの問題点が表出していると思います。しかも、反対している人は悪意でやっているのではない。自分たちこそが、市民運動の側で、あるべき秩序を目指して闘っているという意識でいる。

旅立つ今長明（『犬方丈記』国会図書館蔵）

　でもそれが最後は瓦礫を「交通」するなという話で、「江湖」的ではまったくなく、たんに結局、自分のコミュニティを守りたいというところに帰着してくる。とすると、まず出発点はコミュニティでいいから、そこから他者への回路をつくっていくような想像力にどうつなげていくかということが課題になるんですね。

東島　国家からの自由を唱えつつ、あるいはナショナリズムを批判しつつ、一方で格差問題を解消せよ、弱者を救え、というのは矛盾だ、なんて議論がありますよね。もちろん萱野《かやの》稔人さんはそんな単純なことはいっていないし、そうした誤読を避けるよう、注意深く議論されてはいます。往々にしてナショナリズム批判者が、格差問題などの根幹がナショナルな問題だという点が見えていない、というのもわかります。ただややもすると、こうした議論のなかで、読者は二者択一の強迫観念に駆られていくのではないかと思います。

　だとすれば、それはほんとうに二者択一で、両立しないものなんだろうか、という問いを立てておいたほうがよい、という気もします。いまどき純粋なコミュニタリアンも純粋なリバタリアンも流行らないというか、相互に弱いところを補強して議論されている時代です。ところが與那覇さんの本の読者の何割かがおそらくそうであるように、それこそ混ぜるな危険の「ブロン」効果が強調されると（◆9）、二つとも選んじゃだめなんだ、とあらかじめ釘を刺されているように思いこんでしまう危険性があると思うんですね。

　だからこそ、手始めに両立する方法を考えましょう、と。まずは身近なコミュニティでいい。大事なのはその次の行動であって、どう外への回路をつくるか。「想像の共同体」ではなく、「想像力の越境」へと向けて。

與那覇　補足すると、そういう方向に問題がシフトしたこととも連動して、近年では現代思想や哲学でも、欧州系から英米系へのシフトが生じたのかなと思います。コミュニタリアニズムとリベラリズムをどう止揚して社会を「つくって」いくのか、という考え方のほうが、一九八〇年代的な「既存の権力からどう「逃れて」いくのか」という方向で問題を煮詰めていく思考よりも、使い勝手がよくなってきたのでしょうね。

理想の実現への条件

東島　実は、「運動が長続きしない」というのが、『〈つながり〉の精神史』のいちばんのテーマでした。おそらく何かよいことをすると、自分の役目はもう済んだ気になってしまう。

◆9　ブロンは「ブドウとメロンをかけあわせたら、ブドウのように小さな実がメロンのように少ししか獲れない品種ができた」という星新一の掌編を基に、「よいとこどりを狙うと、実際には悪いとこどりになる」現象の比喩として、與那覇が『中国化する日本』で用いた概念。端的には平成期に、新自由主義的な「競争志向」と日本的経営の「集団主義」とが混交したことを批判している。

それこそ、明治二〇年代に北村透谷が批判したように、募金活動も「時様的《じよう》義捐」、すなわちファッショナブルなものになってしまう。

当時もいまも、受けるものの心に寄り添わない自己満足の活動も少なくありませんでした。いや仮に心からの善意であっても、それを継続的にもち続けることが難しい。なぜなら何か行動したことによって、相手よりもまず自分自身がケアされてしまうからです。でもそれでいいんですか。明日は、その次の日はどうするのですか、という重い問いを、透谷と同時期に、中江兆民が提起しています。

與那覇　それは、なぜ「江湖」が実現しないのか、常に挫折するのかという疑問とパラレルですね。私はその理由として、日本人には理想の実現に性急すぎる癖がある気がするんです。たとえば、福島第一原発事故をきっかけに起きた脱原発運動についても、「当時は大きな運動が起こった」というふうに過去形で書かれてしまう可能性があると思います。

その理由として、脱原発はすぐに実現できる、という性急さに原因があるのではないか。そういった、理想があればそれがすぐ実現するはずだという考えは、逆にすぐ実現しないなら、あの理想は嘘だったんだという話へと、容易に反転してしまう。

東島　短いスパンで理想が裏切られていくということですね。

與那覇　俗にいうと、熱しやすく冷めやすい国民性ということですね。自分が「中国化」という言葉でいいたかったのは、中国人は、理想がすぐ実現しないことに慣れきっているから、たぶん待てるんですよ（笑）。でも日本人というのは、カーッと盛り上がるけど、実現しなかったらすぐ冷める。

実はこれ、山本七平[*31]の解釈なんです。晩年の『洪思翊《こうしよく》中将の処刑』は、大日本帝国の軍人になった韓国人の人物を描いています。何が彼を支えていたのかというと、理想はもちろん韓国独立だけれどもそれはすぐには実現しないから、長いスパンでがんばろうとしていた、と。転向して日本人になって天皇に忠誠を誓ったわけではなくて、そういう判断を下した自分自身に対する忠誠であると。それはいわば儒教文化圏だからできる、儒教的個人主義のようなものだとも書かれています。思想的には、実現することになっている建前があるが、まったく実現しない。中国ですら昔からそうなので、朝鮮ではもちろん無理ですよね。それに対して、日本人は大東亜共栄圏なるものを性急に実現しようとして、当然すぐ挫折して、そしてあっさり転向した。

その問題が、脱原発でも出てきている気がします。ドイツだって十年かけて一つ一つ止めていこうという話なのに、日本では「一気に全部止めて二度と動かすな」になる。あるいは、そういう潔癖主義的なまでの熱意につけても思いますが、日本人はユートピアのイメージのなかですら奇妙に勤勉で、怠けるという要素は入っていないんですよね。そういうことと、「江湖」が消えていく理由とは関係があるのでしょうか。

東島　「江湖」は本来、規律正しくあるんですよね。禅が起源ですからね。怠けていると、

「大方江湖の気、索然として亡《ぼう》ず」なんて警句さえあります。でも逆にいうと、勤勉でないことが常態化しているから、そういうことが出てくるので、実態はもっとゆるいはずですね。あと「江湖」は基本的には専制はおろか、マジョリティすら結成しないんです。指さされつつ名誉ある孤立を辞さないところもあって、江湖倶楽部にせよ、理想団の内村鑑三にせよ、言葉は過激だったんですが、運動としては熱していない。で、だんだん運動は弛緩していった。

でも、拠るべき教会がなくても、「交通機関」としての雑誌の活動によって、人々のあいだのノマド的な交通が可能だ、と考えた内村鑑三の「理想」は、はたして露と消えてしまったのかどうか。どこかに記憶として、より緩慢な時間のなかでエコーし続けているようにも思います。たぶん無縁もそういうものだと思います。

(『atプラス』一二号、特集＝日本思想のユーティリティ。なお、初出時の語釈(注)は今回、大幅に絞り込んで再録した)

注

【＊1】　固有法とは、ある社会や民族や国家に固有な法という意味。日本では七世紀末から八世紀初めにかけて、中国の隋・唐の律令を模範とする体系的な律令法が編纂され施行された。この律令法施行以前の時代が、固有法の時代と呼ばれる。

【＊2】　ここではマルクス主義的な唯物史観を指す。人間社会に客観的な法則が存在しており、無階級社会から階級社会へ、階級社会から無階級社会へと、生産力の発展に照応して生産関係が移行していくとする歴史発展観のこと。

【＊3】　世界的な資本蓄積の過程で、資本主義の中枢部にいる「先進国」と周辺部にいる「後進国」とのあいだに従属関係がつくられ、「先進国」には経済発展が、「後進国」には低開発がもたらされていくという理論。

【＊4】　アメリカの社会学者イマニュエル・ウォーラーステインが提唱した歴史理論。世界システムとは、複数の文化体（帝国、都市国家、民族など）を含んで広大な領域に展開する分業体制であり、周辺の経済的余剰を吸いあげ、中心に移送するための史的システムを示す。

【＊5】　エドワード・W・サイードの遺著『晩年のスタイル』（岩波書店、二〇〇七年）で論じられた、音楽家などに見られる晩年あるいは後期の様式のこと。時代とのズレを意識しつつ、時代に逆らう「抵抗のスタイル」をいう。

【＊6】　『支配の社会学』は、支配（国家権力）の正統性の根拠は三つの類型があるとする。①正当な手続きで定められた法律によって担保される合法的支配、②伝統や風習、家柄、身分によって担保される伝統的支配、③個人的資質（パーソナリティ）により大衆の圧倒的な支持と賛同を集めたカリスマが担保するカリスマ的支配である。

【＊7】　フランスの歴史家リュシアン・フェーブルとマルク・ブロックが創刊した『経済・社会史年報』に拠る歴史学派。歴史の構造分析を重視した。フェーブルの心性史、ブローデルの資本主義史がよく知られる。

【＊8】　儒教の政治思想の基本的観念のひとつで、天子は天命により天下を治めているのであるから、天子の家に不徳の者が出れば、天命は別の有徳者に移り、王朝は交代するという考え。

【＊9】　與那覇潤「中国化論序説―日本近現代史への一解釈」『愛知県立大学文学部論集　日本文化学科編』一一号、二〇〇九年。CiNii上で無料公開中。

【＊10】　ヴェラ・ザスリッチはマルクスの主要著作のロシ

ア語翻訳者であり、革命家。「ヴェラ・ザスリッチへの手紙」は、彼女が、発展途上の地域を変革するには、まず西欧のような近代社会になり、その上で革命を進めていくとしたマルクスの考えを批判したため、その返答として書かれた。同書簡でマルクスは、ロシアのミールという農村共同体について言及し、それをすぐれた要素を潜在的にもつ社会的組織体であると位置づけ、伝統的な共同体を破壊して革命を進めるという自説を撤回した。

【＊11】一八〇九～一八六九。幕末の儒学者・政治家。熊本藩の藩政改革や松平春嶽（福井藩）のブレーンを務め、その「公共」や「交易」を重んずる政治思想が、今日の公共哲学でも再評価されている。著書に『国是三論』などがある。

【＊12】一三〇〇～一三七五。南北朝時代の臨済宗の僧。中巌派の祖。五山文学の代表者のひとり。

【＊13】一三二五～一三八八。南北朝時代の臨済宗の僧。足利義満の帰依を得て、京都の建仁寺・南禅寺に住まった。初期の五山文学を代表するひとり。

【＊14】一三八六～一四二八。室町幕府四代将軍（在職一三九四～一四二三）。義満の子。義満の死後、勘合貿易の中止など独自の幕政をおこなう。また、禅宗に深く帰依した。

【＊15】一八九八年に結成された政治結社で、機関誌『江湖』を発行し、自らを「醇粋なる革新主義者の一団」と名乗った。既成政党に属さず、足尾鉱毒事件の請願運動や大逆事件の弁護でも活躍した花井卓蔵が、代表的な参加者。

【＊16】内村鑑三の思想をバックボーンとし、万《よろず》朝報社内の「月曜談話会」を母体として発足した組織。黒岩涙香、内村鑑三を含む計八名が発起人となった。

【＊17】與那覇潤「無縁論の空転―網野善彦はいかに誤読されたか」『東洋文化』八九号、二〇〇九年（近刊『荒れ野の六十年』勉誠出版に再録予定）。

【＊18】四二条には「去留においてはよろしく民の意に任すべきなり」というくだりがあり、網野善彦は「百姓」の移動の自由の保障とみなし、人民の「本源的自由」を主張する根拠としたが、封建制の実態に合わないという批判が起きた。

【＊19】平安中期以降、荘園の各種荘官の有した収益権限の体系のこと。

【＊20】村民が共同責任で納税・諸役・新田の開墾などを引き受ける制度のこと。

【＊21】一七五八～一八二九。江戸後期の老中。田沼意次の失脚後、老中となり寛政の改革を主導した。また白河藩主として、沼地の土壌改良によって南湖を造営し、そこを身分の高低なく共に楽しむ場としたことが、『〈つながり〉の精神史』では高く評価されている。

【＊22】　石母田正らにより展開された運動で、民科（民主主義科学者協会）歴史部会を中心に歴史学者を糾合し、共産党の武装路線を文化面から支援した。全国に労働者の歴史学習サークルを組織するなどしたが、過酷な内ゲバに陥り、党の路線転換や民科の衰退とともに運動は消滅した。

【＊23】　南北朝内乱以降農村に生まれた地域的な自治組織（惣村、郷村）で、村掟や逃散、一揆の蜂起など重要な意思決定の際におこなわれた儀式。起請文を焼いた灰をまぜた水杯を飲み交わし、一味同心を神仏に誓約した。

【＊24】　一六八二年、天和の飢饉のさなかに出版された『犬方丈記』の仮名の主人公。一三八頁参照。

【＊25】　内田力「無縁論の出現―網野善彦と「第二の戦後」」『東洋文化』八九号、二〇〇九年。

【＊26】　鎌倉幕府において執権を務める北条氏の惣領（家督相続予定者）である得宗に権力が集中し、専制政治がおこなわれた。

【＊27】　佐藤進一が提唱した日本の中世国家体制に関する学説で、鎌倉幕府を東国において朝廷から独立した独自の特質をもつ別個の中世国家と見なすもの。東国国家は、相互規定的関係をこえて、西日本からの相互不干渉と自立を目指したとされる。

【＊28】　一八一八〜一八九一。幕末・明治の儒学者。明治天皇に進講し、教育勅語の起草にも参与した。

【＊29】　マーク・ラビナ「近代化、近代性と名君像の再検討」『歴史評論』七一七号、二〇一〇年。

【＊30】　公的な奉仕を意味する古典ギリシャ語に由来する語。マックス・ヴェーバーは『支配の社会学』で家産制的支配を論じるなかで、英国を例に、義務を賦課されたライトゥルギー的義務諸団体が自治の源泉ともなりうることを論じている。

【＊31】　一九二一〜一九九一。評論家。日本社会における意思決定の不合理性を説く代表作『空気の研究』は、震災後の原発論争でもしばしば参照された。

2

眼前の潮流をよむ

時評

二〇一二年十二月の衆議院総選挙で、三年間におよんだ非自民の民主党政権――ひいては、平成期の政治改革の実験は崩壊した。いまとなっては信じがたいことだが、再登板となった安倍晋三政権（第二次）が長期政権になると予想した識者はこのとき、私も含めてほぼいなかったと思う。第一次内閣（二〇〇六年九月〜〇七年九月）での失政になぞらえて、「一三年夏の参院選に敗れて退陣では」と揶揄する声さえあった。

安倍政権が長期化し、それへの挑戦者か補完勢力か判然としない維新の会が大阪に牙城を築くなかで、反知性主義や「知識人の凋落」が叫ばれていった。しかしそうした声の多くは、原因をマスコミや教育、インターネット、はては敵対勢力の「陰謀」に帰するばかりで、知性の社会的な地位を守れなかったみずからの責任には言及しない。そうではない議論もこの時期あったことを、二つの時評と三つの対話から感じてもらえればと願う。

二〇一二年は〝政治〟の年だった⁉

——書棚の民主主義論

仲正昌樹＋與那覇潤　二〇一三年二月

二〇一二年、混乱する政治、社会の中で

——二〇一二年という年は、国内では前年から引き続くポスト3・11の復興・原発問題と総選挙があり、世界でも欧州債務危機が深刻化したほか、ロシア、フランスやアメリカの大統領選挙が行われ、尖閣問題が再沸騰する中で中国でも指導者が交代しました（◆10）。全般的に「政治」や「統治」に関心があった年ではないか、と思います。二〇一二年を振り返り、語

◆10　それぞれ、ウラジーミル・プーチン（露、首相から大統領に復帰）、フランソワ・オランド（仏、現状で最後の社会党大統領）、バラク・オバマ（米、再選）、習近平（中、副主席から昇格）を指す。

られた言説や、そして求められる人文書や教養についてお話しください。

仲正　今年（二〇一二年）は出版界全体でもなかなかミリオン・セラーが出なかったようですね。人文書でも、一昨年はサンデル・ブームがあり、去年は震災関連のものが熱を帯びましたが、今年は去年ほど熱がない。今年の人文書では何がテーマになり得るかと考えると、強いて言えば「民主主義」ではないでしょうか。

二〇〇八年に田村哲樹『熟議の理由』（勁草書房）が出版され、一昨年の参議院選挙以降、菅直人首相（当時）が「熟議」という言葉を多用していました。しかしその後、3・11があり、去年の後半あたりから「決められない政治」という言葉が出てきました。熟議で時間をかけていては決められない。だから、決められる政治を、ということだと思います。

東浩紀『一般意志2・0』（講談社）は、「決める必要はない」という論旨なので系譜としては「決められない」批判の穏健な変形バージョンととれると思います。また、「デモで社会を変える」という言説も一種の民主主義論かもしれません。目立った本としては小熊英二『社会を変えるには』（講談社現代新書）、五野井郁夫『「デモ」とは何か』（NHKブックス）が挙げられます。

デモと本格的な民主主義論を結び付ける、例えばアントニオ・ネグリ、マイケル・ハート『マルチチュード』（NHKブックス）のような議論が登場するかと期待しているのですが、少なくとも現時点では本格的議論は出てきてないようです。材料は十分あるのではないかと思いますが。片山杜秀『未完のファシズム』（新潮選書）のように逆の側面から民主主義を論じた良書はありますが、理論的に全体を見渡したものがない。「民主主義」に関する期待と諦めが入り交じったイメージがふわふわしている感じでしょうか。

與那覇　私の専門ゆえのバイアスもありそうですが、今年は哲学書よりも歴史書が読まれた年なのかもしれません。既刊の網野善彦『日本の歴史をよみなおす』（ちくま学芸文庫）が、「全日本人必読」という新しい帯もあり唐突にリバイバルして、追いかける形でウィリアム・H・マクニール『世界史』（中公文庫）も非常に売れました。やはり古典の中村隆英《たかふさ》『昭和史』（東洋経済新報社）、網野善彦『歴史を考えるヒント』（新潮文庫）が新たに文庫になり、後者は私も解説を寄せました。

サンデルのTV番組が牽引した哲学ブームがひと段落する一方、故人や老大家による通史の書物が手に取られた。その理由を求めるなら、二〇一一年以来の閉塞感がより深まって、「答えがない」ことが社会の前提になったからかなと思います。「理想の民主主義とはこれだ」という答えを探して哲学書を読むというより、「何故こんなことになったのか」の経緯を辿るという形で、歴史書に人々の興味が引き寄せられたのかなと。

仲正　「決められない」を「決める」に転換しようとすると、最終的には決断主義になります。そのような流れで決断主義を論じたカール・シュミットが注目されるかと思いましたが、さほど注目されていないようです。歴史研究者にとっては古典的なテーマですが、ドイツ的タイプの全体主義と日本的タイプの全体主義、あるいはその二つを貫くような全体主義化はあるのか等を改めて考えて良い時かもしれませんね。

與那覇　片山さんの『未完のファシズム』は、軍事思想の観点からの日本ファシズム論で、資源がないのに総力戦体制を目指した結果、より非合理性が際立つ全体主義になったというものでした。尾原宏之『大正大震災』(白水社)も、石原慎太郎さんの「天罰」発言のような発想が関東大震災の際にもあったことから説き起こしていますが、日本の政治思想に潜む「非合理的なもの」の探求はトレンドになり得ると思います。

一方、仲正さんが以前『日本とドイツ 二つの全体主義』(光文社新書)で試みられたような、多党制と「決められない民主主義」による混乱がナチス台頭を招いたワイマール共和政との比較で、同時代の日本を捉える本はあまり出なかった。原因の一つは、戦前日本の場合は小党分立というより、二大政党制に近かったことでしょう。民主党政権の失墜で二大政党制への失望が広まる中で、年末に筒井清忠『昭和戦前期の政党政治』(ちくま新書)、井上寿一『政友会と民政党』(中公新書)が矢継ぎ早にでましたが、しかし衆院選の結果次第では、もう二大政党を維持できなくなるかもしれない。

新しい「民主主義」の可能性を考える

――二〇一一年の東浩紀『一般意志2・0』は、二〇一二年の前半に話題になりました。あの議論はサブカル言説からの答えの一つになるのでしょうか。

仲正　あの本は、『社会契約論』第二編第三章のコミュニケーションなしでも熟議が可能である、というくだりにポイントを置いていますが、「コミュニケーション」という言葉の解釈が語学的・文脈的におかしいと思います。でも、彼の主張がウケたのはよく分かります。彼のメッセージは小熊氏等とは逆の方向です。街頭に出ずとも、ツイッターで呟くだけ、ネットで検索するだけでも一般意志の形成に寄与しているというメッセージです。

政治好きではない人にとっては有難いわけです。ただ、ネット上で形成される「一般意志」が、どういう方向に行くのか誰にも予想がつきませんが。

與那覇　「決められる民主主義」と「熟議」の巧みな折衷案という読後感です。一般意志は、通常「決められる民主主義」寄りに理解されますが、東さんはネット世論的な一般意志2・0に「すべて従え」とは言っていない。それが政治家を包囲して影響を与えるだけで、政策として採用されるか否かはあくまでも国会の熟議で決まる、という形で両立させている。

東さんの思想には「動物化」論の頃から「どうせ全員が共有可能な物語なんてないんだから、自分の世界に引きこもるのも悪くない」というトーンがあって、それを批判する形で宇野常寛さんなどが登場しましたが、今回の『一般意志2・0』では対人関係が苦手でネットに閉じこもりがちな「動物」でも、やり方次第で政治への回路は作れることを示したのかなと感じました。

仲正　ネットで世界を変える系の言説は、3・11以降発しづらくなっていると思います。今は、反原発運動に象徴される運動系が強まっているのではないでしょうか。

與那覇　どうでしょう。『政治と思想』（平凡社ライブラリー）を出した柄谷行人さんや、小熊英二さんが昨年に続きイコンとなりましたが、むしろ収束に向かいつつある気がします。

小熊さんもメディアの取材では「反原発デモの持続性は日本史上未曽有だ」と煽るわりに、『社会を変えるには』では「デモが社会を変える」とは断言していない。夏に大飯《おおい》原発が再稼働されて、運動の有効性に疑問符がつくと同時に、消費増税や尖閣国有化によって「決められる」政治への戸惑いが出てきたのかな、という気がします。特に日中関係に関しては、むしろ民意の高揚を背景に「決めて」しまった結果、悪い方向に「社会が変わる」こともあり得るのでは？　という不安を、多くの人が抱いたのではないでしょうか。

その観点では、宮地忠彦『震災と治安秩序構想』（クレイン）が示唆的でした。関東大震災時に既定の手続きをスキップして戒厳令を出し、ただし運用にあたっては軍の側が自重したことを、美濃部達吉らの進歩派が「臨機応変で柔軟な対応」と評価したのに対し、反動的と言われる上杉慎吉が「法の支配に反する」と批判した。どこか菅元首相の浜岡原発停止（二〇一一年五月）を思わせるというか、民意を代弁し、執行する統治者にどこまでフリーハンドを許すかという問題を感じます。

2012年、当時恒例だった官邸前デモ。左端が小熊英二氏

仲正　デモの可能性についても、ネグリのマルチチュード論が二一世紀初頭に流行っていた頃は、多様性が生まれるイメージがありましたが、脱原発デモに多様性があるようには見えない。逆に均質的になっている感じがします。特に瓦礫の問題について、「受け入れをもっと広めよう」という声が出てきてもよさそうですが、それを言うと離れていく人がいるので、そういう声を抑え込んでいる印象があります。

與那覇　日本の直接民主主義志向は、常に「一君万民」寄りになっていくという印象があります。マルチチュード論の魅力は、「多にして一、一にして多」なところにあったのに、日本の運動体は結局、「一にして一」になってしまう。戦後史業界ではここ数年、小熊さんの

『1968』（新曜社）も含めて六八年ブームがあり、今年もノルベルト・フライ『1968年』（みすず書房）、小野俊太郎『明治百年』（青草書房）が出ましたが、日本で起きるならフランス五月革命よりも文化大革命じゃないのか、という気がするのですね。

その点ではむしろ中世史家の手になる、東島誠『〈つながり〉の精神史』（講談社現代新書）、呉座勇一『一揆の原理』（洋泉社）が参考になって、やはり複数性というものを織り込んだ連帯のイメージは、日本の伝統の中では永続性を持ちにくいのかもしれない（第一部参照）。逆に「多なき一」の一体感を得る場としてのデモは、安田浩一『ネットと愛国』（講談社）が描いた、ネトウヨ的な排外主義者の方法論にも転じ得る。下手に街頭の共同体で承認されて、より思考回路が一極化していくくらいなら、むしろ動物化して引きこもったままでいてくれた方がいいのかもしれません。

拙著の中国化と江戸化の比喩で言うと、中国化とは、儒教思想というイデオロギーを画一化する代わりに、入り口をオープンにするシステムで、外国人でも受験できた科挙が典型です。江戸化の方はムラ社会のように「居場所」を一つに絞るしくみで、中国化に比べると唯一思想の絶対化はないけれど、しかしやはり複数性の称揚には繋がりにくい。正しく山本七平『「空気」の研究』（文春文庫）の世界で、「場の空気」を乱すことが嫌われるからです。

反原発デモはバラバラの個人が自由参加で集まっているからオープンだと言われてきましたが、本来、脱原発といっても広範な立場があるはずです。それを「再稼働も瓦礫受け入れも一切ダメ」のように一つの思想信条に狭めて、疑念を呈する者を排除する事例があるのを見ると、結局、排他性のモードが江戸化から中国化に切り替わっただけだったのかなという気もします。

真の「リベラリズム」は育つのか？

仲正　そうなると、最後は西欧的なものを擁護したくなってしまいます。西欧は三十年戦争以来相当血を流したけれど、違う立場の人間を寛容し、民主主義の枠内で協調する体制を作り上げました。日本は、異質な思想同士が多様性を維持しながら協調することに慣れていないと思います。

日本という国は保守とリベラルがうまく共存する状態に本当になれるのか、リベラルがきちんと育ち、左翼と保守だけの状態から保守とリベラルの状態に移行できるのか。そういう二大政党的な構図は日本の体質とそもそも合わないのではと言い出している人もいますね。

與那覇　もともと日本には、政治的なリベラリズムの芽がない気がします。完全にシュミット主義を貫徹した経験がないことの反作用で、「同質性に基づくなぁなぁ」でしか共存ができない。先ほどの東島誠さんの議論を見ても、日本史上では「都市の空気も自由にしない」というか、都市とは異質的なる人々どうしが出会う場だという想像力が弱い。

今年の歴史系の出版で目立ったのも、戦前を扱う森まゆみ・中島岳志『帝都の事件を歩く』(亜紀書房)から、より現代的な速水健朗『都市と消費とディズニーの夢』(角川oneテーマ21)までの、都市論の再興でした。苅部直『安部公房の都市』(講談社)が、安部の都市的な他者感覚の起源を戦前の満洲にまで遡る一方、原武史『レッドアローとスターハウス』(新潮社)、『団地の空間政治学』(NHKブックス)は、高度成長を支えた戦後の団地がむしろ旧ソ連的な集団生活の場になり、彼らが支えた左翼運動や革新自治体にも限界をもたらしたことを示唆しています。

――思想・哲学関係の傾向では、特に今年は、ルソー生誕三〇〇年、またトクヴィルのブームともいえるようなものがいくつか散見されました。

仲正　確かに政治思想系の古典が見直されている印象があります。トクヴィルは、宇野重規『トクヴィル　平等と不平等の理論家』(講談社選書メチエ)あたりからブームが来ていたと思います。「多数者の専制」という言い方が結構一般化した感じがします。

従来の陳腐なイメージでは、アメリカ民主主義の擁護者でしたが、宇野氏は、政治が大衆化され過ぎると多数者の専制が起こる恐れがあると指摘した人であることを強調しています。トクヴィルや彼の影響を受けたミルが見ていた負の面が認識されるようになったと思います。

ルソーのブームは単純に生誕三〇〇年ということかもしれませんが、一般意志論とアーレントによるルソー批判がセットになって関心を持たれているような気がします。

與那覇　トクヴィル再評価はネグリ＆ハートのブームの頃（二〇〇〇年代前半）からの流れかなと思います。一〇〇％ルソー主義な社会だと、一般意志という一種類の意志だけに還元されてしまうし、一〇〇％トクヴィルでは中間団体が強い分、バラバラの流動的な個人にとっては少し息苦しい。両方を良いとこどりして繋いだのが、マルチチュードという秩序イメージだったのかな、という気がします。二〇一一年末に出た高山裕二『トクヴィルの憂鬱』（白水社）も、今年話題になりました。

仲正　中間集団についての議論は、日本史ではそれほど聞かないですね。

與那覇　日本人の嗜好はもともとトクヴィル主義の方に近いと思いますが、伝統的にイエやムラのような「生まれや居住地だけで帰属が決まってしまう」中間集団しか持っていないことが大きなネックです。先の原武史さんの議論を見ても、団地とはいわば都市にできたムラで、イエごとの入居者の老齢化とともに、彼らが支えた共産党も衰退してゆくという構図ですね。結局メンバーの再生産をイエに依存しているから、いま展望が開けないというのは、新雅史『商店街はなぜ滅びるのか』（光文社新書）が示すように、保守政権の地盤でも同様です。

柄谷行人さんが一時期展開したアソシエーション論は、誰でも任意に参加できる風通しのいい中間集団を作って、それを左翼の基盤に、というメッセージでしたが、今年訳されたアンドルー・ゴードン『日本労使関係史』（岩波書店）にもあるように、欧州で労働組合の基盤になったギルドの伝統が日本にはないので、地域横断的な中間集団がそもそも作りにくい。それが市民社会の弱さにつながっています。

仲正　西洋のリベラリズムは、民主的決定に服すべき公共的な領域と、各人に固有の道徳的コミットメントやライフスタイルに従って生きることのできる私的領域を分け、世界観が異なっていても協働できるような社会を築いてきました。まさにそのことを論じたジョン・ロールズ『政治的リベラリズム』の翻訳出版が待たれます。

與那覇　日本では都市がリベラリズムを育んでくれないので、橋下徹さんのように「俺が下す民主的決定にすべて服せ」という人が出てくる。砂原庸介『大阪』（中公新書）が、橋下現象の解説として白眉だと思いますが、農村部重視の自民党的な再配分によって、都市が国家に搾取されてきた系譜がある。その不満をかつては革新自治体が吸収しえたのですが、今は日本維新の会に向かっています。

仲正　自民党は、形式的・理念的な意味での「民主主義」と相性が悪い感じがしますが、後援会組織や支持団体を通じて非公式な形で空気を読み取り、政策に取り込んでいく仕組みを持っていました。こうした問題については、齋藤純一・田村哲樹編『アクセスデモクラシー論』（日本経済評論社）が興味深いです。

齋藤氏は、熟議的民主主義とは「理由《リーズン》」の政治である、ということを指摘しています。従来は利益の平等な配分を目指すのが民主主義だとされていましたが、熟議的民主主義ではパブリックな理由が重要です。自民党は結果的に利益が配分をされればいいではないか、という感覚の政治を行なってきました。パブリック・リーズンを重視する感覚が日本では育ちにくいのかなと思います。

與那覇　むしろ日本の場合は、討議を通じて思想的な対立の存在を明示した上で共存するのではなく、「たまにはケンカもするが、最後は俺とお前の仲じゃないか」というところでなぁなぁに妥協する「擬似リベラリズム」で秩序が作られてきましたから。自民党内の派閥争いもそうですが、千葉功『桂太郎』(中公新書)が描いた明治後期の桂園体制も同様で、維新の元勲のような「権力者の仲良しクラブ」の内部にしか多元性が存在しない。

また、リーズニングとは「あなたの主張には、人前で言えるような理由(大義)があるのか」というところで、政治の公正さを確保する発想だと思いますが、これは本当に機能するのか。『ネットと愛国』が取材した在特会のように、「それは人前で言えないだろう」ということでも、現に言えてしまう人が増えてきている。一方で反原発デモには逆に、「それを福島で言えるのか」という言い方が錦の御旗になって、言論が画一化されている空気を感じます。その意味では、リーズンも万能薬ではない。

仲正　古典で言うと、仙谷元官房長官の暴力装置発言(二〇一〇年十一月)で多少話題になったマックス・ヴェーバー『職業としての政治』（岩波文庫）はまさにその問題を扱っています。二〇世紀になって、様々な利益を求める集団が政治に参加するようになると、公共的理由に基づく政治がかえってやりづらくなった。各政党は利害関係を調整し、より多くの大衆を動員するため、党内外の官僚機構に頼らざるを得なくなる。妥協して中途半端な政治になる。

それがいやなら、官僚を抑えて決断する「指導者」が必要になります。今回の総選挙では、その傾向がますます顕著になったような感じですね。

與那覇　原発問題も、リーズニングの限界が引き起こした部分があると思います。有馬哲夫『原発と原爆』（文春新書）が示すように、「なぜ原発が必要なのか」を説明する際、「安全保障上、潜在的な核保有能力があることにしておくためだ」とはっきり言えば分かりやすいでしょうが、しかし言ったら国内の世論も、外交関係も大変なことになる。

また「原発は未来のエネルギー」という言い方は欺瞞だったとして、二〇一一年には激しく叩かれましたが、今年は山本昭宏『核エネルギー言説の戦後史』（人文書院）、吉見俊哉『夢の原子力』（ちくま新書）など、単に非難するのではなく、歴史的にそういった言説がどのようなリアリティを作ってきたかを辿る著作が目立ちました。これも、リーズニングさえすればよいとは言いにくい時代の反映かもしれません。

これからの時代を生き抜くための書籍を考える

――「これからの時代を生き抜くために」読んでおいた方がいいと思われる書籍を挙げてください。

仲正　マキャベリ『フィレンツェ史』(岩波文庫)、『戦争の技術』(ちくま学芸文庫)が出版されました。マキャベリには、『ティトゥス・リウィウスの最初の十巻についての論考(ディスコルシ)』で展開した共和制擁護の面と、『君主論』での君主制擁護の二つの面があり、一体どちらなのかが常に問題になりますが、『フィレンツェ史』はその背景が理解できる著作です。

他に哲学関連で関心を持ったのが、ジョン・マクダウェル『心と世界』(勁草書房)です。アリストテレス主義的なものがどのように取り入れられているかという、アメリカの分析哲学の新しい側面を紹介しています。そのネオ・プラグマティズム系哲学を分かりやすく紹介しているのが岡本裕一朗『ネオ・プラグマティズムとは何か』(ナカニシヤ出版)です。八木沢敬『分析哲学入門』(講談社選書メチエ)も出ました。本当の入門書がなかった分野で、入門書が出るようになったのは良いことだと思います。児玉聡『功利主義入門』(ちくま新書)も出ましたね。

深井智朗『ヴァイマールの聖なる精神』（岩波書店）も興味深い著作です。ワイマール保守主義研究の本は昔から結構ありましたが、プロテスタント神学がそれにどう関わったのか詳しく論じられているので、この方面に関心がある人には面白いと思います。

與那覇　「答え」が見えない時代だからこそ「経緯」を歴史書に辿る傾向が今年あったのだとすると、職業的には嬉しいはずなのですが、そういう社会が幸せかというと、素直には喜べないという印象の一年でした。しかし小熊英二編著『平成史』（河出ブックス）が示したように、だからこそ歴史が加速しているというか、直近の過去であってもどんどん「歴史」という分野に入れられるようになっている。去年の原発事故ですら、もう歴史の中に位置づけられつつある。それ自体は、将来の日本を構想する上でも重要です。

また、これはリーズニングの政治が日本に根づかない理由でもありますが、日本人の「偽善アレルギー」にどう向き合うか、を考える必要が増してくると思います。反原発デモを強く批判した開沼博『フクシマの正義』（幻冬舎）が提起したのは、「僕は反原発を叫んだから、偽善に与さなかった」という自己承認欲求だけの運動になっていないか、原発という偽善を受け入れなければ生きていけなかった地域のことなど全く考えていないのではないか、という問題でしょう。田野大輔『愛と欲望のナチズム』（講談社選書メチエ）に驚かされたのも、ナチズムが実はブルジョワ的な性道徳という「偽善」批判の運動として、支持を得ていた史実でした。

総選挙で安倍晋三さんの自民党が勝つと（◆11）、護憲平和や日中友好といった「戦後レジーム」は偽善だ、という空気は必ず出てくる。そこでどう、居心地は悪いけれども社会的な破局を避けるために、必要悪としての「偽善」とつきあっていくのかが、問われるだろうと思います。

（2012紀伊国屋じんぶん大賞リーフレット、非売品。司会・作品社編集部福田隆雄、編集協力・並木智子。なお副題「西洋思想と日本史の視座から」を割愛した）

◆11　対談は二〇一二年十二月九日に行われ、一週間後の十六日が衆議院総選挙の投票日であった。民主党政権への失望から新党が乱立したため、当初は単独過半数を得る政党が出ずに大連立となる可能性も取りざたされたが、安倍晋三総裁（同年九月から）の自民党が全四八〇議席のうち二九四議席を押さえる大勝となり、（民主党政権以前と同じ形の）公明党との連立政権を発足させた。

橋下徹
淋しき「戦後民主主義」の自画像

二〇一三年三月

こんな光景に覚えはないだろうか。戦後生まれの日本人の多くにとって、「民主主義」に触れる最初の機会となる小学校の学級会。激しい言い争いの末に多数決で結論が出たものの、主張の通らなかった側は不平たらたらだ。しかし、そこですくっと立ちあがって一喝する、妙にマセた児童がいる。「みんなで決めたんだから文句を言ってる人たちはおかしいと思います！」――本人も、投票前は違う意見だったはずなのに。

二〇年ぶりにかような景色を思い出したのは他でもない、昨年末に悲願の国政進出を果たした「日本維新の会」の、首班指名をめぐる混乱を目にした際である。橋下徹代表代行（当時、以下同）は、衆院過半数の自公両党が推す安倍晋三氏への投票を主張、これに石原慎太郎代表が反発して、最終的には維新は石原氏に投票した。連立の合意でもないかぎり、自党の代表に投ずるのは政党政治として当然だと思うのだが、橋下氏にその発想はないらしい。

「自民、公明両党でこれだけ議席を獲得した。それに従うのが民主主義だ。維新で独自候補を出すなんてばかげている」と述べたとも伝えられる（『毎日新聞』二〇一二年十二月十七日）。

衆院選での維新の獲得議席数は五四で第三党。大敗して第二党に転落した民主党の五七議席とほぼ変わらず、自民党と合わせれば（公明党ぬきでも）再可決や憲法改正の発議に必要な三分の二を超える決定的な議席だが、一時は一〇〇議席超との前評判があったことに比すれば、陣営には敗北感もあるようだ。もともと自民党出身で古巣との距離も近い石原氏らのグループが、今後の提携含みで安倍氏に投ずるというならわかる。しかし、選挙中に激しく往年の自民党政治を攻撃した橋下氏が一転、自民党総裁に投票せよというのは、多数意見に「従うのが民主主義だ」と、本気で信じているとしか考えられない。

良い方向か悪い方向かはともかく、多くの人々が橋下徹氏の型破りのスタイルを「日本を大きく変える」存在だと見なしてきた。しかし、勝利なのか敗北なのか判然としない選挙結果ともあわせ、いまその印象は曖昧になってきている。むしろ、われわれが彼に見るべきは意外にも「変わらない、変われない日本」の肖像ではないか、そんな気配が漂い始めている。

「一君万民」から「歩く民意」へ

選挙結果という形で示された、国民の多数意見は「安倍首相」であり、それ以外に投ずる選択肢は意味がない。――かような橋下氏の思考法を、実はわれわれは必ずしも笑えない。現行憲法下、初めて衆議院で指名を受けたのは社会党首班の片山哲内閣だが、この時は連立に入らない政党も含めて、四二〇名が一致して片山に投票した（社会党は比較第一党だったが、一四三議席のみ）。戦前の「憲政の常道」に倣ったものと呼ばれるが、二位の吉田茂ら各一票との票差四一九は、今も破られない記録である。

憲政の常道とは、国会の首班指名ではなく天皇（事実上は元老）によって首相が選定された戦前の明治憲法下で、可能な限り「民主的」な政権選択を行うために、大正末からの政党内閣期に成立した不文律である。原則として衆議院第一党の党首を首相に任命するが、失政によって総辞職した場合は第二党（野党第一党）の党首へ政権を譲らせるというルールで、その後、与党となった第二党は衆議院を解散して、第一党の地位を得ることが常であった。

元老どうしの駆け引きで首相候補が揺れ動いた明治の超然内閣期と異なり、いわば首班たるべき「正しい人物」を議会での勢力に応じて、あらかじめ一人に絞って推挙する慣行ともいえるが、だとすれば戦前憲法での「天皇」の位置を「直近の民意」に替えさえすれば、選ばれるべき正しい首班は安倍晋三氏である以上、他党も一致して安倍氏に入れるべしという橋下氏の発想となろう。そして橋下氏が「それに従うのが民主主義だ」と言うごとく、憲政の常道を長く「大正デモクラシー」と呼び習わしてきたのは、他ならぬ戦後日本人である。

そもそも橋下徹という政治家のイノベーションは、（複数の構成員からなる）議会の内部に政

2012年12月16日、衆院選の開票センターで冴えない表情の橋下徹・日本維新の会代表代行。
翌年夏の参院選も振るわず、公言した「天下獲り」の夢は敗れた

党を結成してから、権力掌握を目指すという通常のルートではなく、逆に大阪府知事という独任制の（一人しかいない）ポストを直接選挙によって獲得した上で（二〇〇八年一月）、後から「大阪維新の会」という政党を地方議会内に設立した点にある（二〇一〇年四月）。既成政党の相乗り首長（オール与党）の構図がマンネリズムと化していた地方自治の世界で、この「首長新党」という新しさが清冽《せいれつ》な魅力として有権者を惹きつけたのだが、しかし帝国議会に対する天皇のポジションを、君主公選とはいかぬので首長公選で選んでいるだけだと考えれば、意外にも戦前流の「古い民主主義」だ。橋下氏が一貫した首相公選制の主張者であることも、かような文脈に根ざすと考えれば、また見え方が変わってこよう。

そもそも東アジアの儒教的王権論には、王（皇帝）たるものはその一身にあまねく民意を酌《く》んで執行すべしとの考え方があり、その発想に基づき天皇親政を規範化した戦前の国体論の用語で、これを「一君万民」という。民意が政治に反映されることを民主主義と呼ぶのであれば、その媒介を議会ではなく君主に求める点が戦後日本の通念に反するだけで、確かにこれも一つの「民主主義」だ。実際、参加資格が有産階級に限られ、かつ党派に分かれて国家大での公益を省みない帝国議会ではなく、逆に天皇こそが衆庶の輿望《よぼう》に応える公明正大な意思決定者たりうると唱えた上杉慎吉らの天皇主権説もまた、吉野作造や美濃部達吉の裏面にもう一つの「大正デモクラシー」の系譜を形づくるものと、今日では位置づけられている（住友陽文『皇国日本のデモクラシー』）。

特に二〇一一年末に大阪市長に転じて以来、顕著になったのは橋下氏という「個人の嗜好」が、すべて「市民の民意」と同一であるとの前提に立つ振る舞いだ。自分が見てつまらない、価値がないと思えば即座に人権博物館や文楽協会への補助金を打ち切ろうとする姿勢には、維新八策のような政策論での賛否を超えて、さすがに眉をひそめる識者が多かろう。しかし、もはやイメージを媒介せずには共同体への参与感覚が得られぬ大衆社会にあって、擬人化とは一種の魔法である。

かつて富国強兵と工業化にともない故郷喪失者の群れが生まれた明治維新以降の近代社会でこそ、天皇の身体が「国体」そのものとして、有史上もっとも臣民の熱い視線を集めた。コミュニティが解体し個人のアトム化が進む現在の都市では、橋下徹なる「歩く民意」が敵対者を打ちのめす姿を自己実現の憑《よ》り代《しろ》として、あたかも自他同一化したような快感を覚える支持者たちがいまも、大阪維新を唱えているのであろう。

大衆民主主義社会の究極形

一見斬新にみえた橋下徹氏の魔法は、意外にこの国に潜在した伏流を汲んでいる。しかしその流れが畢竟《ひっきょう》、日本全体の国のかたちを覆すまでには至らないというのもまた、歴史の教えるところかもしれない。「昭和維新」の顚末を見るまでもなく、天皇親政の夢はつねに裏切られ、重臣たちによって民意と君主はいつも隔てられてきた。

大阪維新の会もまた国政進出の過程で、他党・他地域出身、特に元「たちあがれ日本」のようにむしろ旧体制の中心にいた国会議員を迎え入れたことで、橋下氏という「一君」と「万民」のあいだの一体感は損なわれている（それが、一時の勢いから失速した理由であろう）。実際、原発問題での姿勢を一八〇度転換させ、廃止を謳《うた》ったはずの参議院に市長と兼職で籍を置かせろと叫ぶに至った現状では、自民党体制の補完勢力という以上の意義を、彼らに見出すのは難しい。

砂原庸介氏の『大阪――大都市は国家を超えるか』が示すように、橋下現象とは本来、農村優位の再分配政策のもとで国家によって大都市という税源が搾取されてきた、戦後自民党支配への反乱の系譜に位置づけられる。七〇年代には革新自治体、九〇年代以降は無党派首長が、国政での足場は自民党と比較にならないほど脆弱にもかかわらず、都市住民の期待を背負って成立し、前者は人口比でみればほぼ半数の日本人を傘下に置いた。

橋下氏のユニークさは、小選挙区制導入と平成の大合併による国政と地方のパイプの弱体化や、個人後援会の地盤よりも党全体のカラーが重要になる選挙事情を突いて、巧みに自民党の地方支配を切り崩した点にある。しかしその国政挑戦がたとえば憲法改正のような、同党の長年の宿願をサポートするのみに終わるなら、福祉元年（一九七三年）前後のバラマキ競争を通じて自民党的な再分配を補完したと評される、革新自治体ともあまり変わらない結末が待つのかもしれない。

してみると戦前以来の「一君万民」の伝統や、戦後政治における自民党型の国土経営への挑戦者の足跡に照らして、橋下徹なるタレントを生み出した時代の新しさとは、どこに求められるのだろうか。そもそもあらゆる君主制とは、血脈上貴種であることの強調とその伝統の称揚によって維持されるが、橋下氏にそれはない。被差別部落に近いとされる出自を揶揄する報道には果敢に応戦しつつ、しかし弁護士時代から「自分は同和じゃないから、補助金をもらえず同和を憎んでます」と公言したとされる言動には（上原善広「孤独なポピュリストの原点」『新潮45』二〇一一年十一月号）、むしろ歴史的な系図をクリアランスしたいという欲求の方が強く感じられる。

人権博物館の存廃はじめ文化施設の維持には極度に冷淡な反面、都市改造や大阪都・道州制構想のように、「リセット」（一時、氏の口癖であった）した上で白紙に図面を引くタイプの思考を好むのもまた、社会から歴史の影が脱色され、すべてがフラットになってゆく時代の表れなのかもしれない。竹島問題の渦中にあっさり日韓共同管理案を口にするなど（二〇一二年九月二十三日、新党結成に向けた討論会で）、時に保守層の支持者を戸惑わせるあまりにも合理主義的に割り切った態度もまた、既往の歴史的な文脈を単に「束縛」としか見ないところからくるのだろう。

しかしその合理性とは、西洋近代的な「知性」の標榜とはまるで異なるもののようだ。東京の美濃部亮吉や大阪の黒田了一はじめ、かつて革新自治体の多くを学界出身者が担ったのとは異なり、（自身のブレーン以外の）アカデミズムを「現場を知らない」と攻撃してやまない橋下氏は、明確に反知性主義に立っている。むしろ一切を損得で割り切る「庶民感情」が彼の合理主義の源泉であり、したがって儒教式の君主論のような、道徳的に卓越した統治者という装いはない。

橋下氏が誇示するのは歴史でも道徳でもなく、「僕は府知事選で一八〇万票もらっている。今の首相は〔選挙区で〕数十万票《ママ》の支持しか受けていない」（『産経新聞』大阪版二〇一〇年九月十五日夕刊、当時の菅直人首相の再選を批判して）といった数や、自身の話題にインターネット上で即座に噛みついてみせる速度のような、読解に知性を必要としないほどきわめてシンプルに、平板に物量化された指標である。それが彼にとっての、政治の「民主化」なのであろう。

政治史家の御厨貴《みくりやたかし》氏は建築家の隈研吾《くまけんご》氏との対談で、携帯電話の誕生が政治家にも即応性を要求した結果、別荘にも籠りづらくしたと指摘した上で、「権力の座に座る政治家というのは、それなりに普通の人とは違う、ある種の空間と時間を持たなければいけないんだという認識が、いまの大衆民主主義社会では許されなくなっている。つまり、等身大の政治家がいいとみんな思うわけだ」（『隈研吾対談集　つなぐ建築』一二頁）と述べている。後年の史家が懐古するほど、別宅に静養する往時の宰相たちの思慮が深かったか否かはともあれ、一〇〇万人近いフォロワーに向けて始終ツイッターで「即レス」し続ける橋下徹という政治家が、万事に「等身大」を求める「大衆民主主義社会」の究極形を示していることは、何人も疑いえぬところだろう。

日本人はなぜ、橋下徹を支持したのか？

衆院選で一躍、国政を担うという野望こそ足踏みしているとはいえ、有権者が維新の会に寄せる期待はなお高い。今後の政局次第では、自民党との連立・閣外協力に至ることもあろうし、政党支持率で民主党を上回る傾向が長期にわたって続くなら、二大政党の一角を奪って定着する可能性さえ見えてくるだろう。数々の批判にもかかわらず、「私たちはなぜ、橋下徹を支持してしまうのか」――本誌にいただいたこの問いに答えるなら、それは彼こそがわれわれの育んできた、日本の民主主義の鬼子であるからというより他はない。

西欧と異なり身分制議会の伝統を持たなかった、この国の民主主義の基礎にあるのは「議会での討議」よりも「君主による専断」であり、明治から戦後にかけて「民主化」の名の下にわれわれが達成してきたのは、その（擬似的な）君主の地位を選挙に開くことだけであった。いまや、君主たるのに高貴な出自はもちろん、知性や品位も、歴史的な物語も必要ない。ただ票の多さと反応の速さという、物質主義だけが参入の基準となるほどにまで、私たちは自らの社会を確かに、純粋な形で民主化したのである。

だから「嫌なら選挙で落とせばいい」を口癖に、反対勢力との対話に価値を認めない橋下徹氏は、確かに日本らしい民主主義者だ（ただし、決して「自由主義者」ではないというだけで）。彼の考える民主主義の世界には、少なくとも次の選挙まで「他者」はいない。多数決で出された結論は、かつての君主の命令と同様に絶対の真理であり、したがって多数派が入れ替わらない限り、その価値に疑いを差し挟むのは不敬行為である。数の多さを唯一の基準としてものごとを決める以上、少数派がそれと異なる観点を持ち出すのは我儘《わがまま》だ……。

声高に改憲を謳い、特に第九条に激しい憎悪をぶつける本人の主観に反して、橋下氏の政治観はかような、「戦後民主主義」の教室がつねに児童に教えてきた「民主主義万能論」の申し子なのだろう。名だたる「民主主義者」たちが続々批判に立ちながら、誰も彼を止めることができないのは、まさにその帰結にすぎない。

一九三一年、名著『明治大正史世相篇』の終章を「歴史は多くの場合において悔恨の書であった」と書き始めた柳田國男は、以下のように続けている。

彼際《かのさい》ああいうことをしなかったら、こうも困らずにいられたろうという理由が発見せられ、それがもう完結して後の祭りとなっているのであった。しかるに明治大正の後世に誇ってもよいことは、これほどたくさんの煩雑なる問題を提供して置きながら、まだ一つでも取り返しの付かぬ程度にまで、つきつめてしまわずに残してあった点である。

同書は「今日の小学校が、児童を人とするのに必ずしも万全でないこと」を踏まえて社会教育の必要を説き、「すなわちわれわれは公民として病みかつ貧しいのであった」という著名な一節で終わる。時代が昭和平成と下りさまざまな問題を「つきつめて」しまったいま、私たちが橋下徹氏に見るべきは、公民として病みかつ貧しいままに戦後育ててしまった、ナィーヴな民主主義の自画像である。

（『マグナカルタ』二号、特集＝新・日本人の研究。
二〇一三年十二月刊の『新・日本人論。』（ヴィレッジブックス）への再録時の加筆を一部反映）

日本政治の「中国化」
――揺らぐ議会制民主主義

二〇一三年十月

1 議会政治の黄昏? 二一世紀の環日本海から

議会主義、すなわち討論による政治に対する信念は、自由主義の思想に属し、民主主義に属するものではない。近代の大衆民主主義という異質の要素から合成された体制を明らかにするためには、この両者、すなわち自由主義と民主主義とは相互に区別されなければならない。

（シュミット、一九七二：一四）

シュミットの亡霊?

一九二〇年代、政変と小党分立によって混乱するワイマール共和政の下で、カール・シュミットは「議会は民主主義に必要か」という命題を提起した。実際に三〇年代、複数政党間での対等な討論よりも、単一政党の鉄の規律への服従を説くナチ党が「大衆民主主義」に支持されたことによって、議会みずからが議会主義を放棄するという逆説が生じ、ドイツは「自由主義なき民主主義」としてのファシズム体制へ移行してゆくことになる。そしてシュミット自身もまた、同党の桂冠学者としてかような「民主主義」を言祝《ことほ》いだのであった。

そのナチス・ドイツの挑戦を打ち破った第二次世界大戦後、西側陣営で維持された自由民主主義（リベラル・デモクラシー）の体制の下で、このシュミットの問いは、ある種の危険思想として長らく封印される。そして、（ファシズムと同様に）議会ではなく党による人民民主主義の実現を掲げていた、ソビエト連邦を中心とする共産圏の崩壊によって冷戦が終焉したことで、「自由主義なき民主主義」は規範としてのみでなく、実態としても過去のものになったと思われてきた。それは、ドイツやロシアといったヨーロッパ世界の内部で遅れて近代化を開始した諸国が、二十世紀前半の世界戦争の時代を生き延びるために創出した異形のリヴァイアサンに過ぎ

カール・シュミット

ず、もはやかような歴史は繰り返されないという認識が、先進諸国の共通感覚となったのである。

しかしながら二十一世紀の最初の十年を経たいま、そのような甘美な幻想から醒めようとしている地域こそ、実はわれわれが住まう環日本海にほかならないと考えられる。そもそも東欧圏で共産党の一党支配が打ち砕かれた一九八九年に、中国では天安門事件によってむしろ自由民主主義への欲求の方が抑圧され、一九九四年にはやはり一党体制を敷く北朝鮮で権力が「世襲」された。同じ時期、自由主義陣営の下での反共権威主義という矛盾を抱えていた韓国・台湾が、民主化運動の成功によってリベラル・デモクラシーの導入へと向かったのに対し、北東アジアの「人民民主主義」はそもそも揺らがなかったのである。さらには西ヨーロッパと同様の政治体制の自由化が進むかにみえたロシアも、二〇〇〇年から始まったプーチン体制の下で、むしろ「独裁」への回帰が指摘されるようになった。

そして現在、かようなシュミットの亡霊の帰還は、「戦後民主主義」の名の下に一貫して議会政治を中心におくデモクラシーを営んできたとされる日本にも、ひそやかに及び始めたとさえ考えられるのである。

激化するポピュリズム

二〇〇三年という比較的早い段階で、ポスト冷戦期の日本政治の展開を「ポピュリズム」

と名指して分析した大嶽秀夫は、政治不信のレベルを（1）自由主義や民主主義といった政治体制とその理念に関するもの、（2）官僚制や政党といった政治組織に対するもの、（3）組織内部の個々の官僚や政治家に対するもの、の三つに分類し、日本で高まっているのは第二・第三（特に後者）のレベルにおける不信感であって、「議会制民主主義体制への不信は、現在のところほとんど生まれていないようにみえる」と記した（大嶽、二〇〇三：V）。しかしその後の十年を経て、ポピュリズム的な国民感情による憤懣と攻撃の対象は、徐々に第一のレベルにまで近づきつつあるように思われる。

その契機は二つに分けて指摘できよう。一つは二〇〇九年に起こった、自由民主党から民主党への「選挙を通じた政権交代」が、当初の高い期待に反して、満足のいく成果をあげ得なかったことへの失望である。もう一つは二〇一一年三月十一日に発生した東日本大震災と、それに伴う福島第一原発事故に対する、政府対応への不満である。特に事故の反省を踏まえた脱原発政策が、院内政治家の能力ないし意欲の欠如によって遅々として進まない（と国民に観念された）ことが、代議政治（間接民主主義）の正統性に対する根本的な疑念をかき立てることになった。結果として、戦後の高度成長下で失われて久しい院外政治＝デモの復活がみられるとともに、脱原発の如何を国民投票、住民投票で決定することを求める直接民主主義への志向や、街頭の大衆行動のなかで生まれるアナーキー（無政府的）な自主管理によるオルタナティヴな秩序への憧憬が、日本の民意を覆うこととなった（五野井、二〇一二）。

このような現象は、戦後長らく語られてきた「日本社会における民主政治の不定着」というタームの指し示す位相が、静かに、しかし決定的にこれまでとはズレはじめていることを物語る。従来問題とされてきたのは、西欧諸国における「政権交代のある議会制民主主義」と、自民党一党支配下での「政権交代のない議会制民主主義」とのあいだのギャップであり、そうであればこそ衆議院への小選挙区制の導入を通じた「政権交代可能な二大政党制」への移行（＝西洋化）による解決が、一九九〇年代から一貫して追求されてきた。

しかし、その現実をみてもなお収束しない政治不信は、当事者に自覚されているか否かは別として、もはや議会制民主主義のさらなる徹底（＝西洋化路線の定着）によるものとは根本的に異なる、別個の体制への欲求を生み出しつつあるように思われる。そして、実はそのような非西洋的な民主化への回路（＝中国化、と仮に呼ぶ）こそ、一見すると近代以来、西洋化に邁進してきたと思われる日本を含めた環日本海地域における、より長期の歴史の水脈を受け継いでいると考えられるのである。

かような展望の下に、本章ではまず、従来は「不徹底な西洋化」として論じられてきた戦後日本の政治構造を、むしろ前近代以来の伝統を引き継ぐ統治の様式――「江戸化」であったとして再定義する（第2節）。続いて、その体制の行き詰まりを克服するために、当事者たちの意識においては「西洋化」だと観念されて実行された一九九〇年代以降の政治改革の試みが、よりマクロな歴史的視座の下では、むしろ日本ではなく中国の近世以来の伝統へと政治文化をシフトさせる結果（＝中国化）に帰結する過程として、ポスト冷戦期の政治史を叙述しなおす（第3節）。最後に議論を総括し、混乱する日本政治の現状に対してあるべき展望を提示することで、まとめとする（第4節）。

2　江戸化していた日本

戦前・戦後の憲法体制と「拒否権の民主主義」

江戸時代の遺産

グローバル・ヒストリーをはじめとする近年の歴史学では、近代における世界の諸地域の体制の基層が、実際にはその一歩手前の近世＝初期近代（early modern）の段階で決定されていたとする視角が有力になっている。そうだとすれば、近代に西洋から輸入した議会政治の機能不全がしばしば指摘されてきた日本社会の構造もまた、その起源は近世、すなわち江戸時代に遡ることになる。

今日に至るまでの日本政治に引き継がれた「江戸時代の遺産」は、大きく言って、①意識面での治者と被治者の乖離、②法理ではなく拒否権（veto）で自己の権益を守る体制、③機能分化をとげず地域割で統治機構が編成される構造、④地位の一貫性の低さに公平感（fairness）を覚える心性、の四点に分けられよう。それらが相互に強化しあいながら維持されるのが、いわば「江戸化」の初期近代レジームである。

徳川日本は世襲制社会であったため、治者は武士身分に限定され、それ以外の被治者身分に生まれたものは原則として、政策決定に参与する権利を認められなかった（①）。しかし、まさにそうであるがゆえに、武士は定免法《じょうめんほう》の採用や百姓一揆の一部合法化によって、百姓の側に実質的な「増税拒否権」を認めることで、みずからの統治に対する合意を調達した（②）。土地ごとの支配者（藩主）が家系によって固定される「封建制」（東洋史上における郡県制の対語であり、領主の強い私的所有権に基づく西洋のfeudalismとは異なる）が採用されたために、地域ごとの治者（領主）と被治者（領民）の拒否権に関する「暗黙の契約」が長期にわたって保障された反面、全国的な法令の統一や絶対権力の確立は遠のくことになった（③）。これらの前提の下で、優位な地位の独占を嫌うエートスが定着し、例えば政治権力を握る武士身分が経済的には貧窮する一方で、経済的に有力な商人身分は政治的には無権力のままとされた（④）。

かような状態において、政治秩序の隠れた要となったのは治者身分と被治者身分の媒介者として位置づけられた庄屋（村役人）層である。彼らは「最下層の治者」として年貢の割り付け、徴収を担うとともに、「被治者の最上層」として税率をめぐる交渉や、必要に応じて百姓一揆の指導にあたることで、「増税拒否権」の行使が体制全体を揺るがさないようにコントロールした。特に十八世紀の百年間に象徴される江戸時代の長期の安定は、こうして成立し、維持されていた。

この体制は、全国的かつ全分野にまたがって富と力を独占する統一権力を生み出さなかったという点では「分権的」であったが、近代西洋的な三権の分立＝機能分化という性格を備えるものではなかった。立法府は設けられず、武士身分も藩主の家産官僚として行政府の構成員（往々、町奉行のように司法官も兼ねた）となることで、法制定ではなく施政上の裁量によって自己の権益を確保したためである。

明治憲法への継承

この江戸化レジームは明治維新という形で一度打破されるが、その伝統としての生命力によって、後に制定された大日本帝国憲法体制の内部にも復元されたと考えられる。牧原憲夫が「客分意識」と呼ぶ、もっぱら被治者であることを以て任じ、ただ治者に対して仁政のみを要求する前近代的な民衆意識は、憲法制定や議会開設を求めたとされる自由民権運動の内部においても持続し続けた（牧原、一九九八）。天皇主権が建前とされ、「国民主権」を謳うことの許されなかった戦前日本では、被治者とされてきた国民全員が主権者としての治者意識を備えるという形の国民化は、おのずと制約されていたといえよう。

伊藤博文の主導で起草された明治憲法もまた、失政が生じた際に天皇に責任が帰されることを防ぐための配慮から、やはり江戸時代と同様に権力分立的で、拒否権プレイヤー（veto player）の多い統治機構を設計することになった。内閣規定が盛り込まれず、首相に罷免権がないため各省庁を統括する国務大臣がそれぞれに総理に対する拒否権を持ち（いわゆる官僚内閣制）、首相指名権（議院内閣制）を認められなかった帝国議会も、内閣提出法案を否決するという形での拒否権を有した。さらに軍部には、陸相・海相の引きあげによる倒閣が随時可能という最大の拒否権が認められた（統帥権の独立）。また（特に初期の）選挙に際しては、村人による相互監視や饗応・買収によって、かつての庄屋層に相当する地方名望家が地域代表として議席を獲得する例が目立ち、議会政治は地方ごとのエゴによって、財政の配分を争う場となった（季武、二〇〇七：七九、一一二）。

かように多方面に分散した拒否権保有者の多さを乗り越えて政治的な意思決定を行うしくみとして、最大の効果を発揮したのは元老による斡旋《あっせん》と調停であり、大正〜昭和初期にかけて成立した「政党内閣」はそれを代替する役割を果たさぬまま衰退した（福元・村井、二〇一一）。憲法体制自体に起因する欠陥を、改憲ではなく政治的な人脈を通じた運用で埋め合わせようとする行動パターンは、「君側の奸」（元老）や政党勢力の排除を呼号した軍ファシズムの前で危機に瀕し、憲法改正を視野に入れた近衛文麿の新体制運動も未発に終わった（源川、二〇〇九：一二〇〜一二四）。

鎖国下のオリジナルの江戸化レジームが長期の平和を招来したのに対し、開国後の明治憲法体制における拒否権プレイヤーの多さは、陸海軍それぞれが撤収に対して拒否権を行使したことによる、対外戦争の野放図な拡大に帰結した。太平洋戦争中、東條英機首相は陸相のみでなく参謀総長をも兼任することで、権力分立状態の克服を試みたが、それ自体が「統帥権の独立違反」との批判を浴びて退陣し、統一的な戦争指導に基づく戦略転換を行えないままでの敗戦を迎えた（鈴木、二〇一二）。

戦後民主主義への変奏と破綻

愚かな敗戦に対する反省の下に出立した戦後の日本国憲法体制は、冷戦という相対的に単純化された国際環境（日米同盟という選択肢の不可避性）と、その平和主義的精神にもとづく対外紛争からの切断によって、いわば近世期の鎖国と同様の「江戸化レジームが機能する状況」の再生をもたらした（実際に、野中尚人はこれを「新しい江戸」と呼ぶ。野中、二〇〇八：二一二）。逆にいえば、戦前の失敗の根源だった江戸時代的な「拒否権の民主主義」自体を克服する試みは、結局のところなされなかったといえる。

日本国憲法では軍部が廃止されたほか、議院内閣制（国会による首班指名）が規定され、首相に閣僚の任免権が与えられることで、拒否権保有機関の数が削減された半面、第二院である参議院が予算と条約批准以外の全法案を否決できるという、異例の拒否権プレイヤーとして出現した。これを憲法改正ではなく、両院で恒常的に過半数を維持できる巨大政党（自民党）の樹立という形で克服したのが、保守合同以降のいわゆる（一九）五五年体制であるが、そのことは戦後の議会運営のあり方を強く制約することになった。

	江戸時代	明治憲法体制	戦後憲法／五五年体制	ポスト戦後体制
統治者	武士	超然内閣制 （官僚内閣制）	建前： 議院内閣制＝自民党 実態： 官僚内閣制	連立与党
主たる拒否権保有者	農民 （百姓一揆）	大臣 （閣内不一致） 政党 （法案否決） 軍部 （大臣引揚）	非主流派閥 （党内抗争） 革新政党 （改憲拒否）	参議院 （ねじれ国会）
調停者	村役人	元老	派閥長老	不在
帰結	長期の安定	無謀な戦争	財政の放漫	政治の停滞

出典：池田・與那覇（2012：217）を一部修正

表1　日本型民主主義（江戸化レジーム）における拒否権プレイヤーの変遷

日本の社会主義化を防ぐという以外に確たる理念の統一もなく、数合わせの合同によって出発した与党・自民党は、実質的に複数派閥の連合政権といってよい状態となり、総理総裁を出さない非主流派閥が常に党内野党として、内閣に対する拒否権を保有する形となった。さらに、自民党の絶対多数の前に政権獲得を事実上諦め、平和憲法の改正阻止に必要な三分の一の議席確保を優先するようになった社会党などの革新政党は、まさしく「治者ならぬ被治者」の論理でのみ行動する、典型的な拒否権行使者となった。

一九六〇年、新安保条約を単独強行採決した岸信介が民意の憤激を浴びて辞任に追い込まれ、かつ高度成長と都市化の進展によって農村地盤の自民党が議席数を減らし、七〇年代前半に保革伯仲の状況が生まれると、これら党内外の拒否権に配慮しない政治は不可能となった。その帰結として定着したのが、傍流派閥や野党に対しても利益分配を約束することで、審議中に拒否権を行使しないよう説得する、いわゆる国対政治である。田中角栄とその派閥によって大成されたこの手法は、地域共同体や業界団体、労働組合といった中間集団の代表者どうしを相互に妥協させるという、江戸化レジームの運営を円滑化する効能を発揮すると同時に、やはり戦前の戦線拡大と同様の理由によって、国家戦略的な見地のない財政の放漫に帰結した。

財政健全化、すなわち拒否権保有者を押し切っての歳出削減（ないし増税）の必要は七〇年代末から指摘されていたが、消費税導入の反動によって八九年に自民党が参議院の単独過半数を失った時点で、この戦後版の江戸化レジームはいったん破綻したといえよう。以降、自民党であれそれ以外の政党であれ、他党と連立を組む形でしか参議院での過半数を維持できない状態が恒常化し（◆12）、それでも選挙結果や政局に応じて、衆参両院で多数派が入れ替

◆12　自民党の連立相手となったのは、社会党（のち社民党）と新党さきがけ（一九九四年六月〜九八年六月）、自由党（九九年一月〜二〇〇〇年四月。一部は保守党として連立継続）、公明党（九九年十月〜。民主党政権時はともに下野）である。二〇一六年七月、無所属議員の入党により二十七年ぶりに自民党単独で参議院の過半数を回復したが、一九年七月の選挙で再び失った。

わってしまう「ねじれ国会」が頻繁に生じている（自民党政権下の二〇〇七〜〇九年、および民主党政権時代を含む二〇一〇〜一三年）。五五年体制下で与野党間調整を得意とした「元老」的な政治家の多くが引退したこともあり、ついに江戸時代の系譜を引く「拒否権による民主主義」がなんらの政治的決定をも下し得なくなったことが、近年の日本でみられた議会政治への不満の根源であった（表1）。

3 中国化する日本
政治改革の試みとその蹉跌

米国型・英国型・中国型？

むろん連立という彌縫《びほう》策以外に、拒否権プレイヤーの重層という障害を乗り越えて、民主的決定を可能にするメカニズムの構築が試みられてこなかったわけではない。一九八〇年代から提唱され、九〇年代以降に本格化した「政治改革」とはそのためのプロジェクトであり、実際に二〇〇九年の本格的政権交代という成果を上げた。しかし、多くの国民がその後の結果に失望している以上、往時のように改革を「より進んだ西洋型民主主義へのキャッチアップ」としてナイーヴに捉えるのではなく、むしろその失敗の要因と合わせて、歴史のなかへ冷徹に位置づける必要があろう。

待鳥聡史によれば、与野党にまたがる拒否権に拘束されて従来弱かった日本の首相のリーダーシップを強化する試みは、政治学的に大別すると二つの方向性があったという。ひとつは（1）米国のような「大統領的」要素を首相のパフォーマンスに加味するものであり、もうひとつは制度自体の変革によって（2）与党と内閣を一元化し、執政中枢の指導力を高める英国式の「ウェストミンスター化」である。中選挙区制下の一九八〇年代に長期政権を担った中曽根康弘が前者、小選挙区制導入後の二〇〇〇年代にやはり五年間にわたって首相の座にあった小泉純一郎は後者の代表となる（待鳥、二〇一二：八八、九四）。

一般的な印象とは逆に、（特に米国の）大統領は厳格な三権分立下での行政の長に過ぎず、立法府の解散権や議案提出権を持たないなど、その権限は議院内閣制下の首相に比して弱いことが多い。したがって大統領制の下での政治運営は、むしろメディアを通じて院外の国民に直接訴えかけることで、自らのビジョンに則した世論を喚起し、間接的に議会を誘導してゆくという手法となる。これは、当初は傍流派閥の長として自民党に対する統制力が弱く、積極的なテレビ出演や第二臨調をはじめとする有識者グループとの議論を通じて、行政改革への支持を調達した中曽根のスタイルに通じるものであり、物質的な利益分配による拒否権プレイヤーの懐柔が困難になるなかで、言論やシンボル操作を通じた象徴的充足感によって「不利益分配」を有権者に納得させるという、新自由主義時代のニーズにも適合していた（高瀬、二〇〇五：四・五章）。

一方、自民党内の拒否権の前に不可能と思われていた郵政民営化を強行した小泉の権力はメディア政治という以上に、むしろ一九九四年に一時的な非自民連立政権（細川護熙内閣）の下で衆議院に導入された小選挙区制と、九八年に橋本（龍太郎）行革によって中央省庁等改革基本法に結実した内閣機能の強化に支えられていたとするのが、標準的見解である（竹中、二〇〇六）。特に重要なのは前者であり、一選挙区からの当選者が一名に絞られたことで党公認権を握る執行部の権限が大幅に強化されたため、派閥の集金力や業界団体の集票力の弱体化と相まって、非主流派の拒否権行使を抑制する効果を持った。結果として、小泉政権下では与党の一般党員は最初から執行部に従属するものとみなされて、五五年体制下で盛んだった根回しが減少するとともに、郵政政局での造反者に対しては党本部で選考された落下傘候補が送り込まれて、小泉に抵抗した地元の（元）自民党議員が落選するという事態が頻発した（二〇〇五年総選挙）。

しかし、かように急激に強化された首相のリーダーシップにはむしろ強すぎる、「独裁」ではないかとの国民感情も当時から広がり、政治制度自体は同一であるにもかかわらず、小泉退任後の首相が短命政権に終わる一因となっている。二〇〇七年参院選に自民党が大敗した際、争点形成の失敗や野党間協力の進展などの真の敗因とは乖離した、「小泉改革下での地方切り捨てが農村票を離反させた」とする分析がメディア上で定説化したことは（菅原、二〇〇九：二・三章）、党中央の権力独占を嫌いむしろ地域代表制の積み重ねとしての秩序を志向する江戸時代由来のエートスが、いまだ払拭されていないことを示すものであろう。

2005年の郵政解散といわれた衆院選で、小泉純一郎首相（右下）の応援演説に集まった人々

そして民主党政権の挫折とともに二大政党化への失望が広がる今日、まさに問われているのは江戸化レジームのコアにある「拒否権」の解消・剝奪を推進してきた、一九九〇年代以降の政治改革の当否である。そもそも衆議院の小選挙区制自体、一国平和主義の立場から対外政策に拒否権を行使し続ける社会党の解体を意図した、細川内閣当時の小沢一郎の保守二党的ビジョンに従って導入され（かつ狙いを果たし）たものだったが、いまやその小沢自身が二大政党から離れて新党を結成するなど（◆13）、西洋政治学の通説とは異なり「小選挙区制下での小党分立」という事態が進展している。

本章は、これまでアメリカ的な「大統領制化」もしくは政党政治の「イギリス化」として論じられてきた上記の政治改革の流れを、近代よりも深い歴史的文脈において「中国化」と位置づけることで、より日本人の実感に沿った把握が可能になると提唱したい。実際、西洋モデルの政治学では米国型と英国型とに分けて分類される首相強化策も、中国の歴史社会に材をとって前者を「一君万民」、後者を（封建制に対する）「郡県制」として捉えるのであれば、むしろ表裏一体のものとして位置づけられることになる。

もうひとつの近世（初期近代）としての中国

近代以降の明治憲法、および現行憲法体制下の日本の民主主義が、初期近代としての江戸時代に規定されてきた半面、環日本海地域にはその日本近世とも、また欧米諸国の自由民主主義の基底となった西洋近世とも異なる、もう一つの有力な近世モデルが存在した。それこそが「中国化」とも呼ぶべき、東洋史学の視角によれば宋朝（九六〇～一二七六年）の治世以来、大陸で持続しているレジームである。

拙著でも論じたとおり（與那覇、二〇一一）、それは、①治者と被治者との擬似人格的な一体化、②法の支配のみならず有効な拒否権も欠く専制体制、③しかし地域共同体や中間集団への束縛は弱い社会の流動性、④地位の一貫性は高いが、むしろ独占的ポジションが過酷な競争にさらされることで公平感を享受する心性、という形で、日本の「江戸化」レジームとは正反対の特色を持つ。内藤湖南《こなん》以来の指摘があるように、中国では宋の時代に科挙（試験による官僚登用）の全面化がなされて貴族政治が廃止され、人々の移動や職業選択も自由化されたため、地域の統治者も世襲の貴族ではなく、中央から科挙合格者が派遣され短期で異動となる「郡県制」のしくみが導入された（③）。

貴族が排除されたため皇帝に対して拒否権を行使できる有力者は不在となり（②）、一般

◆13　小沢は自著『日本改造計画』で小選挙区に基づく二大政党制を提唱し（次章参照）、じっさいに二〇〇九年九月には民主党の幹部として政権交代を実現したが、党内抗争に敗れて二〇一二年七月に離党し、衆参四十九名で新党（国民の生活が第一）を結成した。以降、頻繁に党名を変更するも議員数は数名まで下落し、現在は国民民主党に合流している。

民衆は科挙の基準である儒教思想に基づく「一君万民」的幻想——君主こそが各種の中間集団を排して、人民全体を平等に扱う民意の体現者として振る舞うはずだという期待によって、生活を守ることになる（、①）。その皇帝によって選ばれた科挙合格者は、拒否権も法の支配をも超越した存在としてあらゆる権力や富を独占したが、しかし科挙自体が数十万人の受験者のうち合格者は数百人、さらに継続的に合格者を出さない限り一族が衰亡するという厳しい実力主義で営まれていたことが（平田、一九九七）、競争社会的な「機会の平等」という形で公平感を担保していた（、④）。

この議会（立法府）を設けず、もっぱら単一の統治イデオロギー（儒教思想）の下で一体化された君主と行政官僚が「民意」の体現者として振る舞う体制は、儒教を共産主義に、官僚の選抜法を科挙から「党」に切り替えれば、今日の人民中国でもそのまま通用しているといえよう。実際に近年は、中国共産党自身が自らのモデルとして儒教思想や郡県的な官僚制を再評価し、その一党体制を「過去の統一王朝の中で最も啓蒙的だった時代の正当な後継者」にして中国版の「民主主義」と位置づけるようになっている（マグレガー、二〇一一：四八、六六、一三二）。

そして、われわれはそれを安易に笑うことはできない。実際に、西洋人であるシュミットすら、かつて以下のように述べたのだから。

独裁は民主主義の対立物ではないということをそれが示しているからである。このような独裁によって支配される過渡期においても、民主主義的な同一性は維持され得るし、人民の意志だけが標準的であることも（また）可能である。（シュミット、一九七二：四〇）

西洋化か中国化か

近世のモデルとして中国型があるのと同様、「民主化」の一つの経路としても「中国化」を想定しえるという立場から振り返ると、「西洋化」の外見をまといつつ実際には「江戸化」レジームに沿って発展してきた日本の民主主義にも、密かにその影が差していたことを発見できる。そもそも「一君万民」とは戦前の国体論の中から生まれた和製漢語であったが、明治初年に行われた天皇の巡幸とは、朝鮮半島で中国以上の発展をとげていた、君主と民衆とを無媒介に触れ合わせることで民意の体現者として王を位置づける統治術の、遅ればせの模倣にほかならなかった（原、一九九六）。

西洋的な議会制デモクラシーの訳語として吉野作造が創案したとされる「民本主義」も、本来はそのような儒教的名君による民との一体化を指す語彙であり、さらに吉野の議会重視には同時代から、エリート民主主義に過ぎないとの批判が寄せられていた。反動思想とされる上杉慎吉の天皇主権説は、むしろそのような間接民主政を否定し、ルソー的な一般意志の具現者として天皇を位置づける擬似的な直接民主政を志向したものであり、その系譜は形を変えて、戦後の象徴天皇制にまで続く伏流となっている（住友、二〇一一：一一二、一二三）。実際に東日本大震災後、民主党政権の首相による被災地視察が党利党略の「特殊意志」に過ぎないとして嫌悪される反面、天皇によるそれが国民全体を表象するものとして広く受け入れられたことは、記憶に新しい。

むろん今日の日本で戦前のような君主政体や、中国と同様の文字どおりの一党制が成立する可能性は低い。しかし、北東アジアの歴史的文脈における「議会ではなく王を共同体全体の表象＝民意の執行者とみなす民主化」の回路（マルクス風にいえばアジア的共同体）の伝統は、なぜいま議会への信頼が揺らぐ一方で、独任制的な「強いリーダー」への期待が高まっているのかを理解する上でも、重要な示唆となろう。

> 近代の大衆民主主義は、民主主義として、統治者と被治者の同一性を実現しようと努めるものであるが、議会制は、その行く手に、もはや理解し得ない、時代遅れの制度として横たわっているのである。（シュミット、一九七二：二三）

ヒトラーの台頭以前、シュミットはかく述べて議会制の失墜を「近代の大衆民主主義」の必然として位置づけたが、そもそも封建貴族が身分制議会での法制定を通じて、王権にも「法の支配」に服することを要求して始まった議会制民主主義は、もともと西洋の近世に限

	江戸化	西洋化	中国化
権力の集中性	天皇と将軍の乖離	国家や貴族の分立	皇帝一極専制
権力のコントロール	複数集団の拮抗	法の支配	徳治への期待
既得権益の保護	行政優位（身分）	立法優位（身分）	行政優位（競争）
秩序への合意の調達	地位の非一貫性	法の下の平等	独占的地位の流動化
経済体制の自由度	身分による規制	近代化による自由化	前近代から自由化

出典：池田・與那覇（2012：287）を一部修正

表2　日本・中国・西洋の発展ルートを規定した「近世社会」の異同

定された発展経路（＝西洋化）にほかならない。むしろ近世に貴族身分が一掃された中国ではははじめから議会制自体が存在せず、儒教規範の主宰者を名乗る皇帝を通じて「統治者と被治者の同一性」が仮想されることで、民意が政治に反映する（とみなされる）秩序が成立していた（表2）。

そのルートこそが本章のいう中国化にほかならないが、それは現在、戦後以来（国政と異なり）もともと大統領制的な首長公選制を備えていた地方自治の現場における「議会軽視」、ないし議会の首長への一方的従属という形で、姿を現しつつあるように思われる。政党を作り議会に進出してから首長を目指すのではなく、逆に首長としての権力を握ってから民意の名の下に個人的な新党を結成して議会を支配するという手法は、二〇一〇年の橋下徹大阪府知事（翌年より大阪市長）の「大阪維新の会」、河村たかし名古屋市長の「減税日本」の結成として具現化され、特に後者は市民に直接リコール署名を呼び掛ける形での市会解散を経て、ともに最大会派の獲得に成功した。さらに国政における二大政党への失望が広がる中で、前者は「日本維新の会」として二〇一二年末の衆議院選挙に進出、大敗した民主党とわずか三議席差の五四議席を獲得し、第三党に躍進する。

4　日本は西洋化できるか
環日本海の憂鬱のなかで

新しい一君万民？

特に注目されるのは、全国的にも支持が高く一時は未来の首相候補とまで目されるにいたった、橋下の政治スタイルであろう。大阪府市の職員労組や教員組合との労使慣行を続々破るその手法は、いわば江戸化レジームの「拒否権の民主主義」の清算であるがゆえに（橋下自身は「決定できる民主主義」という語法を好む）、日本政治の停滞を打破するものとして一部の快哉を浴びるが、その改革志向は議会での自由討論に基礎をおく、西洋化したリベラル・デモクラシーの流れに沿うものではない。

府知事時代の二〇一一年五月二十四日、橋下は「鳥取県議なんて六人でいい」と発言して同県知事に反発されたが、地方交付税交付金の形で「府民の金も鳥取に行っている」と述べて、持論を譲らなかったという挿話がある（田村、二〇一二：二〇六〜二〇七）。国政進出に際しても「首相公選制導入」「参院廃止、衆院議員半減」という大胆なビジョンを掲げて注目されたように、大統領制的な直接投票で首長に選任されたことを以って、民意の一元的な信託を誇る橋下には、複数の党派が併存する討議の空間としての議会の意義を軽視するところがある。

シュミット風にいえば「自由主義なき民主主義」への傾きであるが、これは現行の日本で展開している民主化が「西洋化」ではなく「中国化」のルートに沿うものだと考えれば、ごく自然な流れということになろう。事実、「税金の投入」を根拠として自己の主張を共同体の一般意志と同一化し、反論を拒絶する思考様式は、私的所有権に立脚した封建貴族どうしの合議から始まった西洋の議会政治よりも、王土王民という観念の下、臣下に不可侵の私的領域が認められず、君主に無制約な発言権が与えられた中国の徳治専制に近い。「税金を受けとる以上は当該共同体の首長に従え」とする論理は、江戸化レジーム的な拒否権のみでなく、近代西洋的な個人のプライバシーをも否定しかねない危うさがある。

むろん、橋下やその支持者には、それでも首長の意志が民意と一致しているから問題はないとする発想――まさしく「一君万民」への志向があるのであろう。実際、自らの決断への批判を許容しない反面で、橋下には多種多様なブレーンを揃え、一〇〇万人を超すフォロアーに向かってSNSで主張を発信するなど、大衆の意見に開かれた側面もある。議論は可能な限りオープンに、ただし最終決定を下す権利は独占し制約を認めないというこの姿勢もまた、立憲政体導入以前の明治初年、多数決ではなく廟堂《びょうどう》の議論を踏まえた天皇の宸断《しんだん》によって政策を決する「議会」を構想した、儒教思想家による君主親政の構想（池田、二〇〇六：一九～二〇）に類似する。

二〇〇九～一二年の民主党政権が掲げた政治主導（議会政治家による行政運営）が不振に終わり、むしろ官僚主導への回帰が言われるなかで、行政府の長が直接民意を吸い上げて公務員を指揮するのなら、議会で「拒否権」を行使する諸政党はむしろ統治者と被治者の一体化を妨げるものであり、不要だという感覚が広がる蓋然性は高い。天皇の代わりに首長を、儒教ではなく民意をアクターとした「新しい一君万民」の体制として、江戸化レジームの賞味期限の切れた日本の民主政が、西洋化ではなく中国化へと向かう未来は、十分に想定しえると考えられる。

非西洋としての日本？

京極純一は『日本の政治』で、日本の政治運営の特異性を欧米圏の社会科学ではなく、むしろ民俗学や思想史の語彙によって伝統の文脈のなかで分析しようと試みた際、随所で「東アジア」との対比を行っている。例えば一族で支援して科挙合格者を出すための中国的な大家族（宗族）制を持たず、身分制社会の下で形成された小規模な「イエ」を単位としていたため、日本の官僚はネポティズムで親族を養う必要がなく腐敗を免れたように、中国との「近世」の形の相違が近代化にあたって、日本の利益となる局面は存在した（京極、一九八三：二六）。

しかし、一方で同書はこうも述べて、むしろ日本人の政治秩序観の根本には、もともと中国との共通性があったことを論じている。

久しく中国文明圏で暮してきた日本人にとって、道、理、法、さらには、道理、理法、天理、人道など馴染み深い言葉である。そして、相即コスモスを主宰する実在には、その名前として、生命、生命力などと並んで、これらの言葉が古くから用いられてきた。

（京極、一九八三：一六六）

相即コスモスとは、丸山眞男であれば日本思想の古層と呼んだような、森羅万象を「相即《そうそく》不二《ふじ》」として予定調和的に捉え、解消不可能な他者性の存在を否認する秩序を指している。したがって、そこでは生命や道理といった単一の原理が奔放に追求されるという形の「自由」は存在しても、西洋のリベラル・デモクラシーが依拠するような、対立関係にある複数の思想や党派が互いに尊重しあうという意味での「自由」は存立し得ない。

民主政が「多数者の専制」と化すことに警鐘を鳴らし、その予防策として中間集団の活用を説いたトクヴィルを引くまでもなく、江戸化レジームの下で地域ごとに被治者が保有していた拒否権は、西洋的な法の支配や自由主義の伝統を有さない環日本海世界で、治者による完全な権力の専有を防ぐ役割を果たしてきた。しかし、郡県化（小選挙区＝ウェストミンスター化）によって党中央に対する地域代表の力は削がれ、議会を飛び越してメディア経由で有権者と首長が一体感を共有する一君万民的（大統領的）な政治手法の進展により、かような中間集団のバッファー機能は失われつつある。

決断できる首相や政権交代可能な政党といった「西洋化」を目指して進められた諸改革は結果的に、行政の長である個人の意志と群衆の集合的民意とが「相即不二」的に直結して、両者のあいだを調整する議会の機能が空洞化するという「中国化」へと帰結した。だがそれは首相や首長に中間集団の拒否権を押し切るだけの集権性を与えると同時に、民意に対する脆弱さ（vulnerability）をも、もたらしたといえよう。

自己と民意の同一化のみを権力の源泉とする中国化した政体は、中間集団の積み重ねに支えられた江戸化レジームと比べて、「民意と乖離した」とみなされた際のダメージが直接、執政中枢に及ぶのであり、世論調査に政局や首相の進退が左右されるのはその典型である。さらにこれが、もっぱら政治指導者個人の人格やライフストーリーによって、多様化した民意の統合を図るポピュリズムの一般的特徴と結びつくと（吉田、二〇一一：四五〜五二）、支持率目当ての「君主」のスタンドプレーに激しく左右される政局が常態化しかねない。

二〇一二年夏に日中韓のあいだで発生した領土問題は、環日本海が抱えるこの共通のリスクを如実に示した。当時の李明博《イミョンバク》大統領が韓国ナショナリズムと自らを一体化させるために竹島（独島）に上陸し、石原慎太郎都知事（のち日本維新の会共同代表）が尖閣諸島購入構想を打ちあげると、アジア重視を謳って成立したはずの民主党政権の野田佳彦首相も、尖閣国有化をはじめ強硬な対応を示さざるを得なかった。中国共産党もまた、国内の反日デモの要求を汲み上げる対応を迫られ、沸騰した民意を「利用する」というよりも、むしろその矛先が自らに向くことを「恐れる」政権どうしのあいだで、チキンレースにも似た綱渡りが展開されたことは、記憶に新しい。

かつて議会政治の定着や経済成長の達成によって、近代化の優等生と目された日本が、はたして真の意味での「西洋化」を実現して混迷を抜け出し、他国に範を示すのか。それとも結局は「中国化」（ないしは、いま一度の「再江戸化」）という形でしか民主政を営めない地域として、環日本海地域は西洋自由主義圏の外部へと回帰するのか。かような歴史の分岐の前でこそ、われわれはいま決断を迫られている。

（猪口孝・袴田茂樹・鈴木隆・浅羽祐樹（編）『環日本海国際政治経済論』ミネルヴァ書房）

参考文献

・飯尾潤『日本の統治構造―官僚内閣制から議院内閣制へ』中公新書、二〇〇七年。
・池田信夫・與那覇潤『「日本史」の終わり―変わる世界、変われない日本人』PHP研究所、二〇一二年。
・池田勇太「公議輿論と万機親裁―明治初年の立憲政体導入問題と元田永孚」『史学雑誌』一一五巻六号、二〇〇六年。
・大嶽秀夫『日本型ポピュリズム―政治への期待と幻滅』中公新書、二〇〇三年。
・蒲島郁夫『戦後政治の軌跡―自民党システムの形成と変容』岩波書店、二〇〇四年。
・京極純一『日本の政治』東京大学出版会、一九八三年。
・五野井郁夫『「デモ」とは何か―変貌する直接民主主義』NHKブックス、二〇一二年。
・シュミット、カール(稲葉素之訳)『現代議会主義の精神史的地位』みすず書房、一九七二年(原著初版一九二三年、再版一九二六年)。
・季武嘉也『選挙違反の歴史―ウラからみた日本の一〇〇年』吉川弘文館(歴史文化ライブラリー)、二〇〇七年。
・菅原琢『世論の曲解―なぜ自民党は大敗したのか』光文社新書、二〇〇九年。
・鈴木多聞『「終戦」の政治史―一九四三〜一九四五』東京大学出版会、二〇一一年。
・住友陽文『皇国日本のデモクラシー―個人創造の思想史』有志舎、二〇一一年。
・高瀬淳一『武器としての〈言葉政治〉―不利益分配時代の政治手法』講談社選書メチエ、二〇〇五年。
・竹中治堅『首相支配―日本政治の変貌』中公新書、二〇〇六年。
・竹中治堅『参議院とは何か―一九四七〜二〇一〇』中公叢書、二〇一〇年。
・田村秀『暴走する地方自治』ちくま新書、二〇一二年。
・内藤湖南『東洋文化史』中公クラシックス、二〇〇四年。
・野中尚人『自民党政治の終わり』ちくま新書、二〇〇八年。
・原武史『直訴と王権―朝鮮・日本の「一君万民」思想史』朝日新聞社、一九九六年。
・平田茂樹『科挙と官僚制』山川出版社(世界史リブレット)、一九九七年。
・福元健太郎・村井良太「戦前日本の内閣は存続するために誰の支持を必要としたか―議会・軍部・閣僚・首相選定者」『学習院大学法学会雑誌』四七巻一号、二〇一一年。

・牧原憲夫『客分と国民のあいだ―近代民衆の政治意識』吉川弘文館、一九九八年。
・マグレガー、リチャード（小谷まさ代訳）『中国共産党―支配者たちの秘密の世界』草思社、二〇一一年（原著二〇一〇年）。
・待鳥聡史『首相政治の制度分析―現代日本政治の権力基盤形成』千倉書房、二〇一二年。
・丸山眞男『忠誠と反逆―転形期日本の精神史的位相』ちくま学芸文庫、一九九八年（原著一九九二年）。
・源川真希『近衛新体制の思想と政治―自由主義克服の時代』有志舎、二〇〇九年。
・吉田徹『二大政党制批判論―もうひとつのデモクラシーへ』光文社新書、二〇〇九年。
・吉田徹『ポピュリズムを考える―民主主義への再入門』NHKブックス、二〇一一年。
・與那覇潤『中国化する日本―日中「文明の衝突」一千年史』文藝春秋、二〇一一年。

解釈改憲と「戦後」の終わり

――『美しい国へ』と『日本改造計画』

宇野常寛＋與那覇潤　二〇一四年九月

宇野　僕は一九七八年、與那覇さんは七九年生まれとほぼ同世代です。つまり、平成の始まった一九八九年頃がちょうど十歳前後で、記憶に残る最初の大きな事件は、昭和天皇の崩御だったりします。その意味では、「平成」はまるごと自己形成期と重なります。

しかし、僕たちより一回り下の平成生まれの学生たちと話していると、オウム事件や9・11ですらリアルタイムの出来事ではなく、そうした事件とその後の言論のもつ「文脈」が見えなくなっている印象を持ちます。

與那覇　大学で日本史を教えていても、そのことは強く感じます。若い人のあいだで「戦争の記憶が風化している」なんてよく言うけど、実は毎年八月に定期的にコンテンツが供給される戦時期はまだましで、「戦後の記憶」、特に直近の過去の記憶こそ一番風化している。ネット右翼や陰謀史観のように、戦後の価値を全否定する極端な言説が横行するのも、そうした「同時代史の不在」が大きな要因だと思います。

宇野　この対談では、平成年間にベストセラーになった本を、與那覇さんと一緒に読み返すことによって、「今」がどう作られてきたかを考えてみたいと思っています。

取り上げる本は、『美しい国へ』（安倍晋三、文春新書、二〇〇六年）と『日本改造計画』（小沢一郎、講談社、一九九三年）です。このセレクトについて、與那覇さんのほうから少し補足してもらえますか。

「自分語り」の政治学

與那覇　「次はこの人だ」と目された政治家の著作がベストセラーになる現象は戦後に三回あって、古くは、首相になる直前に出た田中角栄の『日本列島改造論』（日刊工業新聞社、一九七二年）。残り二回は平成に入ってからで、新党を作って自民党を割るタイミングで出た小沢さんの『日本改造計画』と、小泉政権の後継は確実と言われた時期に安倍さんが出した『美しい国へ』ですね。

今また総理をされているので安倍さんのほうからいくと、第一次政権では「戦後レジームからの脱却」、つまり正面切っての戦後批判を掲げていたのが、第二次政権では結局「実は解釈改憲で、集団的自衛権は行使できるんです」という路線になった（◆14）。戦後憲法の全面否定という色を薄めたわけです。アベノミクスといわれる経済政策にしても、公共事業を中心とした戦後自民党的な再分配体制からの、脱却というよりは「延命策」に見える。平成初頭の『日本改造計画』と比べると、現状変革のボルテージがだいぶ落ちていますね。

宇野 最初に立場を明確にしておくと、僕は安倍政権の外交安全保障政策には強く危うさをおぼえているし、解釈改憲をめぐるものごとの進め方も当然支持することはできない。

その上で今回、『美しい国へ』を読み返して、この数カ月の集団的自衛権をめぐる安倍政権の舵取《かじと》りを見ていて思うのは、この二回目の安倍政権はいわゆるリベラルな知識人や文化人が口汚く罵るような強権なファシズム的なものでもなければ、カルトな右翼思想にとりつかれた誇大妄想狂でもないということです。むしろ、安倍晋三という政治家はこの『美しい国へ』を書いた当時の失敗を経て非常にしたたかに、そして冷静に現実を分析できるようになっている。

ただ、こうしたしたたかさと現実主義を武器に彼が成し遂げたい「理想」は、個人史的なものに根ざした、非常に危ういものであることは間違いない。実際、この本を読んでいると、こういっては何だけれど、意外と普通のことしか書いていない。戦後的なシステムは耐用年数が過ぎているけれど、いきなりドラスティックには変えられない、だからバランスを取ってうまくやっていこう、といったあたりがこの本を書いた当時の安倍首相の基本スタンスです。しかし、その一方で軍事・外交や歴史認識の話題になると途端にトラウマ語りモードになる。
外交や社会保障などの実務的な政策については案外普通で無難なことしか言っていない。かたや、歴史認識といった部分になると、いきなり情緒的でわけがわからなくなる。その落差がすごい。

與那覇　特攻隊員の日記に感動した、とか映画『ALWAYS　三丁目の夕日』はすばらしい、とかですね。

情緒的ということでいうと、小沢さんの『日本改造計画』は「自分語り」を一切しないんですね。純粋な政策論だけで、本人の生い立ちとかはまったく語られない。対して安倍さんは情念の人で、『美しい国へ』の前半は自らの一族の「無念語り」です。祖父・岸信介は国民のために行った安保改定を大バッシングされ、父・安倍晋太郎は外相として心身をすり減らして総理になれずに亡くなった。そうして自分が後継になったら、議員としての初仕事がなんと社会党首班の実現だった（村山自社さ連立内閣、九四年成立）。この怨み晴らさずにおくも

◆14　安倍首相は第一次内閣時の二〇〇六年九月にも、集団的自衛権の行使容認を検討する意向を表明していた。二〇一三年七月の参院選で与党が過半数を回復し、第二次内閣が軌道に乗ると、八月に内閣法制局長官を交代させて憲法解釈の変更を既定方針とした。翌一四年七月一日に解釈変更を閣議決定し、本対談より後の一五年九月に、新たな憲法解釈に基づく平和安全法制（いわゆる安保法制）が成立した。

のか、という思いが行間から滲《にじ》み出ている。

宇野　この落差が安倍晋三という個性なんでしょうし、その厄介さを理解した上で攻略しない限り、すべての安倍批判は空回りしてしまうんじゃないかって思うんです。マッチョな主張で人気を集めているその一方で、こうしてトラウマも隠さないし、フェイスブックで愚痴も言う。僕はまったく共感できないけれど、そこが人間臭くて共感を持つ人は多いんじゃないかと思うんですよね。

少なくとも、保守っぽい連中ってバカだよねって目配せし合っているリベラル知識人よりは共感を集めやすい。そしてこの人は少なくとも今はそのことに気づいている。たぶん安倍晋三という政治家は、そういう人間的な弱さの魅力を、コントロールするんじゃなくて、ずっと出し続けるんだと思いますよ。

與那覇　祖父が国民の憎悪を一身に浴びたことのある一族だからこそ、心底「いまは違う。ぼくは国民に愛されている」って思いたいんだろうなという感じがしますね。極めて個人的な動機で「戦後レジーム」から脱却したい。

宇野　具体的にはそこでいわゆる「ネトウヨ」との幸福な共犯関係が生まれているわけでしょう。

與那覇　とにかく何かつぶやくと、「いいね！」が殺到する。

宇野　実際に、「いいね！」がたくさん集まって気持ちがほっこりしてるんだと思うんですよ。あれだけマスコミに叩かれて退陣した人が、奇跡の復活を遂げてインターネットで直接国民の支持を目の当たりにする。そんな共犯関係が生まれている状態で、安倍晋三は日本のヒトラーだ、さあ、明日にも戦争が始まるぞって子供っぽい印象操作で攻撃しようとするとかえって彼らの結束を固くしてしまうだけだと思うんですよね。

與那覇　同感です。むしろ批判している左翼の支持者のほうが減っていくのではと、心配になりますよね。

宇野　安倍首相のああいったナイーブな部分とフェイスブックが結びついたとき、はじめて政治と直接つながっているように思えた国民は多かったんだと思うんですよ。

與那覇　「私的なことは政治的だ」というのがフェミニズムとか、新しい社会運動のスローガンだったけど、今は逆に「政治的なことは私的だ」の時代なんじゃないかな。安倍さんの「爺ちゃんの名にかけて」は、そこにマッチする。

宇野　そして僕の実感ではこうしたリアリティに惹かれているのは何も自信のないネット世代の団塊ジュニア以下の男性、いわゆる「ネトウヨ」だけじゃない。その外側にも、かなり本格的に拡大している。今となっては僕は安倍政権の支持母体って、ネトウヨ的な層はごく一部でしかないと思うんですよ。洗面器の底に穴が開いていると水は汲めないから民主党ではダメだ、と消去法で自民党を支持しているライト（軽い）なライト（右）が大半で、その感覚は、リベラルたちが思っているよりも安全保障に関心が高いんじゃないか。

與那覇　そうでしょうか。むしろ安全保障にはみんな無関心だからこそ、安倍さんが好きにやれているような……。

宇野　うーん、僕の考えはちょっと違っていて、安倍政権の支持者というのはそれなりに都心部のホワイトカラーにも広がっていると思う。この後の展開も念頭に置いてこの表現を用いれば「普通に」「機密保護や安全保障とかを、もっと欧米並みにしっかりしないといけない」と感じている層が、安倍政権に「さすがに国家に軍隊は必要に決まっているんだから九条もそのうち手を付けないと」といった認識で消極的支持を与えているケースは多いはずです。

與那覇　なるほど。中国脅威論が響く人たちですね。

宇野　そういう人たちに安倍晋三の言葉は届いている。逆にいえば、かつてはそれなりに存在したはずの、〝ライトな左〟、現実主義的な中道リベラル的な言説が、民主党の迷走と崩壊によってほとんど死滅してしまったことの表れでもあるのですが。

「ゴーストライター」が動かした時代？

與那覇　ある方に教えていただいたのですが、小沢さんの『日本改造計画』については政治学者の御厨貴さんが、今年（二〇一四年）出た『日本政治ひざ打ち問答』（芹川洋一氏と共著、日経プレミアシリーズ）で、執筆の内幕を語られています。内政の部分は御厨さんと飯尾潤さん、外交と安全保障は北岡伸一さん、経済は竹中平蔵さんと伊藤元重さんが書いたと。それこそ田中角栄の頃から、政治家の本で官僚や学者がゴーストライターを務めるのは、半ば常識ですが……。

宇野　いかにもすぎてというか、まあそうだろうなという感じの顔ぶれですよね。

與那覇　いかにもすぎるから暴露の割に意外と話題になっていない。逆に言うと、ここまで大っぴらにしてもいいと思われるぐらい、小沢さんの政治生命は終わってしまった。

宇野　確かにそうだろうけど、そのこと自体にあまり驚きはないですね。

與那覇　興味深いというかショックだったのは、御厨さんいわく、その後で伊藤さん、竹中さん、北岡さんは小泉純一郎首相のレクチャー役にも呼ばれたと。結局、竹中さんが大臣、北岡さんも国連次席大使になるわけです。その北岡さんが今、安倍さんの安保法制懇（安全保障の法的基盤の再構築に関する懇談会）の座長代理で、竹中さんもアベノミクスのブレーン。つまり、ごくごく少数の「いかにもな人々」の掌中で、平成の二十数年間の政治は動いてきたことになります。首相は代わっても、そちらはずっと同じだった。

宇野　しかしまあ、普通に考えて『日本改造計画』の掲げた新しい日本の設計図に比べると、『美しい国へ』のそれは後退している部分が多いでしょう。もちろん、今、『日本改造計画』を読むと、実現している部分も結構ある。たとえば「全国を３００の市に再編する」という提案は、平成の大合併が良かったかどうかは別にして、ある程度達成されたと言えなくもない。これって、要するに地方はいつまでも中央に財源を頼らずに自立しろ、って話で、まあ、成功はしていないのだけどとりあえず再編まではやってしまった。

また、小選挙区制度はいうまでもなく実現したし、安全保障政策についても、間違いなく当時小沢一郎が主張していた「普通の国」へと近づきつつある。

対して安倍晋三の考える「美しい国」は言ってみれば小沢一郎的「普通の国」と、田中角栄的「列島改造計画」のころ組み立てられた戦後日本との折衷案ですよね。第一次のころから、安倍政権は小沢一郎から小泉純一郎までの構造改革路線を、むしろ自民党の旧《ふる》い人たちが納得するようなレベルにおとなしく軟着陸させているわけで「戦後レジーム」をむしろ延命させているとすら言える。ただし安全保障以外は。

與那覇　「日本延命計画」になっていると。

宇野　要するに、バブル崩壊から二十年以上経って、結局日本は何も変われずに、改造も改革もできずに当時小沢さんのブレーンをやっていた人たちも歳を取って、気がつけば改造派から延命派になってしまったってことなんでしょう。もちろん、「この辺が落としどころだろう」って軟着陸のイメージができあがりつつあるのは前進と言えば前進かもしれない。

けれど、あまりにも問題の多くを先送りにしつつある「落としどころ」になりそうなのが問題です。そして、唯一具体的にコトが進みそうな軟着陸が憲法改正を諦めて解釈改憲での集団的自衛権の行使可能化だという……。

與那覇　『日本改造計画』と『美しい国へ』で一つ大きく違うのが、まさにその安全保障政策ですね。小沢さんの頃は国連中心主義で、憲法九条に新たに第三項をつけくわえるか、あるいは安全保障基本法を制定して、国連の指揮下に限って自衛隊の海外派遣を認める、という案だった。

それが安倍さんになると、ぶっちゃけアメリカに要請されたら世界中どこでも自衛隊を派遣しかねない話になっていて、それも明文改憲ではなく「解釈」で変えてしまう。

宇野　小沢さんの考えは当時タカ派的と言われたけれど、今だったら、むしろ「お花畑」として バカにされちゃうかもしれないですよね。なんせ、国連主義を前提とした中道的な改憲案を掲げているわけですから。それっていま本気で主張したら、学生のサブカルチャー的思想だって一蹴されるかもしれない。

しかし僕はサブカルチャーの評論家なので、当時のこういう小沢的ビジョンは大事だと思う。少なくとも自信のない戦後男性のトラウマ回復目的の改憲や、無駄に高い学者先生や政治的発言でしか注目を集められない文化人のプライド維持のための教条的護憲より、長期的には現実的ですらあると思うんです。

與那覇　「学生のサブカルチャー的思想」って、要は中二病ということですよね（笑）。実際、一九八九年参院選の自民敗北から九三年の細川（護熙）非自民連立内閣成立にかけての第一次政治改革の季節は、日本史上で貴重な「一億総中二病時代」だったんだろうな、という気がします。

それこそサブカルでいうと、自衛隊から離脱して、「独立国家」を名乗った原子力潜水艦「やまと」が核兵器を武器に諸外国を向こうにまわして五分の交渉をする、という、かわぐちかいじの『沈黙の艦隊』がヒットした頃ですよね。

宇野　逆に戦後日本はサブカルチャーのなかでしか、軍事的なものを視野に入れたリアル・ポリティクスを共有できなかったんですよ。僕は『朝まで生テレビ！』の初期から『別冊宝島』『ゴーマニズム宣言』までの若者向けジャーナリズムは、こうしたサブカルチャーのなかに閉じ込められていたものを言論空間に吐き出していくことで支持を広げていったと思う。

つまり、戦後の言論空間が目をそらしてきた現実はサブカルチャーのなかに退避していて、そのなかで培《つちか》われた若い感性だけが現実を捉えられるのだ、という感覚ですよね。その大衆化の過程で、いわゆる「ネトウヨ」を生んでしまったのだけれど、当時のこの流れはむしろネトウヨ的ロマンティシズムとは対極にあるリアリズムを基調にしていたはずです。

與那覇　それが「リアル」でありえた瞬間の希少さを、小沢さんにせよ北岡さんにせよ、当時の日本人は本能的に感じてたんじゃないかな。『日本改造計画』に「チャンスはいまである。世界が本当に地域主義の方向へ動き出してからでは、日本の立場は弱くなる。そうなってからでは遅すぎる」という一節がある（一四八頁）。つまり冷戦体制は崩れたけれど、「アメリカ、EU（当時はEC）、中国、ロシア」的な強国ブロックに完全に分かれる前の空白期なんだから、この瞬間に日本が世界のグランドデザインを描けば、いいポジションを狙えるんだ、という発想ですね。

宇野　その情勢認識は完全に正しかったけれど、この本の提言のなかでは、一番破綻したシナリオですね。

挫折した「透明化」への改革

與那覇　もう一つ面白かったのは、『日本改造計画』では要所で「透明」という比喩が出るんですね。政治資金の受領と支出を全面公開せよという有名な提言のほかにも、国際貢献を通じて武器ビジネスを「より透明に」（一三三頁）、日本的経営にも「透明性、開放性」が必要（一四二頁）、金融機関の実態を「ガラス張り」に（二四八頁）、と実に多い。

「日本の顔が見える」政治へ（九五頁）という表現もありますが、五五年体制の下で密室化されていた部分を「目に見える」ようにすれば社会の風通しがよくなる、それが改革だ、というのが冷戦終焉期の政治センスだったと思うんです。これに対して安倍さんの場合は、「透明にするくらいでこの思いが、悔しさが解消されるものか」という文体なわけですね。

小沢さんと安倍さん、ないし九〇年代と二〇一〇年代の政治文化の対比は、透明志向か情念志向かを横軸に、戦後肯定か戦後否定かを縦軸にすると、きれいに見える気がします。田中角栄の時点では列島改造といっても、著書の冒頭で「「平和」と「福祉」に徹しよう」と宣言していて、戦後の肯定が大前提だった。小沢さんが唱えた日本改造は「透明志向＋戦後否定」だったのだけど、それがいつの間にかスライドして安倍さんの「情念志向＋戦後否定」になっちゃった。

たぶん二人のあいだで転轍機《てんてつき》の役割を担ったのが、自民党政治をメディアに対してオープンにする半面、「俺の信念」で靖国参拝を続けた小泉さんだったんでしょう。結果として平成の政治改革の果てに残ったのは、なんとなく戦後ってウザい、うさんくさい、という気分や情緒だけだった。

宇野　なるほどね。ただ、安倍さんっていう人に対してあんまり僕は戦後否定派っていう印象を受けないいんですよね。戦後民主主義は否定しているかもしれないけれど、経済・社会全体に関する「戦後的システム」を否定しているわけではない。むしろ延命させようとしている。それが自民党内への配慮なのか、本音なのかはちょっとよくわからない。

與那覇　おっしゃるように、「戦後民主主義否定派」でしょうね。社会党と朝日新聞のせいで、自民党が一〇〇%ビジョンを貫けなかったことへの恨みを晴らそうと。

宇野　その五五年的な保革対立自体がプロレス的な産物で、もはや終わっているでしょう。たとえば、今、保守派と、リベラル派の知識人の言ってることがあまり変わらなくなってきている。

與那覇　コミュニタリアニズム（共同体主義）ですね。地域共同体を再生し、グローバル経済のなかでアトム化する個人をつなぎとめなければならない、と。宮台真司さんも、最近はそちら寄りの立場ですよね。

宇野　そう。僕らが中学生ぐらいの頃に、これからは戦後社会的なコーポラティブな社会はやめてしまって、自立した市民の暮らす透明度の高い国にしようというのが、当時の若手インテリの相場だったのが、彼らがみんなコミュニタリアン的な立場に回帰していった。

小沢一郎から安倍晋三への二〇年というのは、『日本改造計画』が出て、これが全部白紙に戻るまでの二〇年だったということでいいと思うんですよね。基本的には。安倍晋三という人は当時の小沢一郎や小泉純一郎よりははるかにコミュニタリアン寄りなのだから。

與那覇　アベノミクスというのも、構造改革的な規制撤廃よりも金融緩和による円安・インフレ誘導でやっていくわけだから、なるだけ既存の日本のあり方を壊さず「手術なしでモルヒネを打ちまくる」という感じを受けますね。

宇野　『日本改造計画』がベストセラーになった頃からずっと、この国というのは「やるべきこと」の内容はみんなわかっているのだけど、政治制度が良くないせいで実行力がないのが問題だ、という意識でやってきたんだと思うんですよね。だからこそ行革が改革の中心に常に位置づけられていたし。この本も、だからリーダーシップの話から始まっている。

與那覇　小沢さんの本は「自分語りがない」と言ったけど、確かに「明治以来の四大政治家」を挙げたりするあたりには一定の情念がある。個人的な勘では、前史としての中曽根康弘政権（一九八二～八七年）があるんだろうなという気がします。

日本版新自由主義の始まりと言われる政権ですが、北岡さんや御厨さんの師匠筋にあたる佐藤誠三郎さんたちの世代がブレーンを務めて、実際成果を出した。自分たちも同じことをやって師匠に並びたい、あるいは師匠を超えたいという欲求って、絶対あるんじゃないかなと思ってしまうんですね。その「駒」として、自民党を飛び出そうとしていた小沢さんとか、総裁選で予想外にブレイクして首相になっちゃった小泉さんとか、再登板したら意外に長期政権になりそうな安倍さんとかがいたんじゃないかな。

宇野　政治制度をとりあえず変えよう、そのためには強いリーダーシップが必要だ、となり、それが一瞬だけ小泉改革で実現した。小選挙区制とメディア・ポピュリズムでそれが実現できたわけ。しかし小泉劇場は結果的にその手法にしっぺ返しを食らって、小泉個人のメディア戦略が機能しなくなった瞬間に政局的に負けて簡単に元に戻ってしまった。そしてあの小泉劇場から八年経って、じゃあどうすれば彼らのミッションというのは実現できたのかということを、考えてもいいのかなと思うんです。

與那覇　コミュニタリアン的な地域重視とは別の意味で、改造計画を実験しやすいからこそ「国でなく地域で」という視点はありえますね。地方自治体に大幅に権限を委譲して、グローバル化に「乗っていく日本」と「拒絶する日本」とを、地域ごとにはっきり分けちゃうとか。大阪市長としての橋下徹さんに期待していたのは、そういう人たちでしょう。

宇野　與那覇さんの『中国化する日本』（増補版は文春文庫、二〇一四年）でいえば、中国化（＝グローバル化）した日本と、江戸（＝限られたパイをみんなで分け合うムラ社会的な仕組み）に戻った日本というわけですね。

結局、改造計画派の行きつく先っていうのは国家じゃないんだろうなという気もするんですよね。小さな国家を実現した上で、どう市場や地域社会にその補完機能を埋め込んでいくのかをセットで考えないと当然マズい。

與那覇　その意味でも『日本改造計画』の思考実験のなかでは、三〇〇基礎自治体案がいま読んでも一番アクチュアルですね。今の衆院選の一選挙区くらいの地域ごとに、独立した裁量で個性ある自治を行ってもらうようにできるなら。

『あまちゃん』的共同体の幻想

與那覇　地域振興のあり方でいうと、田中角栄と小沢一郎で著書比較をしてみるのも面白い。高度成長最末期の『日本列島改造論』にも、その約二〇年後の『日本改造計画』にも、両者が目指す未来の新幹線や高速道路の図が出てきます。

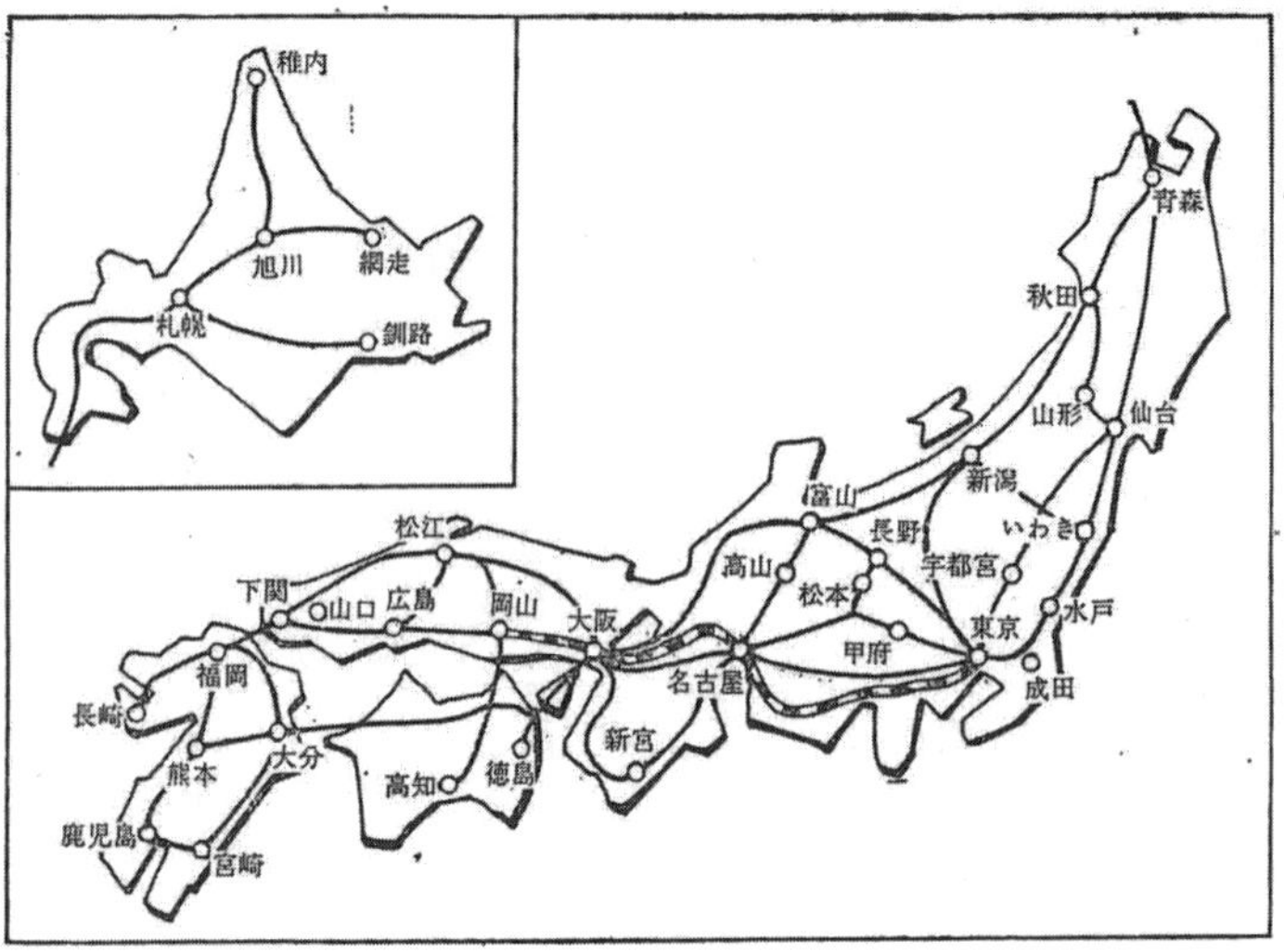

全国新幹線鉄道網理想図（田中角栄『日本列島改造論』日本工業新聞社、1972年より）

もちろん新幹線は角栄のほうがすごくて、日本海側の富山から名古屋経由で紀南の新宮を回って大阪へ出られるとか、何でもあり。一方、小沢ビジョンだと新幹線網はそこまでラディカルじゃなくて、まずは福岡・鹿児島をつなぎましょうとか、あとになって実現している部分もある。その代わり高速道路網は、角栄のそれよりはるかにきめが細かい。

宇野　地方の基本インフラが、七〇年代は鉄道で九〇年代が道路っていうのは、非常にわかりやすい対比ですね。「国土の均等開発」を掲げて日本中に同じような駅前商店街をつくってまわった七〇年代と、一人一台軽自動車を持っていて、郊外のショッピングモールに出かければ東京と変わらない消費生活ができる社会を目指した九〇年代ですね。

二〇一三年に大ブームになった『あまちゃ

ん』は岩手が舞台なのだけど、あのドラマではモータリゼーションは地方を衰退させた悪の象徴として描かれていて、その一方で第三セクターの北三陸鉄道が、震災からの復興イコール鉄道の復興だと善の側に置かれている。

しかし実際にロケ地に行った人の話を聞くと、とてもじゃないけど、車がないと、(モデルになっている)久慈駅前と海女さんが潜ってる袖が浜とが移動できないって言うんですよね。要するに、鉄道的なものが支える古き良き戦後的コミュニティなんて幻想で、ほんとうにあの『あまちゃん』的な共同体をもし維持できるとしたら、それは自動車的なもので結ばれたものでしかありえないというわけです。

與那覇　イオンモールに一日たむろするヤンキーの図になると。規格化された空間で、管理された形の欲望充足。

宇野　規格化された空間での願望充足という点では、インテリ的な自意識をツイッターで発露する自称文化系のほうが深刻ですけどね(笑)。

しかし話を戻すと、要するに今の日本人が、まあ、あのドラマをもっとも支持していた四〇代——奇しくもネトウヨ第一世代でもあるのですが——が見たがっている夢は、駅前のスナックにダラダラとたまっていながら閉鎖的な人間関係の中でヌルヌル群れながらひどい世の中を、半笑いを浮かべながらごまかして生きていくってことなんですよね。

実は日本人の最後のボリュームゾーンは日本を「改造する」よりは「延命する」ほうを望

んでいる。いや、それどころか単にやり過ごしたいとしか思っていないんじゃないかって思う。

安倍首相は、外交面では勇ましいトラウマ回復を叫ぶけれど、こういったところについては戦後的なものを捨てて再構築する気はどこまであるのだろう、とは思うんですよね、良くも悪くも。

與那覇 刊行当時は「闘う政治家」みたいなフレーズが話題を呼んだけど、今回読み直して安倍さんの本質ってむしろここだなと思ったのは、年金は（刊行時に民主党が掲げていた）全額税方式と現行方式のどちらがいいかという話題で、前者は駄目だという理由。「国民がそれで納得しさえすれば、どんな方式もあり得るだろう。しかしわたし自身は、保険料と税金が五分五分というのは、日本的でいいのではないかと思っている」（一九三頁）。

要は、足して二で割るのが日本的だと。ズッコケましたが、でもそういう「ぬるさ」がサイレントマジョリティのマイルドな安倍政権支持の基盤かなと思いますね。みんな、小沢さん的な改造に疲れたから。民主党政権は「透明」ではあったので、内部対立もガラス越しに全部見えちゃいましたし。

ウェブ社会と「政治2・0」のゆくえ

與那覇　小沢さんの本でもう一つ、ある種ノスタルジックでさえあったのは、日本の戦争について、意外にはっきり「侵略」という用語を明記している（一五一頁）。当時タカ派と叩かれていても、ですよ。悪かったことは悪かったとスパッと割り切って、これから新しい日本にしていこうじゃないか、という政治の話法が、今は通じなくなってしまった。

宇野　「日本よ国家たれ」というのが、安倍さんを支える保守層の主張ですが、僕たちも同じ「日本よ国家たれ」でいいと思うんですよ。ただしリベラルな国家たれっていう回路で。その結果アメリカのブレーキになることも必要だし、九条を死守して平和勢力として国際社会で存在感を放っていくべきだし、北朝鮮問題に対しても、今の安倍政権とは違う対応でイニシアチブをとっていくことが、長期的な国益にもなるんだと。普通の国になるためにこそ九条変えちゃいけませんよ、みたいな話に持っていくしかない。

ただし、この方向で議論していくと、もう二十年かけて出来上がってしまった状況が、三年とか五年とかでは覆らないので、言論戦を戦って、左の中道を復活していくには三十年後五十年後に実を結ぶ長期戦で考えるしかない、と思っているんです。でも、言論戦だけじゃ絶対足りないだろうし、それだけじゃ絶対負けていくだろうと思いますね。だから、もう少し別の回路を考えていったほうがいいっていう。

與那覇　かつて『日本改造計画』にリアリティを与えたのは、現にそれを掲げて新党を作ったという事実だったけど、しかし、そういう回路にいま期待できるかというと……。

宇野　いや、そうじゃなくて、政党政治にコミットする以外の回路っていうのをいかに考えるかというのも、僕は大事だと思いますよ。

僕が政党政治による激変にに何かを期待していた時期があったかというと、多分ないんですよ。逆になくて、多分僕一番日本が変わるかと思った瞬間って、ホリエモン（堀江貴文）がフジテレビを買収しかけたときですよ（二〇〇五年二〜四月）。世直しを政治でやるものではないという空気が、善くも悪くも多分僕ぐらいの世代から強くて。片方で実際に若い起業家が新しいサービスを開発し、それがやっぱり都市生活を相当変えていってるし、非常に優秀な人材がＩＴ業界に集まってる。左は、本来彼らを取るべきだったんですよ。

與那覇　左翼というのは、未来志向のはずですものね。

宇野　結局リベラルももう物語を作れなかったんだったら、むしろ脱物語化を進め、徹底的に機能主義でいったほうがいいんじゃないかと。はっきり言ってしまうと商業的に勝っていくことで、産業の現場ベースで世の中を変えていくっていうことのほうに僕はいま圧倒的にリアリティを感じてるっていうことですかね。

與那覇　ただ、それって結局政治にはフィードバックしないんじゃないですか。全盛期の堀江さんでさえ、選挙には勝てなかったわけだし（二〇〇五年九月の衆院選＝郵政選挙）。

宇野　だから僕は、まずは戦後的な中流文化から労働環境的にも、家族構成的にもメディア的にも離れた層が、都市部の若いリベラル層を中心に結集することが大事だと思いますよ。

圧力団体として機能するものをつくりたいんですよね。具体的にはウェブ共済のようなものを主軸に……。

與那覇　それは宇野さんの年来の持論ですね。

宇野　結局いい会社に勤めてるとか、直系の家族に年収五百万円以上の正社員の成年男性が居るとか、そういった信用情報でしかカードを作れない、不動産も借りられないとかいったことを覆す方法って、多分ウェブの買い物情報とかを蓄積している楽天とかＹａｈｏｏ！のビッグデータとかを使うしかないわけで。戦後日本的な中間共同体とか家庭とかに結びついてない人間がセーフティネットを得る方法は、ネット世代同士の「相互扶助」を作るしかない。

與那覇　中国化のメタファーでいうと「ウェブ宗族」、つまり公的政府よりも私的なコネクションに依存したセーフティーネットを張ろうということですね。逆に言うと、もう「改造計画」の担い手を、政治には求めないということですか。

宇野　もちろん政治的なコミットを捨てる気はない。でも、とりあえず今のテレビワイドショーの劣化コピーと化したツイッター論壇を舞台にしたインターネット・ポピュリズムからはロクなものは生まれないという実感があるんですよ。

僕ははっきり言えばロビイングと組織票で戦えるようにならないと、昔の左翼と一線を画した新しいリベラルの再興はないと思っている。だからこそ、一回ビジネスを経由したほうがいいんじゃないかと考えています。戦後的中流社会の構成員の代弁者だった農協や連合に対して、戦後中流がゆるやかに解体したあとに出現した都市部の新しいホワイトカラーや、ブルーカラーの利益を代弁する団体は可能か、ということを考えているわけです。
インターネットに可能性があるとしたら、むしろこうした一見ばらばらの人々を、少なくとも地縁や会社縁では結びつかない人々を連帯する可能性です。少なくともそれはツイッターのイジメ論壇からは生まれないことが震災後の三年間でよくわかった。ではどうするか、という部分に論点は移ってきたのではないかと思いますね。

與那覇　実際はゴーストライターが書いたにせよ、政治家が体系立った書物を出して、その実現のために新党という選択肢を提供した点で、『日本改造計画』は日本史上珍しい試みだった。一方『美しい国へ』にしても、直前の小泉政治がワンフレーズ・ポリティクスと言われて、ブームは起こしたけど正直何をやってるのかよくわからない状況だったからこそ、ある程度まとまりのある「思想」めいたものを、国民が次のリーダーに求めたのかなと思うんですね。
しかし、田中角栄の本から二十一年して小沢さんの本が出て、ちょうどまた二十一年間が経ってしまったから、同書は人々の忘却の彼方へ送られてしまったし、安倍さんの本も政権復帰の際に『新しい国へ――美しい国へ　完全版』(文春新書、二〇一三年)として出し直した版のほうは、さほど売れているとは聞きません。政治を語ることばが「いいね!」やツイッター的な短文としてどんどんネット上へ溶けていくなかで、どうやってもう一度、それを組織し直すか。そこがこれからの課題ということになりそうですね。

（『文學界』二〇一四年九月号、連載＝ベストセラーで読む平成史。同年十二月刊の萱野稔人ほか『ナショナリズムの現在』（朝日新書）への再録時の加筆を一部反映）

補助輪付きだった戦後民主主義

――ヤンキーと国家

斎藤環＋與那覇潤　二〇一四年三月

ヤンキー都市、名古屋にて

斎藤　與那覇さんは地元が名古屋だというわけではないんですか？

與那覇　小学校からずっと東京育ちで、名古屋へ来たのは大学の教職に就いた二〇〇七年からです。それ以来、この風土の馴染《なじ》めなさは何かなと気に病んでいたのですが、今回、斎藤さんの本を読んで「名古屋ってヤンキー都市だからなのでは」と思い当たりました（笑）。

斎藤　名古屋にはそういうところがありますよね。よく「偉大なる田舎」と聞きますけど、私のイメージは山本正之作詞・作曲でつボイノリオが歌った名曲「名古屋はええよ！　やっとかめ」なんです。あれを聞くとちょっと住んでみたくなる親しみやすさがありますね。

與那覇　わかりやすいのは食べ物で、味噌（うどん・カツ）とかピリ辛あんかけ（パスタ）とか、やり過ぎなくらい濃ゆい調味料の味一択なんですね。全国展開しているチェーンだと、カレーの「CoCo壱番屋」が名古屋発祥ですが、〝仲のいい夫婦に店をもたせる〟という創業者の方針が成功の理由らしいです。愛し合ってる夫婦なら、多少苦しくても気合いで回すだろうと。ヤンキーの「家族マジLOVE」っぽい雰囲気というか。

斎藤　ヤンキー文化が最大に寄与しているのは日本の食文化だと思います。家系ラーメンしかり北海道のスープカレーしかり。NHK「クローズアップ現代」で紹介され物議を醸した「居酒屋甲子園」（◆15）も、壇上で夢や希望のポエムを披露し合うお祭りです。それにしてもココイチが夫婦に目をつけたのはさすがですね。全部がそうとは言いませんが、夢と家族愛を大切にするヤンキーファミリーは日本のマジョリティですからね。

與那覇　名古屋論の古典である清水義範さんの『蕎麦ときしめん』も、名古屋は〝村落的都会〟ゆえに、日本らしさを最も凝縮した〝日本の雛形《ひながた》〟だというんです。ざる蕎麦ではなく

◆15　二〇〇六年から毎年開催されている、居酒屋スタッフが壇上で職務に当たっての「夢」「絆」「想い」などを熱い口調でパフォーマンスし、日本一の飲食店を決めるイベント。二〇一四年一月十四日のクローズアップ現代が、低待遇の従業者に対する「やりがいの搾取」ではないかとする批判とともに取り上げ、賛否を呼んだ。

きしめんのように、どっぷり汁＝周囲の空気に漬け込ませるんだと（笑）。

また司馬遼太郎の『街道をゆく』も最終巻が愛知県なのですが、編集者のノートによると、名古屋には〝都市の美学がない〟と口にしていたそうですね。人が気どったり着飾ったりしないと。

斎藤　それは象徴的ですね。話を聞けば聞くほど「快感原則ぜんぶ載せ」みたいな印象になってきました。うなぎを三段階で味わい尽くす「ひつまぶし」が典型でしょうか。快感原則的な合理性を徹底すると隠喩性や象徴性といった文化が衰退するのかもしれませんね。

與那覇　村上春樹の『色彩を持たない多崎つくると、彼の巡礼の年』（二〇一三年）での名古屋の描き方も話題になりましたが、その前に共著で出した『地球のはぐれ方』の名古屋編で、まさに同じことを書いていましたね。食文化も一品ずつ順に肴を味わうんじゃなくて、「味噌煮込み親子えび天うどん」みたいな濃い味の全部入りごった煮で出てくるし、過去の景観を抹消して敷設した大幅道路ばかりで路地がないから、街に文化としての記憶がない。だから物語というものが駆動しない、という議論をしています。

斎藤　路地文化はある種インテリ好みなところがあるので、それがない名古屋はなおさらヤンキー的なのかもしれませんね。そういうところにもインテリとヤンキーとの対立構造が見られる気はします。あと、路地と言えば路地にこだわった中上健次は最もヤンキー的なたたずまいの作家だったと思うんですが、論理と知性偏重の人、という意味ではやはり違います。

與那覇　これらの作家が代表するような古い意味での小説は、インテリでないと、つまり自分自身を一段高いところから反省する自意識がないと書けないですよね。ヤンキーはケータイ小説になっちゃうから。しかしそういう〝インテリには理解不能だけど、でも日本では現にマジョリティな存在〟を説明してくれたのが斎藤さんのヤンキー論の意義だったと思うんです。たとえば政治的には、「自民党以外入れたことがない人」とか。

インテリ派とヤンキー派の戦後政治史

斎藤　自民党は、もともとヌエ的な政党だったと思うんですが、完全にインテリ部分は消滅しましたね。

與那覇　総理大臣でまんじゅうを出すとか、インテリには耐えられないセンスですよね。

斎藤　小泉内閣時代が大きいということなんでしょうね。

與那覇　斎藤さんは村上隆さんとの対談で、ヤンキーがプロデューサーで、おたくがクリエイターだと一番ヒットするという話をされていましたが、その政治版が小泉改革だったのかもしれません。気っ風のいいヤンキーの親分みたいに見える小泉純一郎さんがパフォーマーで、理詰めで計算するタイプの竹中平蔵さんが政策を作りましたから。

斎藤　小泉さんというのは不思議な人で、ヤンキーテイストの発言があったかと思えば、まったくヤンキー的ではない行動を取ったりもする。腹芸文化を駆逐したのも小泉さんです。大勲位・中曽根康弘氏に「もうアンタ定年だから」と引導を渡したのも彼ならでは。僕は今でも自民党の伝統破壊者という部分は評価していて、二〇〇九年の民主党の大勝を準備したのも小泉政権だと思っています(笑)。

與那覇　たしかに小泉さんって、全盛期にも孤独で「ぼっち飯上等」な雰囲気は、むしろおたくっぽいですね。森喜朗さんみたいな「根回し上等」な人のほうがヤンキーだということですか？

斎藤　典型的ですね。もともと田中角栄が首相になった瞬間にヤンキーカルチャーのマジョリティ化は決定したも同然といえます。彼の言動を「ムラ社会的」と批判するのは簡単ですが、実は的外れでしょう。

「列島改造論」の主張は「維新」と同じで、保守のベクトルをより徹底するための変革ですね。構造を温存すべく、表層をどんどん取り替えていく。まさにそこがヤンキー的です。こういう反知性主義的な首相が、庶民の圧倒的人気を得てしまったわけで、森さんなんかも完全にその系譜にいるわけですから。

與那覇　戦後政治史では「官僚派と党人派」という言い方をよくしますが、これって実は「インテリ派とヤンキー派」だったのかなという気がします。というか党人派のルーツの一つは戦前に院外団《いんがいだん》と呼ばれた、代議士がボディーガード兼便利屋さんとして腕っ節の強い子分を囲っておいたグループですから、リアルヤンキーですね。最近だと、陸山会事件の際に報じられた小沢一郎さんと周囲の関係が、それに近いでしょうか。

その小沢さんが松下政経塾のような党外のインテリ派と組んで、一九九三年に細川連立政権、二〇〇九年には民主党政権を作ったけど、二〇一三年に結局、自民党政権が衆参のねじれも（同年の参院選で）解消して「日本を、取り戻した」。

この政治改革の二十年間は、おたく系知識人がなんとかインテリ的な方向へ日本を引っぱろうとした期間でもあったと思うのですが、最後にベタな自民党が帰ってきたときに、ちょうど社会評論も〝おたくに注目すれば日本がわかる〟から〝ヤンキーに注目すれば日本がわかる〟に変わっていたというのが示唆的です。

斎藤　そうなんですよね。おたくって自己分析が好きで語りたがりだから。メディア上では元気に見えますけど、やっぱりマイノリティなんですよ。ベタなマーケティングの論理でいえば、おたくにウケるものをつくっても十万部がせいぜいなのに、ヤンキーにウケれば百万部はいくというのがはっきりしました。そういった意味では、ヤンキーは一度消えかけても何度でも帰ってくるという感じがしないでもない。

與那覇　丸山眞男風にいえば、日本の〝執拗低音〟は実は横浜銀蝿《ぎんばえ》だったと（笑）。

斎藤　本来はとんでもないことですが、とりあえずその部分は認識しましょうというところはありますよね。それを受け入れて、そこからどうするかは個人個人の判断ですけど。

ネオリベラリズムですらない何か

與那覇　小泉政権の途中から、ネオリベラリズム（新自由主義）による格差拡大を批判することがインテリの自己証明みたいになりましたが、僕はそういう論調は本質を外していると感じていたんです。それは、竹中さん的な理屈の部分しか見ていない。

斎藤　格差の広がり自体は小泉内閣以前から出ていたし、あそこでそれほどの変化があったとは思わないですよね。それよりも、腹芸的な面や利益誘導型の政治みたいなものにノーを突きつけたという点で評価できるところもあるように思ってたんですが、安倍政権でそういう部分もバックラッシュ的に戻ってきそうな気配が濃厚になっています。

與那覇　小泉改革にはいろいろ問題があったと思いますが、ネオリベだから問題だというのは違っていて、「ネオリベラリズムですらない何かのほうが、本当は問題なんじゃないか？」という気持ちがすごくありました。実際、その安倍政権もネオリベ的な規制緩和は引っ込めて、経済的には不合理な靖国参拝のほうを受け継いでいますよね。

斎藤　「ですら」ないんですよね。さすがは「瑞穂《みずほ》の国の資本主義」という迷言を吐いただけのことはある。やはりヤンキー的としか言いようのない体質があって、思想的な一貫性はあまり重視していない。ロジックがなくてポエムだけがあるんでしょう。

與那覇　ネオリベラリズムの先行事例として挙がるのは英米両国ですが、アメリカの場合は本来、自由競争を武器に「あそこでひと山当ててやれ」という移民を世界中から集めて作った国だから、レーガノミクスの市場自由化には一種の「原点回帰」という性格があったわけです。逆にイギリスは第二次大戦後、あまりに徹底した福祉国家をつくりすぎて一度リセットせざるを得なくなったというのが、サッチャリズムでしょう。

つまりどちらの場合も、それぞれの国の歴史に根差せば、その出現が理解できる部分があった。それに対して、同様の文脈をまるで欠いている日本版のネオリベラリズムって何なの？　という疑問に、はじめて答えてくれたのが斎藤さんだと思うんです。

斎藤　ちょっと過大評価と思いつつも、ありがとうございます（笑）。『ヤンキー経済――消費の主役・新保守層の正体』なんて本も出てきましたが、ネオリベとの最大の違いは、ヤンキー文化には個人主義が完全に欠落している点でしょう。

與那覇　おっしゃるとおりで、真の問題は、ネオリベ性ではなくヤンキー性なんですよね。小泉政権の頃はまだ竹中さんにせよ、国民をグローバル経済とはこういう仕組みなんですという、インテリ的な説明で説得しようとしていた。それが橋下徹さんになると、もっとヤンキー度が増してくる（笑）。

斎藤　増しちゃうんですよねぇ。わかりやすいホンネ主義、気合い主義にどんどん傾いていく。お友達の松井大阪府知事なんて、都構想反対の府議に「答えてみぃや！」なんてコワモテ風に迫っちゃうし、あのわかりやすさが人気の秘訣なんでしょうねえ（笑）。

與那覇　小泉改革の場合は「ヤンキー＝六／インテリ＝四」くらいで回していたのが、橋下維新は「ヤンキー＝九／インテリ＝一」くらいになった気がしますよね。

斎藤　そうなんですよ。ヤンキーに知性があってはいけない理由はないんですけど、ヤンキー的な人々というのは感性を肯定するために知性を批判するんですよね。「考えるな、感じろ」とばかりに。私が石原慎太郎をヤンキーに括らなかったのは、彼には教養主義的なものに対して一目置くところがあるからなんです。一時期、僕の話も面白がって聞いてくれましたが、そういう公正さはある。

與那覇　たしかに、石原さんには自分が文学者だという自意識がいまもありますよね。

斎藤　そっちに軸足がひとつあるので、完全な反知性には行かないですよね。三島由紀夫に対しても、その身体コンプレックスは小馬鹿にしつつも、その知性には一目置いている。大江健三郎にもそういうスタンスだと思います。オカルト的な気合いだとかも、あまり言わない。

アメリカは「父親」か「母親」か

與那覇　自分が知性をもっていると思う側は、しばしばヤンキーを「反知性主義」といって叩きがちですけど、反知性主義というのは単なるバカとは違うわけですね。

斎藤　それははっきりと違います。私がよく言ってるのは、ヤンキーの成功者は「地頭がいい」ということです。地頭がいいヤンキーがいちばん日本人では尊敬されると。そこで最近よく挙げるのが白洲次郎です。あのあたりの人がヒーロー像としてはいちばん印象的なんだろうなと思うわけですね。反知性というよりも「反教養主義」に近いかもしれません。

與那覇　反知性主義を単に「お前ら知性ないじゃん」と攻撃してもダメで、「彼らはなぜ、地頭がいいにもかかわらずインテリ的なものを嫌悪するのか」という部分を問わなければならないと。そこで斎藤さんがご著書で示された手がかりが、〝ヤンキーはエクリチュール(書かれたもの)的でない〟という指摘と、〝つっぱったヤンキーは一見マッチョで父性的に見えても、じつは母性的なんだ〟という議論の二点だったと思うんです。

斎藤　そうですね。ネオリベというのは基本的に、良くも悪くも父性的な考え方だと思いますが、ヤンキーの場合は「厳しい母性」なんですね。保護的なんですけど、スパルタ的でもあるということ。母性的だからこそ、気合いとかアゲアゲとか、身体性に依拠するんでしょう。彼らにとって真実を担保してくれるものは常に行動であり、行動を可能にしてくれる「夢見る身体」なんです。

與那覇　わかる気がします。父性的というのは、最後は自分から独立させて切り離すということですね。お前とはもう他人だから、一個人として自分の判断で生きていけと。

斎藤　そうです。切断的なものは父性ですね。それで、連続的、包摂的なものを母性と考えれば、厳しい母性がヤンキーだとなる。

與那覇　それは自分の頭で考えたいインテリにとっては、いちばん生きづらい……。

斎藤　生きづらい！　そして、日本の大衆にとっては、いちばん心やすらぐということですね。

與那覇　厳しくするくらいなら「ほっといてよ」と思うのに、「でも私に合わせるなら、受け入れてあげるのよ」と追いかけてくる。体罰教師の生徒指導みたいな話ですよね。

斎藤　そうです！　体罰の背景にあるのは母性なんですよ。ルール無き恣意的暴力で包み込もうとする。決してほっといてくれないんですよ。ルールの厳格な適用なら父性的と言えるんですけどね。

與那覇　日本が母性社会だというのは河合隼雄さん以来のテーゼで、一方「戦後日本批判」の文脈では江藤淳が、外圧をかけて日本を近代化しようとするアメリカを父親、それによって壊されてゆく日本の伝統を母親とする比喩を出しました。しかし斎藤さんの見立てでは、日本人はそのアメリカさえも〝すべてを包んでくれる無垢なるフロンティア〟のように母性化して受け入れていて、だからヤンキーはつっぱってるのにディズニーが大好き（笑）。この点が、従来の日本文化論を大きく前進させたところだと受けとめました。

ね。

言語体系と現実の乖離

與那覇　日本文化論として斎藤さんのヤンキー論を読む場合、母性志向ゆえのフェイクさのほかにもう一つ柱になるのが、〝言語を根本的に受け付けない性質〟があるという点ですよね。

斎藤　言語的な部分の影響は大きそうですよね。最近、フランクフルトのブックメッセに行って、膨大な量の各国の書物を見てきたんですけど、日本とヨーロッパでは書物というものの位置が違う印象がありました。日本の書籍カルチャーは、雑誌的なニュアンスが強いというか、アーカイブ化されずどんどん表層を流れていくような感じがするんです。

與那覇　ストックじゃなくて、フローであると。

斎藤　まさにそんな感じですね。それでなんでだろうと考えていたんですが……。

東京女子医大で遺伝学をやっていらした鎌谷《かまたに》直之先生が、日本人は統計学と遺伝学が苦手で、純粋数学は得意なんだということを言っていて、その中でおもしろい仮説を立てられていたんです。日本人は、閉じた世界のシステムを現実と結びつけるのは苦手だけど、閉じた世界の中であれこれ操作するのは得意だというんですね。

與那覇　それはヤンキーよりも、インテリないしおたくの癖ではないですか。

斎藤　もちろん日本のインテリの話です。しかし、この原理はけっこういろんな領域に当てはまるんじゃないかなと考えたわけです。純粋数学は得意だけど応用数学は苦手だから、統計のように現実と対応しなければならない学問は日本人には向かないと。

與那覇　いま、日本の大学が置かれている問題ですね。インテリが純粋に学問をやっていたら、「現実に応用できないじゃないか、そんなもん」というクレームが政治家から出てきた。自民党文教族って森さんから「ヤンキー先生」（義家弘介衆議院議員）まで、ヤンキー度高いですし。

斎藤　日本語で書かれた人文系の理論書が海外ではほとんど翻訳されていない状況になっているのはなぜかといったことも考えていて、これもやはり日本の言語体系と現実が乖離しているということが根深い理由としてあるのではないかとも思ったんですね。

そして山本太郎だけが残った

與那覇　もし人文系で、その数学に似た状態の事例を探すならマルクス学でしょうね。文献学的なマルクス研究の水準は世界屈指でも、実践に結びつけるマルクス主義はめちゃくちゃ弱い。

斎藤　実践なんかできるわけないと、学者たち自身が思い込んでるところがあるんじゃないでしょうか。ある種のニヒリズムが蔓延していて。

與那覇　戦後、西欧型の社会民主主義の政党がうまく育たなかったところにもつながりそうですね。日本社会党にはブレーン集団の学者はいたけど、彼らの世界観はマルクス古典学の世界に閉じていて、実際に党を動かすのはヤンキー系の労組の人たちになっているという。

斎藤　実践にあたるのが末端のヤンキーで、ブレーンは現実を信じてないために、そういう乖離がなかなか解消されない。

與那覇　インテリとヤンキーの共闘に、失敗した事例が社会党だったと……。

斎藤　言わざるを得ないですね。

與那覇　そういう意味では自民党のほうが、ある時期までうまくハイブリッドしていたといえるわけですね。いわゆる吉田学校から、宏池会にいたるかつての保守本流。

斎藤　そうですね。でも、そこに自民党の知性的限界があったかもしれません。

たとえばスラヴォイ・ジジェクがオキュパイウォールストリートで講演をしたときは、拡声器が禁止だったので人間拡声器が出てきたということがあったわけですが、ああいう光景は反原発ではあり得ない感じでしたよね。遡れば七〇年代後半以降、知識人が現実とコミットすることをあらかじめあきらめてしまっている構図が連綿としてあった気がします。

與那覇　ただ僕は反原発の場合は、むしろ飛び込んでいった知識人がヤンキー化しすぎてしまった点が問題だったと思うんです。たしかに日本では、ヤンキーと乖離しているかぎりインテリは影響力を持てないけど、「ヤンキーそのもの」になってしまうとそれはそれでダメなわけで。インテリ的な脱原発論こそを望んでる人だって多かったのに、その期待に応えられなかった。電力は、気合いで供給できるものではないですから（笑）。

斎藤　その結果が山本太郎ですよ（二〇一三年に参議院議員に初当選。反原発を煽るために放射能の影響を誇大に宣伝し、批判されていた）。

與那覇　こういうペースで原発を減らしていけば何年後にゼロにできますというようなビジョンが欲しかったのに、それは出さずに、みんながとにかく止めちゃえとなっていた。電力が足りなかったらどうするのかといえば、「そこは気合いだ！」みたいな。

インテリまでヤンキー化した脱原発論を叫んでいたら、山本太郎だけを残してブームは消えてしまって、かつてはインテリ政治家のホープだった細川護熙さんまでが、後追いの「即時ゼロ」論で都知事選に出て負けるという……（二〇一四年二月。当選者は舛添要一）。

斎藤　その後には「山本太郎はヤンキーか否か？」というくだらない論争も起きていたりするんですけどね（笑）。私は彼を見て「ニューエイジヤンキー」という新しい概念を提唱していいます。まあ廃炉まで約半世紀というタイムスパンは、ヤンキー的気合い主義とはすごく相性が悪いと思いますが。

2013年7月、激戦の東京選挙区を無所属で勝ちぬく番狂わせを演じた山本太郎

ポエマーとフェイスブック

與那覇　〝母性的なヤンキーは言葉で考えない。言語は父性的なものだから〞という斎藤さんのテーゼは、やはりご専門であるラカンの理論からきているのでしょうか?

斎藤　ラカン理論だけではないんですけれども、「人間は父の名によって去勢されて「語る存在」すなわち人間になる」という発想がベースにありますから、言語的なものを突き詰めれば父性に行き着くという話になるわけです。

與那覇　おたくのほうが、きちんと去勢されているわけですね。自分の感情すらも、マンガの名ゼリフ等の既成の用語（エクリチュール）を引用しないと語れなくなるほどに。

斎藤　そうなりますね。だからこそ、それを否認して、美少女キャラに萌えるようなある意味「倒錯」的なほうへと行っちゃうわけですけど。

與那覇　逆にヤンキーの場合は、言葉なしのリアルだけでやれると思っている。

斎藤　そうですね。それに関連して言えば、最近、小田嶋隆さんが出された『ポエムに万歳!』をはじめ、「ポエム化する日本」があちこちで話題になってますね。さっき例に挙げた居酒屋甲子園からJ-POPの歌詞に至るまで。

與那覇　俺自身の内面から湧き出たと称する、もはや言葉ならざる言葉のことですね。

斎藤　そうです。それこそフェイクなので、ポエットじゃなくて「ポエマー」だと呼んで（笑）。その人たちが、内容空疎だが大仰で詩的な文句をマンションの広告や旅館の広告にしたり、町興しの文句にするなどして空費していると。

與那覇　かつて柳田國男が〝目に一丁字なき人〟を常民と呼んだように、〝目にポエムしかなき人〟が、現代版の常民たるヤンキーであると。ただそれって、また丸山眞男を借りると「亜インテリ系」のヤンキーですよね。中途半端に言葉に引きずられている。

斎藤　そうなんです。相田みつを系ヤンキーともいえますが、ポエム的な言葉が好きなんですよ。情緒的なもの、感性的なものをそそるような癒し系の言葉などですね。切断的な使い方をしているということではなく、包摂的な使い方をしているという意味でポエムを媒介にしてヤンキー同士が連帯しているところがあるんです。

絵手紙なんて典型的ですね。絵手紙って個性的に見えて、じつは匿名的なんですよ。誰が書いても同じような、ほっこり感があるということで（笑）。

與那覇　だとすると一見ハイソっぽいフェイスブックも、じつはヤンキー化のメディアなのかもしれませんね。書くのはポエムでよくて、返す言葉も「いいね！」一択。

斎藤　きわめてプライベートなことを書きながら、なぜか、どの記事も同じように見えてしまうし、相手に対しては「いいね！」以外は求めていないという。最近は、不幸な近況に対して「いいね！」を押すのは違和感があるので、「共感！」ボタンをつくったほうがいいという話も出ているらしいですよ。非常にくだらない話で。

與那覇　二択になっても機能は同一のままであると（笑）。「いいね！」の原語は「Like」でしたか。アメリカの元祖ヤンキーによる発明が、もともとフェイク好きな日本版ヤンキーに受け入れられたという構図かもしれません。

斎藤　それも工夫しながら、ということですね。アメリカ産の流行を改造しモディファイして取り込む身振りも非常にヤンキー的と言えます。

與那覇　フェイスブックにせよツイッターにせよ、サイバースペースをヤンキー向けにモディファイすることで、日本でも成功したメディアといえそうですね。逆に、ネット時代の初期にはハイレベルなブログ論壇をつくろうとか言っていたのに、そっちはなくなった。要するに日本社会で求められるコミュニケーションは、言語以前の何かだったということだと思います。

たとえば授業で、アニメ作品の読みとき方を教えますよね。でもその作品がテレビでかかった時に、学生が解説として披露しようとしたら、一緒に見ていた親に怒られたというんですよ（笑）。作品に没入したい人にとって、それをさまたげる分析的、ないし切断的な言葉は邪魔なんですね。

斎藤　考えるのがダサいことだとされている面もあるんですよ。スクールカーストにも反映されていて、理屈を言うヤツ、考えるヤツは「キモイ」と言われ、カーストの「中」以下になってしまう。そういうところで求められるコミュニケーションスキルは何なのかといえば、ロジカルな能力ではないし、ディベート能力でもない。空気が読めるかどうか、笑いが取れるかどうかだけなんです。

日本教とは「人間教」

與那覇　たぶんいまだと、LINE的コミュニケーションスキルともいえそうですね。欧米産のSNSにはまだ残っていたインテリ臭を完全に抜いたから、一番当たった。

斎藤　再帰的な親密さの相互確認メディアですね。私はそれを「毛づくろい的コミュニケーション」などと呼んでいますが、でも、そのコミュニケーションスキルは企業に入ったりすれば使えないでしょ？

與那覇　いや、むしろ新入社員に求めるのはそのレベルのスキルだけで、あとは言語化以前の「暗黙知」が長期雇用を通じて組織に蓄積されているから、グループワークを通じて身体で覚えさせるというのが日本的経営だったのではないでしょうか。周囲に合わせる協調性さえ持っていれば、他の要素は入社後にいくらでも仕込めると。つまり、人間というものをきわめて均質的に見ている。

『「空気」の研究』で知られる山本七平は、日本人とは「日本教徒」のことであり、その内実は「人間教」だと言っています。人間教とは〝人間、裸になればぶっちゃけみな同じだから、わかり合えるはず〟という発想のことですね。日本人はそう信じているから、自他の〝違い〟を明確にしてゆくような、切断的な言葉の使い方はできない。

斎藤 「日本教」のボトムには、やはり「神道」があるような気がします。教義も教祖もなにもない中空構造だけに、あらゆる「信仰」を包摂してしまうメタ宗教的な位置づけですね。昨年式年遷宮を行った伊勢神宮に行ってみたら初詣と見まがう人混みで、「彼らのどこが無宗教か！」という気分になりましたね。

神道では、それこそ裸になれば神も人もない。「裸になれば人間同士」という幻想は、それこそ悪しきホンネ主義に通じていますね。ホンネでぶつかれば思いは必ず通じる、という発想も、きわめてヤンキー的です。それこそ橋下徹が沖縄の米軍基地に行ったときに司令官に対して……。

與那覇 「性犯罪を抑えるために、風俗を活用して」と言って問題になりましたよね（二〇一三年五月）。

斎藤 ぶっちゃけていえば、「お前らも風俗好きだろ?」みたいなことをやらかしちゃったわけですよね。

與那覇 連続性の言葉で「俺らみんな風俗好きなんだからさぁ、内心ではお前らも好きだろ?」と抱きつきにいったら、一緒にすんなと撥《は》ね飛ばされたわけですね。

斎藤　橋下徹は本音主義でウケた人だから。アメリカ人も本音主義が通用すると思ったら、全然通用しなくて、コケてしまったわけですね。やっぱり理想を語るべき場面と、本音で語るべき場面の使い分けができなかったということが、ヤンキー主義の限界かなという気がします。あの辺がまさに言葉を重視しないことの弊害と言えますね。

「安倍晋三くん」「はいっ」の民主主義

與那覇　その問題でまさにいま心配なのが、保守回帰したといわれる安倍自民党です。言葉の使い方が非常に稚拙だという印象がある。改憲論にしても、たとえば前文にある〝平和を愛する諸国民の公正と信義に信頼して〟の文言が「はい間違い。だって北朝鮮は平和を愛してないから」とか言う政治家がいるわけでしょう。理想を述べる部分と現実を述べる部分の違いも、そのように述べることで国際社会への復帰（国連加盟）を勝ちとったという歴史的な文脈も読まずに、文字面だけを取り出して「俺のハートにガツンと来ないから変えようぜ」みたいなレベルの話をしている。

昔、ネット右翼がしたり顔で「集団的自衛権がない日本は異常です。つまり自衛官は日本国民という集団ではなく、自分個人のことしか守れません」と書いているのを見て、ものすごい衝撃を受けたんですけど（笑）、国の中枢までそれと変わらないレベルになっているんじゃないかという恐ろしさを感じます。「現に俺にはこう読めた」という手前勝手な解釈を、一度も吟味せずに、おのずと内外に通用するものだと信じてるんですね。

斎藤　ヤンキーが重視するのは、個人ではなく、家族や地元をはじめとする中間集団なんです。そこにおけるあうんの呼吸は言葉がいらない世界だということですよね。そういう中では言葉を重視すれば、ダサいとか、わずらわしいとかいうことになりやすいでしょうし、個人という発想も欠落してくる。自民党の改憲案を見ても、「公共」という言葉がすごく乱発されていますけど、結局、この公共って世間のことだろう、中間集団のことだろうとしか思えない。パブリックという概念がないんじゃないかという印象が強いですよね。

與那覇　民主党政権の際にインテリは「新しい公共」（♦16）といって、それに対抗しようとしたわけですけど、結局うまくいかなかったということですね。

斎藤　だからまあ、民主主義というものの理解が、どこまでいっても「多数決の民主主義」、もっと言えば中間集団民主主義になっていて。もうひとつの重要なベースであるところの「個人主義」的なところが完全に欠落したままの状況が続いている感じがしますね。

與那覇　僕なんかむしろ多数決主義どころか、国会では総理大臣も含めて一様に「君づけ」で呼ばれるところが、日本人にとっての民主主義なんだろうなと思っていますね。

斎藤　あれはいつからなんですか？

與那覇　きちんと調べたことはありませんが、帝国議会の速記録を見ると、どうも最初期からたとえば予算委員長が「総理大臣松方〔正義〕君が、予算に就いて説明したいと……」みたいにやっていたようですね。個人的にいまでも印象に残っているのは、九三年の非自民・非共産連立政権のとき、土井たか子さんが女性で初めて衆院議長になって「細川護熙さんを、内閣総理大臣に指名することに……」と「さんづけ」でやりましたでしょう。僕は中学生でしたが、〝日本はじまったな感〟があったのをすごく覚えてるんですよ。

斎藤　ちょっと進歩したという。

與那覇　音として開かれた感じでしたよね、議長が代わるとすぐ戻ってしまいましたが。日本人にとっての民主主義では、政権は自民党に基本ずっとお任せだけど、その偉い自民党の総理大臣様でも、国会に出てくれれば君づけだと。あの「安倍晋三くーん」「はいっ」ってやるときの一見平等な感覚が、ヤンキーにいちばんマッチする民主主義観なのかなと思いますね。

◆16　厳密にいうとこの概念は二〇〇〇年に、小渕恵三内閣の懇談会が最初に打ち出したもので、東島誠氏との対談（第一部）で言及された公共哲学ブームの背景ともなった。ＮＰＯなどの制度として新しく、自発的・可変的な組織を伸ばして「小さな政府」を実現する志向を持っていたが、かえって不透明なロビイ団体の増加を招いたとする批判も強い。

究極の無責任体系

斎藤　ヤンキーカルチャーは一見、タテ社会的に見えるんですけど、一方では下剋上もあり、だったりして、ダブルスタンダードなところも見られるんですね。

與那覇　山本七平は人間教を批判する反面で、その「裸になればみな同じ」が一種の平等主義であることを評価もしました。彼は下剋上についても面白いことを言っていて、別に下のものが上のものを殺しちゃうのが下剋上ではないと。むしろ上のヤツをお神輿《みこし》に祀り上げて、彼を支えるためという名目で下が実権を握るのが下剋上だという。

実は丸山眞男も晩年の「政事の構造」という講演で、まつりごとが「祭事」から来るというのは間違いで、正しくは「奉仕事」だという本居宣長の見解を引いているんですね。つまり天皇のような日本のトップは統治に正統性を与えてあげるだけで、実質的な意思決定は彼らを「奉って」いる、下のものがやるのが日本では常態なんだと。

斎藤　お神輿なら一人ぐらいぶら下がっていても関係ないといった無責任な体系の完成形みたいなところで、「中心が空虚でもかまわない」となってくるわけですね。半藤一利さんの『日本型リーダーはなぜ失敗するのか』（文春新書）にも、同様のことが書かれていました。「参謀重視」の日本型リーダーシップ、すなわち「お神輿に担がれているだけ」の無能なリーダーと、その権威を笠にきて権限を振りまわす参謀の組み合わせですね。権限と責任が乖離したこの権力構造が、犠牲者三百万人以上を出した太平洋戦争の惨状をもたらしたと。

いまや無謀な作戦の代名詞ともなったインパール作戦を発案・指揮した牟田口廉也《むたぐちれんや》は、七万人が餓死している最中に水垢離《ごり》で気合いを入れていたそうで、ヤンキー的な中間管理職の暴走の後は死屍累々という風景は、昨今のブラック企業に受け継がれています。

與那覇　そういう戦前の無責任の体系を、丸山たち進歩派は当初、民主主義で克服しようと考えたのですが、やってみてわかったのは実は、民主主義は究極の無責任の体系にもなってしまうということだったんですね。「だって、お前らが選んだんだろ。俺は奉られてるだけだ」って、政治家が言っちゃえばいいわけだから。橋下さんはそこがわかってるから、「嫌なら落とせばいいじゃないか」という言い方をする。

斎藤　それは日本型解釈のトンデモ民主主義的な発想ではないでしょうか。個人主義抜きの民主主義は、結局は無責任な中間集団の競合になってしまう。国益以前に省益をめぐって汲々とする日本の省庁が良い例ですね。本来は、その立場になった人が決断をして責任を取るべきだというルールはあるんだと思います。それが本音主義に覆されてしまうところに日本的民主主義の限界がある。

與那覇　「ネット民主主義」に限らずそもそも民主主義自体、ヤンキーでも操作可能なようにモディファイされたかたちでしか、日本では定着しない、ということですね。

斎藤　残念ながらそうなんですよね。ヤンキーにアニメを見せようと思えば、ジブリ的なマーケティングをするしかない、というようなことにもなってくるのと同じです。

補助輪付きだった戦後民主主義

與那覇　ヤンキーは切断をいちばん嫌うのに対して、日本のインテリは「まず切断しろ」って言う人が多かったと思うんです。戦前だと、共産党で一時エースだった福本和夫が「分離結合論」といって、しっかり意識の高い前衛党を、いったんは大衆から分離しないとダメだと。戦後には丸山眞男が、日本は八月十五日でもう戦前と切断されて、民主国家になったんだ、と説きましたよね。

斎藤　ということにしましょう、と。森鷗外の「かのように」の論理ですね。意識されたウソの上にしか価値は成立しない、と。切断されて民主国家になりました、というウソをみんなで演じていこうと。

與那覇　一度は切断しよう、ないし切断されたことに「しましょう」と言うんだけど、なにせ一般国民がみんな潜在的にヤンキーではそもそも分離できないことに気がついて、苦悩したり転向したりするわけです。一番穏健な転向のしかたが、インテリとしての理想を捨てずに、ヤンキーでも操作可能なかたちにモディファイするというものだった。

いま思うと五五年体制というのは、奇跡的にそれがある程度できていたんですね。たとえば九条平和主義って、左版のヤンキー思想だったからこそ定着した面がある。

斎藤　左版のヤンキーですか、あれは？

與那覇　ある時期まで「自衛隊違憲論」が根強くあって、「〝戦力は、これを保持しない〟って書いてあるんだから、違憲だろ。はい論破」みたいになっていたわけですよね。現在の自民党改憲派の憲法の読み方も幼稚だけど、ちょうどそれを左側に裏返したようなレベルで戦後左翼もやってきた。だけど、そこまでヤンキー並みにシンプルな感覚で訴えてきたからこそ、社会党は長きにわたって国会での三分の一を堅持できていたんだと思います。

五五年体制は、ヤンキーがプレイしても大失敗しないようにチュートリアルされたゲームだったんですね。いわば初心者でも操縦できる「補助輪付きの民主主義」だったのを、左のインテリたちがやっぱり補助輪を外さないと本当の民主主義じゃない、と考えて試してみたのが、九三年以降の二十年間でした。

そこでいう補助輪とは自民党の一党支配のことだったのですが、それは失敗して、今度は安倍さんたち右のヤンキーが、軍事的な米国依存という別の補助輪を外そうとしている。要するにアメリカの防衛システムに組み込まれて、頭を抑えられているのが気に食わんから、それを外して靖国くらい自由に行ける、戦争も任意にできる国にしようぜと。

斎藤　九条については悩むところもあって、私としては憲法と軍備の矛盾に悩み続ける内省性という「正気」が重要であるとさしあたり考えていますが、歯切れが悪いことは事実です。柄谷行人さんなどはもっと過激に贈与としての軍備の放棄を提案していますが、これは理性的判断と言うよりは〝贈与という狂気〟の擁護にみえる。いずれもヤンキー層には到底アピールしそうにないアイディアです。

わずかな救いは、やはりヤンキーは国益など顧みないし、良くも悪くも関心領域が親密圏止まりなので、意外に好戦的ではない点でしょうか。片山杜秀さんは『未完のファシズム』で、明治憲法の定める国家体制が多元化された権力分立体制であったため軍の暴走が止められなかったという問題と、この体制ゆえに日本では権力一極集中が起こらず未完のファシズムに終わるほかはなかった点を指摘されていますね。

私はヤンキーの反知性主義も、思想や言葉が感覚可能な身体性を超えることを許さないため、革命も起こせない代わりにファシズムや極右のような過激化にも歯止めになるとは考えています。それは安心できる面もありますが、少しでも社会を変えようとすれば、常にヤンキーの分厚い壁が……。

與那覇　立ち塞がりますよね。個人的には、そういうこの国の体質自体をなんとかしたいと思うのですが、敗戦で変えられなかったものがそうやすやすと変えられるとは思えないし、おっしゃるように〝より悪く〟変わってしまう危険性もあります。今より開かれた〝ヤンキーがプレイ可能な民主主義〟のモデルを、細々とめざしていくしかないのかもしれませんね。

社稷信仰と左版ヤンキー2・0

斎藤　これからは非ヤンキー的なキャラがスターになるしかないとも思うんですが、それにしても百年くらいは無理な気がしますね。

與那覇　そのときもきっとプロデューサーはヤンキーが務めないと無理というか、とにかく彼らにPRする戦略を立てないといけないのでしょうね。戦前のヤンキー政治運動といえば青年将校でしょうが、五・一五事件の三上卓が書いた「昭和維新の歌」の「財閥富を誇れども、社稷《しゃしょく》を思ふ心なし」っていうのが、たぶんいまもヤンキーにはぐっとくる。ヤンキーが大事にするファミリーとか地元とか、そういうものを指してきた日本史上の用語って、多分社稷じゃないでしょうか。だけど、それが同時に日本の限界でもあるんですね。

社稷は家と村という風に言い換えてもいいですが、たとえば富の再分配を議論するとき、いまは景気が悪いのだから仕事がない人の生活保護を増額してあげよう、というと総スカンを食いますよね。なんで努力が足りない負け組に税金を使うんだ、国に頼る前に家族に頼れよと。でも一方で、市場競争に負けそうな「地方」を活性化させるために予算をつけようというと、途端にそれについてはOKになるわけです、ヤンキー国家では。実際には国が個人を直接支援したほうが、しばしば効率的であるにもかかわらず。

要するに、日本の政財界ってほんとうは「社稷〝しか〟思ふ心なし」で、むしろ個人や国家についての思考が足りない。安倍さんたちがよく、言葉として「日本人としての国家意識が足りない」と言うのは、期せずして正しいわけですよ。家と村だけではなく、国という単位でも物事は考えなきゃダメなんだと。でも、そういう本人がヤンキー思考なので……。

斎藤　まあ、そこは期せずして(笑)。でも安倍さんの「瑞穂の国の資本主義」ポエムを読んでいると、この人に国家という概念がちゃんとあるのか疑わしくなります。『日本の起源』(太田出版)で與那覇さんが言われているように、七〇年代以降の日本はいたるところでムラ的包摂が起こり、「江戸よりも江戸的」な時代になった。この見解にはまったく同感で、この過程はヤンキー化とパラレルに進行したようにすら思います。あらゆる変革が保守の構造を強化する、きわめて巧妙なシステムですね。左翼すらもこのシステムから自由になれない。

與那覇　まさにその構図が今も続いていて、一部のリベラルの人たちが言っている「ナショナリズムはダメだが、パトリオティズム(郷土愛)はＯＫ」みたいな話が、僕はいちばんダメだと思うんです。それは左版ヤンキー２・０みたいな話で(笑)、ＰＲ戦略で言うならともかく、同化するのは知識人の仕事じゃないでしょう。「戦力不保持と書いてあるから自衛隊は違憲！」が左版ヤンキー１・０だとしたら、「ナショナリズムは靖国神社につながるからダメだけど、パトリオティズムはいいんだ。若者は大企業に入るよりNPOで町おこしを！地域の絆万歳！」が2・0。

斎藤　結局、回帰ですよね。

與那覇　ガチンコの社稷の典型は江戸時代の五人組みたいな連帯制度で、これだと村に年貢が払えないやつがいたら、余裕のあるジモティーが代わりに納めないといけない。大学院の先輩である松沢裕作さんが『町村合併から生まれた日本近代』で書かれていますが、ほんとうはそれがウザくなった人たちが支えたのが明治維新なんですよ。

ヒップホップのクルーじゃあるまいし(笑)、慈愛心溢れる地域《ホーミー》なんて幻想で、義務だからしぶしぶ助けていただけだと、町村合併の推進者たちははっきり意識していた。でもやっぱりヤンキー国家だから、地域の有力者は心底から地元の面倒をみてきたはずだと、みんなして後から思い込んできたわけですね。

気合い主義のルーツ

斎藤　もうひとつ、ぜひ伺いたかったのは、気合い主義のルーツについてです。片山杜秀さんが言われているのは、日本には資源がなかったのが大きいということで……。第一次大戦に参加した際には、総力戦なるものを理解していて、「気合い」は総力戦にならないためのものだったのに、いつのまにか「総力戦をやり抜こうぜ」という話になっていたと。

與那覇　バカだから気合い主義になったのではなく、気合い以外に資源がない国だと自覚できるくらいには賢かったからこそ、そうならざるを得なかったという分析ですよね。戦前の軍人はヤンキー度一〇〇%に見えて、中途半端にインテリ的な要素もあったことが、より大きな悲劇を生んだと。

一方で自分が『中国化する日本』で依拠したのは、いわば気合い主義のルーツとして陽明学に注目する小島毅先生の見解です。中国で宋朝以来、科挙というインテリ支配の体制を支えたのは、儒教のうち朱子学に結実する思想で、これは知性主義なんですね。「しっかり古典を読んで、修養して勉強すれば、あなたも聖人になれます」というのが朱子学の発想です。だから、試験に受かれば官僚として天下を治める側に回れる。

明朝の末期に台頭した陽明学はこれに対するアンチで、「勉強なんかしなくても聖人になれます」、というか「勉強してない人のほうが実は聖人なんです」という発想。勉強して小理屈ばかりこねるインテリは、かえってそのことで世の中を見る目が曇っていくというわけですね。

斎藤　それはもろにヤンキーじゃないですか（笑）。

與那覇　中国史の岸本美緒先生がよく引かれる例を読むと、実際ヤンキーですよ（笑）。開祖の王陽明《おうようめい》は大略、「自分の心に響かなければ、孔子の言葉であっても間違いだ」とまで言い切っているし、陽明学派の説法にはこういうのがあるんです。〝赤ん坊はお母さんを慕って泣くが、あれは儒教の経典を読んで、親に対する孝が大事だと学習したから泣いているのか。違うだろう。つまりどんな人でもその心には、はじめからおのずと道徳に適《かな》う性質がそなわっているんだ。大切なのは、そういうイノセントな「赤子《せきし》の心」を取り戻すことだ〟と。

斎藤　それでは本能主義というか性善説というか……。まさに裸になれば皆同じ、ホンネと気合いでぶつかれば夢は必ず叶う、というヤンキーポエムにまっすぐつながりますね。ヤンキー文化は形式的には儒教を換骨奪胎したところがあると考えてはいましたが……気合いのルーツまで儒教にあったとは。

與那覇　専門用語では「心即理《しんそくり》」と呼ばれるものですが、母親の比喩がでてくるあたり、儒教とは斎藤さんの言う父性なのか母性なのか、割り切れないところが面白さなんだと思います。たとえば江藤淳は『近代以前』という評論で、徳川初期の日本の知識人は天下国家に秩序をもたらす治者の言葉、つまり父性的なものとして儒学を身につけていったと書く反面で、その日本儒教では和歌の情緒と折衷しやすいこの陽明学系の成分が、中国より濃い目に出たとも指摘している。そこが案外、ヤンキー化するインテリの原点だったのかもしれませんね（笑）。

歴史意識なき日本人

斎藤　今回、対談をさせてもらって感じましたが、日本におけるいろいろな問題はヤンキーという人種の歴史意識のなさから生まれている気がしますね。

與那覇　山本七平と丸山眞男の指摘でもう一つ共通するのが、まさに日本人の思考法における歴史意識の欠如でした。山本風にいうと日本にはキリスト教のような終末論がないし、丸山流にいえば日本人は世の中の変化を「勢い」としてしか把握しないから、自分の行為を遠い将来の視点から振り返って、歴史のなかに位置づけるという感性が育たない。

言われてみると、たしかに終末論とかにハマるのっておたくのほうで、彼らは自分の嗜好を歴史的に語りますよね。元ネタや引用とか、作品相互の影響関係とか。逆に、歴史ではなく「永遠の現在」を生きているというか、〝いま、この瞬間〟の充足感を求め続けるのがヤンキーなのでしょうか。

斎藤　おたくにはまだ、歴史を知ってる者が尊敬されるという側面がありますからね。それに対して、ヤンキーの歴史意識のなさは本当に問題だし、だからこその気合いなんでしょうね、いまここでテンションを上げれば、それですべてが回る、みたいな発想にいきやすい。まさに「今・今・今・今……」の連続で、丸山の言う「つぎつぎとなりゆくいきほひ」そのものですね。日本神話がそうであるように、起源もなければ終末もない。

ただ、ヤンキー的時間意識については少し考えてみたのですが、精神医学で言う「アンテフェストゥム（祭りの前）」でも「ポストフェストゥム（祭りの後）」でも「イントラフェストゥム（祭りの最中）」でもない、特異な時間意識があると考えています。仮に「インターフェストゥム」とでもいいましょうか、祭りと祭りとの間を循環する時間を生きている。

永遠概念がないので「永劫回帰」とは言えませんが、ずっと「祭間時間」を生きている印象ですね。この「祭り」には、実際の祭りも入るし、冠婚葬祭も選挙も、あるいは天災までも入りますが、あらゆる非日常を祭り的に消費する、ムラ的中間集団の時間意識ですね。

與那覇　おそらく、ヤンキーって江戸時代の農耕社会に最適化したエートスなんだと思うんです。民俗学者の宮田登の説では、仏教の弥勒《みろく》信仰というのは本来は終末思想だったのに、日本に入ると「例年どおりの豊作を祈る」日常系の思想に変わってしまう。とにかくいま住んでるムラで、毎年豊作が繰り返してくれればそれでいいわけだから。

問題はそれが近代に入っても残り続けて、原発のように何十年間で廃炉にして、その廃棄物もまた時間をかけて処分してといった、超長期的な歴史意識がないと扱えない施設と共存してしまったことです。一方で反原発の側も江戸時代人ないしヤンキーのままだから、「いますぐ止めろ」「俺の地域には瓦礫よこすな」「将来は知らん」となっちゃう。

斎藤　ああいう場面でおたくは行動からひきこもってしまうし、ヤンキーの行動主義は山本太郎になってしまう、と。

與那覇　ヤンキー向けに〝モディファイ〟するのが仕事だったはずのインテリたちも、ヤンキーそのものになってしまった。言葉でなく行動だといって、デモに飛び込んでみんなに包まれてる感に抱かれて満足しちゃうと。やっぱり何度でも「分離」や「切断」を呼びかけ続けていくことが、この国で言論に求められる役割かもしれません。

斎藤　日本的な行動主義はなぜかヤンキー主義に帰結してしまう。そこが問題ということなんでしょうね。最大の切断は「公共」概念とセットで「個人主義」を再インストールすること、と私は言い続けてきましたが、ＴＰＰの導入や移民受け入れのような「痛み」なしには難しいかもしれません。とはいえ私も「切断」実現のために、「気合い」抜きで説得を続けたいと思います（笑）。

（斎藤環『ヤンキー化する日本』角川ｏｎｅテーマ21。なお初出時にあった語釈（注）は割愛した）

3

現代の原点をさがして

戦後再訪

二〇一四年の夏に重度のうつ状態に陥って仕事ができなくなる、直前の時期に行っていた研究を集めた。戦後という時代を二つに区切るなら（一九五五年も大きいのだが）、七〇年の三島由紀夫自決までの復興～高度成長期が「前期戦後」、七〇年代以降の低成長～バブル期が「後期戦後」となろう。七〇年にデビューし保守論壇の大家となっていった山本七平を軸に、一般には歴史の存在感が薄れていった（ポストモダン化した）とされる後者の時代を、日本史全体のなかに位置づけることが目標だった。

博士論文『翻訳の政治学』（岩波書店、二〇〇九年）で沖縄を主題に幕末～大正初期を、第二作『帝国の残影』（NTT出版、二〇一一年）では小津安二郎を狂言回しに戦前から「前期戦後」までを描いたので、後期戦後論は私なりの日本近代像を埋める最後のピースになるはずであった。今回集めた断片からも、ある程度そのデッサンは看取していただけると思う。もし書き継いでくださる現役の著者がいるなら、これにまさる歓びはない。

二〇一四年九月

一九六八年からの置手紙
――篠原一『日本の政治風土』

二大政党制への失望が広がる中、多党化が進むものの決め手となる選択肢は打ち出せそうになく、地域で直接民主主義を求める市民運動のうねりは見られるが、政治家は国民から乖離した存在となってしまい、文化や教育の保守化が進んでいる――。

二〇一〇年代の新刊にあらずして、一九六八年十二月二十日発行の篠原一『日本の政治風土』(岩波新書)の要約である。欧州を中心とした比較政治の泰斗として今も現役の著者であるが(二〇一五年逝去)、「日本」を冠とした単著としては本書が最初の作品になる。

ヨーロッパ、特に五月革命の熱狂を迎えたフランスでは、ポストモダニズムの原点としても昨今注目の集まるこの「1968」だが、近代啓蒙を重んずる岩波書店の社風は当時、全共闘世代のラディカル嗜好とは互いに遠ざけあうところがあったらしい(苅部直『物語 岩波書店百年史3「戦後」から離れて』)。実際、日本人の生活史の文脈ではこの年、国鉄(現JR)の自動券売機の導入(=セルフサービスによる合理化)と旅客用蒸気機関車の廃止(=エネルギーの電力一本化)、ダイエー香理《こおり》店の出店(=モータリゼーションと郊外化)、郵便番号制度とポケベル・サービスの開始(=情報社会の高度化)など、革命志向というよりはむしろ抽象的な管理システムが暮らしの風景に入り込み、それによって平穏な日常が延命されていく生活保守レジームの基層が形成されつつあった(小野俊太郎『明治百年　もうひとつの1968』青草書房)。

結局は、守るために(だけ)変える道が選ばれた日本版1968の風景を、当時四十代前半の気鋭の政治学者はどう眺めたか。政局を論ずる際に関ヶ原の比喩を好んだ大野伴睦《ばんぼく》(一九六四年死去)の時代と対照して、政治家の引用する故事が「最近では大分「近代化」をして……幕末維新を中心に展開されるようになった」と皮肉られる状況は、正しく今日も変わっていない。冒頭で述べた二大政党制とは、篠原著ではむろん自民党と社会党の「1½政党制」を指すものだが、その融解過程の精緻な分析は当時と現在の異同を見極める上でも、本書の白眉だろう。

自民党に加えて、すでに体制内化しつつあった社会党(とそのヨリ右寄りの分派だった民社党)の支持者は、半数近くが「ワニが頭にとまった小鳥をまもり、小鳥がワニの口の虫を食べてやるように、人間もおたがいに、もちつもたれつ、たすけあいながら生活している」といった相互扶助的な社会観に同意する点で、共通していると著者は見る。これに対峙されるのは高度成長下、都市部へのニューカマーを中心に台頭していた共産党と公明党であり、両党の支持者は「狐と狸のだまし合い」や「オオカミやライオンの弱肉強食」、あるいは「人をみたら泥棒と思え」といったシビアな人間観への共鳴度が有意に高い。かくして、自民対社会・共産のような「保守―革新という軸とはちがった物差し」が必要になることを著者は早くも予言するが、体制選択のような大文字のイデオロギーが死滅したいま、救済への物語なき疎外論ばかりが氾濫する目下の二大政党制後を考える上でも、はたと膝を打たされる視点である。

もっとも政党であるかぎり、共産・公明もこれら既成社会への憤懣層の十全な受け皿たりえないだろうと著者は見る。刊行された年の夏の参院選全国区は、青島幸男・横山ノックらを輩出してタレント選挙元年となったが、とりわけ「石原慎太郎は一人で共産党はもとより、民社党全員より多い票を集め……石原が二人いれば公明党に近い票を集めることになる」。党が党として機能していない以上、目下進行する多党化は「より正確には「多頭化」現象」だと述べ、それぞれ住民の六割、七割を超える支持を集めた飛鳥田（横浜）市政、美濃部都政にも同種の匂いを感じとる。近日の日本をにぎわした「タレント首長」の出現もまた、このとき予告されていたと読めるであろう。

その石原の核武装論など「右」の言論の政治化を警戒すると同時に、小田実らベ平連の活動に期待して閉じられるのはやや図式的だが、実はこの両名の立ち位置は逆でもありえたかもしれないと今日指摘されているのは（竹内洋『革新幻想の戦後史』中央公論新社）、転換期の時代ならではと言えようか。そのほか、階級文化を欠きサブ・カルチャーがむしろ同質的な日本らしさの「純粋培養」になってしまう社会構造の指摘や、特攻隊讃美のような情緒的日本主義への回帰が「「洋行」と「牢獄」と「年齢」」、すなわち日常生活からの乖離、ないし加齢によって根拠づけられるとの観察なども、今日の文化状況に照らして示唆が深い。「大きな物語」では現在の位置を測りにくくなったいま、真に読まれるべき歴史書とは存外、われわれが生きる時代の〈起源〉を同時代的に観察した先学の記録であるかもしれぬ。アカデミズムとジャーナリズムの接点に立っていた岩波新書の旧著三〇〇〇点は、一つ一つがその原石となりうるに違いない。

（『図書』二〇一四年九月号。特集＝岩波新書 温故知新《創刊三〇〇〇点突破記念》）

1968年の参院選で自民党から出馬し、300万票を得た石原慎太郎。
右は中曽根康弘（写真提供・文藝春秋）

二〇一四年五月

交錯する南北朝史

――網野善彦と山本七平

「大きな物語」がいつ終わったのか、と問うとき、国際的には五月革命やプラハの春の一九六八年、わが国では連合赤軍事件の七二年を目処《めど》とする見方が強いようだ。教条的なマルクス主義が失墜し、一方でそれへの対抗を軸に正統性を獲得してきた反共自由主義の意義も不明瞭になって、世界の全体を意味づけてくれるストーリーが見い出せなくなる時代。日本では七〇年に三島由紀夫が割腹《かっぷく》自殺を遂げ、「皇国史観」の物語もまたこのときに終焉を迎えている。

六六年に第一作『中世荘園の様相』、七四年に初の一般書『蒙古襲来』を世に問うて出立した網野善彦の歴史学を、かような時代における新たな物語の模索として読むことはできないか。その際に意外な補助線となるのが七〇年、ユダヤ人を装って著した『日本人とユダヤ人』で論壇に登場した山本七平である。当人はおそらく意識すらしなかっただろうが、この七つ違いの二人の軌跡には、不思議と好一対になっているところがある。

マイノリティの視角に立つ日本史叙述で知られる網野は元来、戦後政界では保守政治のドン・金丸信の地盤になった山梨県の大地主層の生まれ。東京高等学校から東京大学へと進み、もし敗戦後に共産革命がなっていれば、インテリゲンチャとして指導する側に立ったろうサラブレッド。戦時下の旧制高校時代、いかに犬死にを免れるかを考えていた非戦派の自分や渡邉恒雄（現・読売新聞会長）とは異なり、おそらく網野は「死んでもいいって、日本帝国のために死ぬべきだっていうことを言った」だろうとは、級友だった氏家《うじいえ》齊一郎の弁である（『昭和という時代を生きて』岩波書店、二〇一二年）。

一方の山本は、内村鑑三を範とする家庭で育てられた無教会派のクリスチャンで、青山学院高等部の在学中に徴兵を迎えている。高澤秀次『戦後日本の論点』（ちくま新書、二〇〇三年）が示すように、遠縁には大逆事件の刑死者・大石誠之助がおり、一族の郷土はやがて中上健次を生む和歌山県新宮市。水田に乏しく漁をもっぱらとした紀南時代の思い出を、父母に聞かされたことの影響か、生涯を通じて米食へのこだわりがなく「日本人は先祖伝来、米を主食としていたように思われがちだが、昭和のはじめですら、そうはいえなかったのではないか」（『昭和東京ものがたり』一九九〇年。現在は日経ビジネス人文庫、二〇一〇年）とは、網野ではなく山本の回想だ。

世が世なら、山本好みの帝王学・参謀学を紐解いて治者の側に立ったかもしれない網野と、出自としては「網野よりも〝網野史学〟的」な世界を生きてきた山本。しかし、一九五〇年代初頭の国民的歴史学運動から脱落したことで、日本帝国に次いで日本共産党にも裏切られた網野は徹底した「日本」の批判者へと転じ、逆に山本は独自の日本学を築く過程で、初期の軍隊三部作に見られた苛烈な日本批判をむしろ緩めてゆく。その二人の軌跡が交錯したのがまさに七〇年代前半、南北朝叙述をめぐる意図せざる同調だった。

網野の『蒙古襲来』と同じ時期、連載「ベンダサン氏の日本歴史」（没後に『山本七平の日本の歴史』として公刊、ビジネス社、二〇〇五年）で『太平記』の読解に挑んだ山本は、中国思想にかぶれた狂王としての後醍醐を徹底的に批判する。自身を中華の天子に擬するかのような後醍醐の妄想は、戦時下の大東亜共栄圏と同類の幻想であり、その破綻は——三島の孤独な自決と同じく——日本社会における必然であって、後醍醐が敗れたからこそ今日の日本の「太平」があるのだと。戦後の「人民」による革命の挫折後、後醍醐と悪党たちによる「革命」にどこか期するところのあった網野とは同じものを正反対から眺めることで、二人の人生はここで入れ替わったのだろうか。

網野は革命のできない日本を、山本はむしろ革命の必要のない日本を、ともに一九七〇年代前半に自身の物語によって位置づけようとした。もっとも、彼らが描いた物語もまた「大きすぎた」のかもしれないことは、たとえば後醍醐にはそもそもさしたるビジョンなどあったのか、という近年の専門研究の見解によっても知れる（呉座勇一『戦争の日本中世史』新潮選書、二〇一四年）。しかし、昭和の激動を生きた二人の史論がいまなお多くの人を誘うのは、それが今日の日本にとっても本質的な問いを射ているからだろう。その仔細は河野有理編『近代日本政治思想史』（ナカニシヤ出版）に寄せた拙文（本書次章）でも論じているので、手に取ってもらえることがあれば望外の幸いである。

（『ちくま』二〇一四年五月号。連載＝網野善彦没後10年。原題「網野善彦と山本七平」）

一九七〇年代試論
――「遅れてきた戦中派」の登場

二〇一四年九月

一　七〇年代という「歴史の終わり」

歴史は繰り返すか

新しい世代は、事実上、歴史を無視して行動してゆく。それは、たしかにある種の前進といえるであろう。一つの世代は消え、新たなそれが生れてゆく。だが、歴史は、いかにそれを無視しても、真に克服されぬ限り、その作用をやめはしない。[*1]

ある一つの時代を「歴史」として感じる感覚がないので、常に歴史が現在に還元されて、そのまま規範ともなれば現状の評価ともなり、価値判断の基準、行動の基準にもなってしまうわけです〔……〕従って平然と十五世紀同様の運動を起す人びとも出てきます。[2]

前者は一九六六年二月刊、網野善彦の初の単著となった『中世荘園の様相』の一節であり、後者はイザヤ・ベンダサン名義での連載が『諸君!』七二年十月号で完結した、山本七平の『日本教について』の結論部である。ここにはある種の反復の感覚——歴史が主体の意志によって進歩するのではなく、無自覚に繰り返されるという感覚が、ともに表明されている。これに、やはり七二年に公刊された丸山眞男の名高い「歴史意識の「古層」」を加えるなら、この国が無意識に太古以来の系譜をなぞりつつあるという不思議な印象がせりあがり始めた時期として、一九七〇年の前後を捉えることができるかもしれない。[3]

網野は晩年、「大学で講義をしているとき、教室の外で覆面をかぶって棒を持って石を投げている学生たちを見て、これはまさしく「悪僧」「悪党」だと、講義の中で話をした覚えがあります」[4]と往時を振り返る。山本もまた一九八二年に貞永式目を論じた『日本的革命の哲学』に、鎌倉法のもとでの「悪党が守護不入の特権をもつ荘園内に巣くっている場合の処置」は、「少々、学生運動はなやかなりしころの、治外法権的な大学構内と警察の関係を思わせる」と記した。[5]むろん、「悪党」に対する視線の所在は両名で異なろう。しかし、七〇年代初頭の全共闘時代、中世日本の姿が眼前に再来してみえたことは、やはり共通する。このことはたとえば、近代日本の政治思想史にとって、なにを意味するのだろうか。

現在の起源を求めて

しばしば丸山眞男の名に代表される「戦後民主主義」を主軸に語られてきた戦後思想史は、近年、多様な角度から問いなおされている。たとえば論壇誌という思想の下部構造に着目した竹内洋は、吉野源三郎編集長のもとで平和問題談話会が中立堅持と全面講和を高らかに謳《うた》った一九五〇年前後、『世界』の部数はむしろ下降しており、その権威の復活は「より左」の共産党の神話が失墜した五五年の六全協（第六回全国協議会。数年間にわたる武装闘争方針をみずから否定し、撤回した）の後であることを示した。以降も国民全体に広く読まれていたのは、高坂正堯《こうさかまさたか》や永井陽之助らリアリストの長編論考を世に出した『中央公論』のほうであり、六九年には保守系総合誌として『諸君！』が発足、八〇年代前半には実売部数を急速にのばして、七〇年代初頭から低迷してきた『中央公論』を追い抜くことになる。*6

また団地と鉄道という、より生活に密着したインフラをとりあげた原武史は、六〇年安保の敗北を契機に「政治の季節」（保革対立）から「経済の季節」（高度成長）へ入ってゆくとする戦後史の通説が、実態にあっていないことを明らかにした。むしろ、都市ニューカマーが団地で集合生活を送り、職場へ通う通勤列車の猛ラッシュに悩まされた六〇年代には、人々はその目標を生活環境の改善にスライドしつつ、デモ活動や革新支持の政治意識を継続させており、決定的な転機はやはり七〇年代初頭、マイカー利用を前提とするニュータウンの建設とともに、いわゆる郊外化が始まって以降のこととされる。[*7]

人々の感性に着目した研究となると、この一九七〇年前後の転換への注目はより顕著になる。全共闘――「七〇年安保」の挫折は、国民全体が共有しえる「大きな物語」（進歩という歴史観もまた、その一つであろう）が存在するという前提を喪失させ、多様なサブカルチャーを拡散させていった。[*8] 社会運動の内部でも旧植民地問題の告発や女性からの異議申し立て（ウーマン・リブ）が行われ、貧困の解消のような「わかりやすい」目標よりも、生きがいの獲得といった人それぞれに輪郭の曖昧な争点が前景化していた。[*9] 若年齢者は「青年」ではなく「若者」と呼ばれるようになり、今日ふうの孤独なメディア人間として後者を捉える論説も出そろっていた。[*10] 六〇年安保の時点では存在した、デモのなかで密着させあう生身の肉体から得られる快楽は、新左翼のセクトによる大学占拠ではすでに、どこかゲーム的でバーチャルな、高所からの投石や火炎瓶の放擲《ほうてき》に代わっていた。[*11]

これらは後から指摘されるまでもなく、同時代を生きた人々に体感されたことだった。たとえば、江藤淳が目下の左右対立はすべて空疎な「「ごっこ」の世界」にすぎないと断じたのは、『諸君！』一九七〇年一月号の誌上である。しかし「七〇年代の国際情勢を展望して確実にいえることは、米ソによる核保有の二極構造といわれるものが崩壊して多様化」することであり、その下で日本の「真の自主独立は、案外早期に達成されるかも知れない」という予想は、前半しか当たらなかった。どこか偽物のようにみえる眼前の風景が消滅し、「これまでに日本人の持ち得た真の経験の最後のもの」としての敗戦時の廃墟がよみがえると唱えた江藤の言に反して、[*12]その後に進展したのはバーチャリティの高度化のほうであった。国民全員が共有する真の歴史なるものは、このときすでに終わっていたのである。

遅れてきた戦中派たち

従来語られてきた歴史のナラティヴが急速に、国民のあいだでその実在感を減じてゆく一方で、しかしそれでもなお「日本的」としか形容できない生温かい日常が、無自覚に繰り返され続いていくようにもみえる。かような時代に、戦後派を代表する江藤（一九三二年生）がみようとした四五年の敗戦を超えた深度から、歴史と現在との関係を再構築しようとしたのが、「遅れてきた戦中派」と呼ぶべき一連の歴史家／史論家だったのではないかと思う。一般には、戦中派とは二〇年代半ばの生まれで（徴兵されれば）特攻隊員にすらなった可能性のある世代であり、戦後も生き残ったことへの後ろめたさや、平和に対する虚脱感、暴力や死への憧憬をモチーフとした作家や思想家を指す。

典型的には、まさしく一九七〇年十一月二十五日に自衛隊市ヶ谷駐屯地で割腹自殺を遂げた三島由紀夫（一九二五年生）であり、六八年刊の『共同幻想論』をはじめとして当時の新左翼に熱烈な読者を得た吉本隆明（一九二四年生）だろう。六〇年刊の『日本浪曼派批判序説』以来、丸山門下の異端児として戦前日本における非合理な政治的パトスの探求を続けた橋川文三（一九二二年生）の名が挙がることも多い。いずれも饒舌なまでに情熱的で、熱い政治の季節に身を焦がしたとされる表現者たちだ。

しかし、そのような「わかりやすい」――革命ないし反革命という、巨大な歴史の変動を志向する――政治のあり方が退潮し、むしろ「歴史の終わり」が始まろうとしていた七〇年代の初頭になってから、日本史の語り手として世に出た戦中派世代がいる。それこそが、七〇年五月に初めて（事実上の）自著『日本人とユダヤ人』を刊行した山本七平（一九二一年生）であり、七四年に二冊目の単著『蒙古襲来』（小学館の「日本の歴史」シリーズの一冊で、初の一般書）を世に問うた網野善彦（一九二八年生）だった。あるいは時代小説家としてはすでに名声を得ながらも、七一年からエッセイ『街道をゆく』の連載を開始して「在野の歴史家」としての相貌を強める、司馬遼太郎（一九二三年生）を加えてもよいだろう。*13

実際、司馬については松本健一が、その叙述活動に与えた三島事件の影響を発掘している。司馬が自身の体験として語り継ぐことになる、本土決戦時には戦車で避難民を「ひき殺していけ」と言い放った大本営参謀の挿話は、『朝日ジャーナル』七一年一月一・八日号での鶴見俊輔との対談「歴史のなかの狂と死」に現れる。前年、三島自決の翌朝の『毎日新聞』紙上で「思想というものは、本来、大虚構であることをわれわれは知るべきである」と断じ、その「虚構を現実化する方法」は死に至る「狂気」しかないとしてその自死を解説した論考「異常な三島事件に接して」のロジックとの相同性を考えた場合、それは明らかに三島の思想に対するアンチテーゼとして、このとき創作されたものだというのである。[*14]

ここにあるのは歴史への問いであり、日本への問いでもあろう。三島が掲げた理想だけが日本であり、彼に連なる系譜だけが歴史であるのか。そのような誤解を正し、日本を再度の破滅から救うためにこそ、いま歴史は新たな形で語りなおされなくてはならないのではないか。かくして、彼ら「遅れてきた戦中派」がそれぞれにみた「戦後」の風景が、新たな日本史像を形づくり始める時代として、おそらく一九七〇年代はある。

二　イザヤ・ベンダサンと五つの戦後

反復としての戦後

フィリピン戦線からの帰還兵であり、聖書関連の翻訳書を専門とする個人出版社・山本書店の店主だった山本七平の名が世間に知られたのは、架空のユダヤ人たるイザヤ・ベンダサンの筆名で刊行した『日本人とユダヤ人』がベストセラーになってのことだった。何名かの相談にあずかったユダヤ人が実在したとはいえ、基本的にはベンダサンと山本が同一人物であることは今日確定しており、なぜ「ユダヤ人」にみずからを仮託したかという疑問も「契約なき民」としての日本人と対をなすうえで、「契約の民」ユダヤ人の立場をとることが至便だったとする評伝の解釈がひとまずは妥当であろう。[*15]

謎のユダヤ人ベンダサン初の大型連載となる、七一年五月号から『諸君！』に掲載された『日本教について』の前半で、山本は三島事件に対する司馬の応答の意味を掘り下げている。いわく司馬のほか、佐藤栄作首相から大内兵衛にまで一様に狂気と評された三島の主張は、その檄文を読むかぎり（賛否は別にして）筋が通っている。自衛隊の存在を憲法に書きこむためには、合法的な改憲が不可能となった以上、クーデターが必要だという論理の展開じたいは合理的だからだ。これに対し思想が虚構であることをわきまえて、現実とのバランスをとれと主張する司馬の論理は、「実体語」と「空体語」の両者を天秤の両側に載せて釣りあわせようとする「日本教」の典型的な思考法に陥っているという。[*16]

『日本人とユダヤ人』山本書店版の表紙

日本教とは、合理的な必要性に基づいて語られるロゴスの言葉（実体語）のみによって秩序が作られるのではなく、逆に合理性を欠くことが発話者にも感知されてはいるが、しかし心情倫理としては噴出せざるをえないパトスの言葉（空体語）もまた口にされ、その両者の力関係の平衡を目指して社会は運営されるべきだとする発想をいう。たとえば江戸時代であれば、将軍が実権を握る政治を肯定するのが実体語であり、それは天皇を国王とする建前に反するから問題だと高唱するのが空体語にあたる。幕末ならば、客観的な情勢として開国が必要だとする実体語と、あくまでも攘夷を訴える空体語。戦時下では、敗北・降伏は不可避だとする実体語と、一億玉砕を貫けという空体語。[*17] 三島がこだわった自衛隊の問題も、その軍事的な必要性を認める実体語と、違憲性を糾弾する空体語がバランスをとっているのが現状だと考えれば、決して戦後に固有の現象ではないという。

したがって、「三島由紀夫氏のあやまりは、今のような状態は戦後の日本のみのことであって、昔は（といってもわずか二十六年前の戦前は）そうでなかったと考えたことでした」。一七五九年の『柳子新論《りゅうししんろん》』で、山県大弐《やまがただいに》が朱子学の正名論に基づき「実権のない名目的君主〔天皇〕と、名目的には君主でなくても、実際には君主であるもの〔将軍〕、の二者があり、これは正しい状態ではない」と述べたとき、彼は三島と同様、この政治の言語が実体語と空体語に分裂する日本教の体制こそを告発していたのであって、だからこそやはり三島のように、抹殺されねばならなかった（明和事件で処刑、一七六七年）というのである。[*18]

日本教の社会では、実体語のみに依拠して空体語の世界を否定するのではなく、両者を天秤にかけて平衡をとる姿勢が求められるが、「この天秤の支点が実は「人間」という概念」

である。この国で人間らしいと認められるためには、空体語にも耳を傾け、理解を示さなければならないというわけだ。しかしその天秤の釣りあいをとるには、実体語の存在感（たとえば敗戦の不可避性）が重くなればなるほど、空体語（本土決戦・玉砕思想）のほうもエスカレートさせざるをえず、どこかで破局が訪れざるをえない。結果として「天秤は平衡を失って一回転しますが、その時に天秤皿の上の実体語も空体語もすべては落ちて消え、関係者はすべて言葉を失」い、しかし日本人はその言葉のリセット状態、すなわち「支点を中心とした一種の一回転＝自転《ローテーション》」を「心機一転」と呼んで、ふたたび別の言葉を載せた「天秤体制《バランスクラシー》」を再開する。*19

ここで扱われているのが、かつて六〇年安保の前後に鶴見や橋川も含めた思想の科学研究会によって編まれた『共同研究　転向』と同じ問いであることは、自明であろう。日本近代の宿痾《しゅくあ》とみられて久しいこの問題を、しかし前近代の伝統に遡って解きなおそうとする山本は、必然的に三島や江藤とも異なって、一九四五年の敗戦のみを特別視しない視座に立つ。そこで生じた総転向自体が、より以前に起きたなにかの反復にすぎないのだ。

遡られた五つの戦後

一九七一年の末から『文藝春秋』に三回のみの小連載となった「日本教のバイブル」で、「内部にいる者は、みなそれを当然とする世界に生きているのだから、それを自ら［日本教と」名づけることは、まずありえない[*20]」と述べるとおり、ベンダサンの仮面とは山本にとって、日本社会の外部に視点を仮構するための技法だった。そして単行本化されたベンダサン名義の著作を通覧すると、その発想は同時に四五年以降の「戦後」を相対化する効果をも、もたらしていたことに気づく。数点の短期連載を例外とすると、そこで山本は一作ごとに、一つずつ日本史上の「戦後」を遡るという戦略をとっているのである（表3）。

すなわち、三島事件の分析に始まり時評色の濃い『日本教について』が①「大東亜戦争」の戦後についての考察だとすれば、『文藝春秋』で一九七二年末から七四年春にかけて続いた「日本人と中国人」では、文中で「小東亜戦争」と呼ばれる②朝鮮出兵の「戦後」としての近世社会が主に論じられる。さらに『諸君！』の七三年一月号から始まり七五年二月号まで続く「ベンダサン氏の日本歴史」は中世、③南北朝動乱の「戦後」に描かれた『太平記』の分析であり、『野生時代』誌で創刊号（七四年五月）から始まり同じ時期に完結した「日本学入門」（単行本版の標題『日本教徒』のほうが著名なため、以下そう表記する）では、古代の終わりを告げた④源平合戦の「戦後」に叙された『平家物語』——正確には一五九二年（つまりこれも⑤戦国時代の「戦後」）、西欧人宣教師向けに不干斎《ふかんさい》巴鼻庵《ハビヤン》（一五六五〜一六二一）が編集した「ハビヤン版」のそれ——が、主たる資料とされている。ベンダサンとしての山本は、『日本人とユダヤ人』の時点ですでに頻出していた「日本教」（「人間教」とも呼び換えられる）の形成過程を、日本史上の主要な外征・内乱を遡りながら探求していたといえるだろう。

書名(連載名)	掲載紙誌	連載期間	単行本化	
			同時代	没後
日本人とユダヤ人	(書き下ろし)	———	1970年5月 (山本書店)	———
日本教について	諸君!	1971年5月号 ~72年10月号	1972年11月 (文藝春秋)	———
日本教のバイブル	文藝春秋	1971年11月号 ~72年2月号	———	2013年1月 (さくら舎)*
日本人と中国人	文藝春秋	1972年12月号 ~74年4月号	———	2005年1月 (祥伝社)
ベンダサン氏の日本歴史	諸君!	1973年1月号 ~75年2月号	———	2005年2月 (ビジネス社)**
にっぽんの商人	日経流通新聞	1973年5月16日 ~9月26日	1975年3月 (文藝春秋)	———
日本人のための 〈アラブ史・中学生教科書〉	諸君!	1974年3月号 ~5月号	———	2007年7月 (祥伝社)***
日本学入門 (単行本名:日本教徒)	野生時代	1974年5月号 ~75年2月号	1976年8月 (角川書店)	———

没後の単行本化時の書籍タイトルはそれぞれ　*『日本教は日本を救えるか ― ユダヤ教・キリスト教と日本人の精神構造』
『山本七平の日本の歴史』　*『中学生でもわかるアラブ史教科書 ― 日本人のための中東世界入門』に改題

表3　単行本化された「イザヤ・ベンダサン」名義の連載一覧

なぜ、日本教の探求は四ないし五つの「戦後史」の形をとったのか。その背景には一九七二年の日中国交正常化に前後して、太平洋戦争後という意味での「戦後」が大きな曲がり角を迎えたという、山本の洞察があったと思われる。[21] 冷戦体制の変容に伴い「今や人類は「地球に鎖国された」のと似た状態に近づきつつ」あるために、逆説的ながら、元来は徳川時代の「鎖国という一種の実験的状態」の産物だった「「相互懺悔⇄相互告解」の日本教＝人間教といった考え方」を、日本のみではなく「人類の経験」として捉えなおさなくてはならなくなった。[22] 共産中国との和解を日本が乗り切れるかは、その最初の試金石なのであり、そのためにこそまずは「小東亜戦争」の戦後処理としての徳川体制を振り返ろうというのが、『日本教について』から「日本人と中国人」にかけての問題意識となっている。

「相互懺悔⇄相互告解」とは、典型的には日本のキリスト者——山本のいう「日本教徒キリスト派」が、具体的な行為を特定して法に見合った罰を科すことを「ユダヤ教的律法主義」だと誹《そし》り、むしろ「「ゴメンナサイ」といえば、行為は不問に付す」ことで同じ人間としての罪悪感を共有していることをたがいに確認する営みこそ、あるべき裁きだと観念しているさまを指す。目下で高まっている対中謝罪論も、謝れば責任は不問に付されるはずだという前提でなされるかぎり、むしろ日中の和解ではなく新たな争乱につながる恐れがある。「中国人は日本教徒ではありませんから」、謝るなら責任をとれとして、たとえば虐殺に関与した旧日本兵の引き渡しを要求するかもしれず、そうなれば日本教徒は逆に激昂するであろう。[*23]

　そして山本のみるところ、大東亜戦争（日中戦争）も小東亜戦争（朝鮮出兵）も誤りの根幹はこの「日本教＝人間教」にこそある。「日本人と中国人」で山本は、日本側から申し出たトラウトマンによる和平の仲介を蔣介石の国民政府が受諾したにもかかわらず、「一切の条約は（日本国内の）市民感情が許さない限り無効である」という日本教の発想から、首都侵攻を中断できずに放置した史実こそが、南京虐殺問題の本質だという立場をとる。朝鮮出兵の際も豊臣秀吉には「昭和の軍人同様に、外交という感覚が全く」なく、「明の皇女を日本の天皇の妃とすること」という講和条件が、中国（明）側の目には「日本国王に冊封してほしい」

という要求にみえることに思いが至らず、和平を決裂させたという。[*24]
たがいに異なる存在どうしが契約やルールによって共存するという――ユダヤ教の律法に山本が仮託した――発想を理解せず、つねに自他が「同じ人間」だと考える日本教のゆえにこそ、日本人は近世・近代の二回にわたって、隣国との戦争を止められなかったと位置づけるのだ。

中国化しそこなう日本

その一方、同じ連載で山本は「一つの思想が国家を作ったという点で、日本国と共産主義国とは非常に似た点が」あるとも述べる。その思想とはすなわち戦前日本の国体を創出した尊王思想であり、頼山陽の『日本外史』（一八二七年頃）に至る近世期の「『皇国史観が明治の天皇制を生み出した』のであって、『明治以降の天皇制が皇国史観を生み出した』のではない」。そもそも楠木正成を忠臣として初めて評価したのが明朝の亡命儒学者・朱舜水《しゅしゅんすい》であり、中国史上の「殉教者列伝」である浅見絅斎《けいさい》『靖献遺言《せいけんいげん》』（一六八七年）が忠義に殉じて一族滅亡におもむく「大楠公」像の造形に影響を与えたように、元来皇国史観は「輸入中国思想」による自国史の描きなおしとして始まった。だから明治維新とは「中国化革命」だったのであり、そのことを知らずに日中友好を説くのは「非常識」だとまでいう。[*25]
しかし、だとすれば日本社会は中国とも相似形をなす社会であり、むしろ日中間での対話は容易となるはずではないのか。「ベンダサン氏の日本歴史」はいわば、そうならなかったゆえんを、南北朝時代における後醍醐帝（一二八八〜一三三九。在位一三一八〜一三三九）――すなわち「宋思想を基にした中国化革命」の主導者の挫折に探った論考だといえる。建武新政とはのちの明治維新とならんで「わずか二例しかない自発的思想運動」、日本人が「はじめて「政治的イデオロギー」に基づいて行動した」体験であり、したがってその正統化を目的とする『神皇正統記』（一三三九年）に宋代の『資治通鑑《しじつがん》』（一〇八四年）の影響がみられるのも当然である。しかし「天子絶対的体制」と科挙による官僚機構を伴う「当時の世界における最も完備した中央政府」だった宋朝中国の体制を、日本に導入する余地はそもそもなく、必然的に源頼朝以来の系譜を引く「一種の自治団体群の裁定機関」としての武家政権（幕府）に、道を譲ったのだという。*26

したがって連載の終幕、「後醍醐帝の死は、いわば一つの「虚構《フィクション》」の終りであった」と述べる山本は、ふたたび三島事件に対する司馬遼太郎の批判を引用し、それを「（輸入の中国）思想というものは、本来、（現実の日本にとっては）大虚構であることをわれわれは知るべきである」と読みかえたうえで、かような「司馬思想」＝日本教を定着させたものこそが、建武新政の失敗だったと結論づける。後醍醐とは日本の実情から遊離した、いわば空体語のみを語る人だったのであり、だから日本社会におけるその正しい処置は目下の「政権担当能力なき〔護憲派の革新〕政党」と同様、権威に祀り上げて（実体語の世界を扱う）政治の実権から切り離すことになる。その意味でわれわれはみな建武新政（の破綻）の子であり、南北朝の「戦後」をいまも生きているのである。[*27]

三　遅れてきた敗戦ともう一つの「戦後」

一九五三年の敗戦

まったく異なる思想と出発点に立ちながら、同じ時期に類似の歴史像に逢着した、もうひとりの「遅れてきた戦中派」がいた。当時、名古屋大学助教授の職にあり、一九七二年八月の『史学雑誌』に載せた論文「中世における天皇支配権の一考察」、七四年九月の一般書『蒙古襲来』によって、気鋭の中世史家として学界の内外に知られつつあった網野善彦である。自身が晩年に認めるとおり、南北朝期に日本史上最大の民族史（文明史）的転換を看取し、その主導者としての後醍醐を描く『異形の王権』（一九八六年）などに結実する網野史学のメインモチーフは、このころおおむね出そろったとみることができる。[*28]

一九二八年と、二〇年代としては遅めの生まれだったこともあり、網野には七つ年長の山本七平のような、悲惨な軍隊経験はない。内田力がきめ細かくたどっているように、その歴史研究の原点にあるのは四五年の敗戦ではなく、五三年に共産党主導の国民的歴史学運動から「落ちこぼれた」際の体験だった。太平洋戦争後という「第一の戦後」に日本中世史を画した書物は石母田正の『中世的世界の形成』（一九四六年）だが、その石母田にしたがったことで挫折した左翼運動という「第二の戦争」を経て、みずからのあやまちの起源を探究するところから出立したのが網野の中世史研究だったと、内田は述べる。[*29] だとすれば、ここにも隠されたもう一つの「戦後」があることになる（第一部も参照）。

一貫して保守論壇の雄であった山本と、終生マルキストを自認した網野とでは政治的立場は対極にあるが、実はこの二人の「戦争」体験の質は似ている。七五年の『週刊朝日』に連載された『一下級将校の見た帝国陸軍』の末尾、「日本軍は、言葉を奪った」との著名な言を残した山本は、「出てくるのは、八紘一宇とか大東亜共栄圏とかいった、「吠《ほ》え声」に等しい意味不明のスローガンだけである。人は、新左翼の言葉がわからないというが、軍部のスローガンも、実はだれにもその意味内容はわからなかった」と添えている。[*30] 網野のトラウマとなった国民的歴史学運動とは朝鮮戦争下、無謀な武装闘争路線を採用した日本共産党の方針に歴史学徒が動員されたものだが、その体験を網野は「そのころの「人民のなかへ」という理念自体、非常に観念的でインテリ的だという気持ちを持ち始め」「それを運動の内部で発言しているうちに」居場所がなくなり、離脱を決意したと回顧する。[*31]

ともにその原点にあったのは、いわば「空体語」に自分の青春を破壊される経験であり、そのような状況を生む日本という社会への問いかけだった。

自費出版ながら大ベストセラーとなった『日本人とユダヤ人』の「翻訳者・刊行元」として、笑顔で取材に応じる山本七平。本名では自身の戦争体験記を手がけてゆく（1971年）

描きなおされた歴史

自身が後年、恥ずべきものと自己批判してやまなかった網野の最初の論文は、運動に向けて走り出していた五一年一月、東大文学部の卒業論文を『歴史評論』に掲載した「若狭における封建革命」である。古代奴隷制から中世封建制への移行を歴史の進歩とみなすマルクス主義の概念を機械的に当てはめて、荘園への鎌倉地頭の侵攻を「古代的支配の停滞と頽廃の中から民族を救い、新たな飛躍をなさしめるために必要な暴力」として描写する同論文が、山本ふうにいえば空体語に満ちていることは事実であろう。[*32]

しかし興味深いのは、同年末にその理論編として書かれた「封建制度とはなにか」の参考文献に、マルクス・エンゲルスや石母田らを挙げたのち、「日本の封建制度を知る〔上〕に是非読んでほしいものとして平家物語、太平記をあげる」と添えていることだ。[*33] むろんそれ自体は、日本の民族文化の再興を掲げていた当時の共産党の方針にも沿うものだろう。しかし後年でも「観念的だったのは政治運動の方で、真剣に問題にとりくんだ努力は六〇年代以降も生命をもっていた」[*34] と述べ、民話や芸能など文化面での伝統を再考する試みに関しては運動の意義を否定していない点からみても、網野と山本の志向は見かけほど乖離していない。

実際、山本は四五年の敗戦から七〇年までの二十五年間、網野は五三年の「敗戦」から（単著の出版に限れば）六六年までの十三年間、世間に知られることなく日本人の世界観の構造を、古典や民俗的な慣習の世界に探りながら自省して暮らすことになる。

徴兵によって戦場へと送りこまれる側であり、また『日本人とユダヤ人』刊行までは洋書の翻訳しか行わず、徹底的にみずからを語らずにすごした山本に対し、網野には自分自身が空虚な言葉を口にし、さらには運動のなかで周囲の者を闘争に送りこんだ過去への罪責感があった。したがって山本幸司が論じるように、高校教員としての最後の年に出された網野の処女作『中世荘園の様相』は「若狭における封建革命」と同じ若狭国太良庄の歴史を、今度は観念ではなく実地の史料に基づき根底から描きなおす贖罪の作業となる。[*35] 一般にはほとんど無名な登場人物のみからなるひとつの荘園の歴史が、白河院政期の開墾から太閤検地による消滅までの通史として語られる、異様な迫力の書物である。

同書で網野は、古代末期に律令制の解体過程から生じた荘園統治上の職権である「所職《しょしき》」の概念が、中世に台頭した武士や百姓の想像力をも根底で規定し続けたさまを、執拗に描きだす。すなわち、彼らもまた所職に補任《ぶにん》されるという形での権利獲得を目指したため、室町期には「一般小百姓の耕作・収穫権」までが所職として扱われるようになり、所職は「外延的な発展の極限にまで到達」すると同時に「自己否定」を起こしたという。貨幣経済の発展によって、それはすでに売買・質入・譲与等が可能な「歴史を消失した所職」と化し、単なる「得分権＝利権としての姿を全面的に現わす」までに「非個性化」していたが、にもかかわらず、まさにそのこと自体によって「所職の世界は、広く深く農村のすみずみまでもとらえた」という。[*36] かような、正しく弁証法的な叙述が大半を構成する。

この所職に「かわりうる所有の形式と、それに基づく真に新たな思想を生み出しえなかった、農民や地侍の力量の不足」によって、南北朝の動乱は「完全に流産した「革命」」に留まったと、一九六六年の網野は結論づける。それは彼らが土地私有の概念や「村落共同体を抵抗のよりどころとなしえたといわれる西欧の農民たちとは異なる」「アジアの農民」だったがゆえと位置づける点、この時期の網野はいまだマルクス主義的なアジア的共同体論の圏内におり、[*37] 山本が後醍醐による上からの「革命」の挫折として南北朝を語るのとは対照的に、よりオーソドクスな人民の革命の失敗を刻んでいる。それが、山本とは異なる地点で「敗戦」を経験した、網野なりのおとしまえのつけ方であった。

接近と分岐と

「悪党」としての学生叛乱が吹き荒れた一九七〇年代の初頭に、網野と山本の思索はそれ以前にも以後にもない接近を示す。「ベンダサン氏の日本歴史」連載中の刊行となった『蒙古襲来』で、網野は元寇から南北朝にかけて日本列島に不可逆的な転換が生じたとする歴史観を提示し、「宋朝風」の学問に基づき専制を目指す後醍醐の姿を時代の象徴として描きだす。[*38] 後年、名古屋大学で同僚だった中国史家・谷川道雄との対談で「後醍醐は、宋代の制度や学問を取り入れて、君主専制を貫徹させようとしたわけで〔……〕もしも後醍醐の政府がそのまま続いていたとしたら、それ以前の天皇制とは全然違った天皇制が成立していた[*39]」と述べるとおり、それは山本が描く「中国化革命」の挫折史としての日本史像とも、期せずして近い位置にあった。

しかしみずからの「戦争」体験を振り返る視角の相違ゆえに、二人の接近はここで止まり、むしろ両者のあいだには遠心力が働いてゆく。「日本人と中国人」で山本は、『靖献遺言』以来の「中国輸入の〔天皇が全権を握る体制を理想とする〕思想を基準に」自国の過去を論評する営みの結果として、戦前の皇国史観がその実、「摂関政治は誤り、武家政治は誤り〔……〕簡単に言えば、「自国の歴史はすべて誤り」」とする認識に陥ってしまった逆説を指摘する。平田篤胤《あつたね》の国学が行ったのは、中国標準で考えるかぎり「全日本人が実は「賊」となってしまう」ところを、反転して「中国の基準にかなう例外的日本人を「全日本人」とし、それを基準にして中国を討る」という倒錯であり、それが「今度は孔子という例外を除けば、全中国人が「賊＝犬猿」」だという中国蔑視観を生じさせて、明治以降に引き継がれたのだとする。[*40]すなわち山本にとって、社会の自己否定をもたらすファナティシズムはつねに思想から生じ、それは日本人の生活世界の外部から来るものである。

たがいに裏切り者と罵りあう、過激化した左翼運動の末路を体験した網野もまた、『中世荘園の様相』でみずからの体験の原型を探る。しかし所職という利権の争奪戦のなかで「昨日人を「悪党」と難じた人が、今日は人から「悪党」といわれ」、「もはやある意味では、すべての人々が「悪党」であった」という鎌倉末から南北朝のカオスは、外来思想によって生じているのではない。元寇という対外的緊張を背景に専制的性格を強め、地頭による一円支配を強行した「得宗《とくそう》とその被官こそが、最大最強の「悪党」」ではあったが、彼らもまた旧秩序の所職の観念自体を否定できなかった以上、「歴史はその復讐を開始する。欲望は激しく爆発し、過去は新たな生命と力を得て、それ自身動きはじめる」。つまり網野にとっては、秩序の崩壊もまた自国の内的な歴史、人々の経済的な欲求とそれに応えんとする諸制度から生ずるのであり、そしてその中心にはほぼつねに「皇室をはじめとする権門勢家」がいる。*41

日本教を裏側からみる

山本はベンダサンとしての最後の探究になった『日本教徒』（単行本は一九七六年）で、「ただ黙々と伝統と社会的慣習を絶対的規範にして」生きる民衆の姿が消えた点では「非常に〝自由〟な一面をもつ」とともに、「絶望的な混乱」そのものでもあった戦国時代の「戦後」の思索者として、不干斎ハビヤンをとりあげる。*42 キリシタンとして著した『妙貞問答』（一六〇五年）では仏教・儒教・神道、棄教後の『破提宇子《ダイウス》』（一六二〇年）ではキリスト教と、あらゆるイデオロギーを批判したハビヤンがみつけた秩序回復の基礎は、源平合戦の「戦後」に記された『平家物語』にあったという分析だ。同じ人物に言及した七二年の「日本教のバイブル」の時点での、「二十世紀の東京にも腐るほどいる」「現代の日本教徒」と同様の転向者とする冷淡な評価と比べたとき、*43 その筆致の柔らかい点が印象に残る。

『平家物語』に描かれた――ものとしてハビヤンに発見された――日本人のモラルとは、人はたがいに相手の恩に応える義務を負う（が積極的に報恩を要求する権利は持たない）とする「人間相互債務論」と、一見すると国家の「主権者」にみえるたとえば後白河院の命令にではなく、もっぱら自身につながる「血縁と擬制の血縁関係」に対してのみ、忠誠を誓う行動様式だという。かように自己の周囲にある家族づきあい的な小集団の論理を社会一般に拡張すれば、おのずと人間教とも日本教ともなるわけだが、『日本教徒』ではその世界観が「平家を滅ぼしたのは頼朝ではなく、平家が〔報恩を他者に強要するなど〕法に違反した悪業を行い「天のせめ」を」受けたのであり、「頼朝はその法（ナツウラ〔自然〕の教へ）に基づく、まことに不本意な執行人にすぎない」と要約される。[*44]

すなわちデビュー作以来つねにユダヤの律法との対比で捉えられてきた日本教は、ここでついに一個の「法」としての承認を受けている。これはほぼ同時に誌上連載が完結した「ベンダサン氏の日本歴史」で、『太平記』の世界には「天皇への忠誠」以外に「個人を律している一種の「法」」があるとした評言とも軌を一にするものであり、[*45]おそらくはそれゆえにこの後ほどなく山本はベンダサンの仮面を、捨てる。[*46]

興味深いのは、現世での報恩や血縁の関係を断ち切る「世捨ての権利」もまた『平家物語』に描かれていることに触れつつ、だがそれはむしろこの世ならぬ「死者との結縁を維持しつづけることによって、現実の世界の本当の血縁が絶てる」という論理だから、あくまでもこの日本固有の法秩序の内部にあるとしている点だ。[*47]

後世から振り返る者には、ここで二年後の一九七八年、網野善彦のもっとも人口に膾炙した著作たる『無縁・公界・楽』の姿が想起されよう。しかし日本中世に「自由」を探り、日本的な世界と「縁を切る」可能性こそを同様の営為に模索する網野の志向は、この時ちょうど同じものを、裏側からみる地点に達していた。

四　八〇年代の反復へ

起こらなかった戦争

こうして、三島が熱望した天皇親政への回帰も（◆17）、江藤が夢みた日本の軍事的独立も、山本が恐れた日中再戦も起こらないままに、一九七〇年前後の変革の季節はすぎた。七五年に単行本化された、ベンダサン名義でのもうひとつの連載『にっぽんの商人』で、山本は明治維新を中国思想にかぶれた武士層のみが起こした「空想的擬似朱子学的秩序化文化大革命」と揶揄すると同時に、近世以来かような空体語を虚構とわりきって生計を立ててきた、商人層の生き方を『勧進帳』のモラルだと呼んで高く評価する。[*48]「日本人と中国人」でもまた、思想問題を棚上げし経済最優先で朝鮮出兵の後処理を進めた「エコノミック・アニマル方式」としての「家康方式」を肯定するように、[*49]日本的な無思想の権化たる田中角栄が文革渦中の毛沢東から無賠償修好を引き出すという奇跡（ないしは必然）によって、日本はもうしばらくのあいだ、安心して「戦後」の成果を謳歌し続けることになる。

一方、網野を待つのは苦難多き道であった。天皇の名のもとに往来の自由を行使した中世の供御人《くごにん》を、「共同体の自然的本源的権利を一身に体現した、いわば全共同体の首長としての天皇の「大地と海原」に対する支配権」との関連から分析しようとした七二年の論文「中世における天皇支配権の一考察」は、当時からマルクス主義史学の陣営内で批判を浴びる。八四年の『日本中世の非農業民と天皇』への再録に際し、同書の巻末に「習俗の次元」での民衆と天皇のかかわりを捉えることこそが、「「文化形象の次元」の問題としてのみとらえて〔……〕三島由紀夫の進んだ道に陥る」ことを回避するものだと記したにもかかわらず、[*50] その問題意識は、天皇制の克服ではなく擁護だと誤認されたのだった。

網野のいう「流産した革命」という評価は、実は七〇年代にこそふさわしいのかもしれない。主権国家ごとに仕切られてきた冷戦体制が流動化し、胎動するグローバル化に対応する新たな思想軸こそが求められていたにもかかわらず、[*51] こうして二人の交錯は終わり、形骸化

◆17　厳密にいうと、三島が望んだのは天皇が政治の実権を担うことではなく、天皇の行う文化的活動のみやびさが国民全体に崇敬されて自ずと秩序を形成してゆく宗教的統治であるため、正確には「天皇神政」と書くべきであった。

した左右対立の構図の再編すらなされぬまま、時代は移行してゆく。七九年には保守論壇の社会科学者三名が『文明としてのイエ社会』を刊行、日本の伝統と資本主義との親和性を謳う日本文化論が絶頂期に達し、[*52]山本もまた同種の論客として迎えられたように、日本は「変わらなくてもよい」という幻想が、世紀末までの二十年余を覆うのだった。

日本とポスト・モダン

山本と網野がともに「悪党」の再来をみた一九七〇年前後の学生叛乱は、欧米においては思想の一大転換期であった。六六年に人間という概念の終焉を宣告し、七〇年代を通じてユダヤ教の戒律やキリスト教の告解もモチーフに、統治性への探究を深めてゆくフーコー。哲学に反復という主題を提起したドゥルーズと、彼と組んで既成の国家や資本の装置からの逃走線を引いたガタリ。主体の意志を離れて自己運動する言語のはたらきに着目し、やがて冷戦終焉の後には新たなマルクス解釈を提起するデリダ。六八年の五月革命が演出したアナーキーな時代の空気は、やがて彼らを知のスターダムへと押し上げてゆく。[*53]

それらの問いは決して、同じ時代に「いかなる状態が「人間的人間状態」、いかなる状態が「非人間的人間状態」かと問えば、〔今日の〕日本人はこれにハビヤンのように明確に答えない」[*54]にもかかわらず、人間教が無自覚の価値尺度たり続ける現状を告発した山本や、「天皇の影もない」「「自由」の、人民による自覚的・意識的表現」[*55]を、中世日本の古文書のなかに探した網野が問うたものと、無関係だったのではない。しかし、それらの探究があくまでも日本の特質の解明へと屈折せざるをえなかったところに、この国の思想が畢竟、敗戦国の「戦後」でしかありえなかったゆえんがあるのだろう。

朱子学にせよ、キリスト教にせよ、マルクス主義にせよ、つねに海外に想定された普遍性の基軸との対比においてみずからの位置をはかり、そのことに葛藤しながらも、最後は自足せざるをえない国。やがて、一九八三年には浅田彰の『構造と力』が火をつけた「フランス現代思想」としてのポストモダニズム・ブームが起こり、そして――歴史は繰り返されるのである。

【付記】本章の執筆に際しては呉座勇一氏（日本中世史）、内田力氏（史学史）に、草稿の時点で専門の見地からのご助言をいただきました。記して謝意を表します。

（河野有理編『近代日本政治思想史』ナカニシヤ出版。原題「歴史――山本七平と網野善彦」）

注

【＊1】 網野善彦『中世荘園の様相』一九六六年、『網野善彦著作集1』岩波書店、二〇〇八年、一九七頁。
【＊2】 イザヤ・ベンダサン『日本教について』山本七平(訳)、文藝春秋、一九七二年、三一六～三一七頁。
【＊3】 東島誠・與那覇潤『日本の起源』太田出版、二〇一三年、三〇二～三〇五頁。
【＊4】 網野善彦・小熊英二「人類史的転換期における歴史学と日本」二〇〇一年、網野善彦ほか『「日本」をめぐって 網野善彦対談集』洋泉社MC新書、二〇〇八年、一八一頁。
【＊5】 山本七平『日本的革命の哲学─日本人を動かす原理』祥伝社、二〇〇八年、四一九頁
【＊6】 竹内洋『革新幻想の戦後史』中央公論新社、二〇一一年、第二章、および四四五頁。
【＊7】 原武史『レッドアローとスターハウス─もうひとつの戦後思想史』新潮社、二〇一二年。
【＊8】 宮台真司・石原英樹・大塚明子『増補 サブカルチャー神話解体─少女・音楽・マンガ・性の変容と現在』ちくま文庫、二〇〇八年。宇野常寛『リトル・ピープルの時代』幻冬舎、二〇一一年。
【＊9】 絓秀実『1968年』ちくま新書、二〇〇六年。小熊英二『1968』新曜社、二〇〇九年。
【＊10】 古市憲寿『絶望の国の幸福な若者たち』講談社、二〇一一年、四九～五四頁。
【＊11】 佐藤信『60年代のリアル』ミネルヴァ書房、二〇一一年、三二、四二、八〇～八二頁。
【＊12】 江藤淳「「ごっこ」の世界が終ったとき」一九七〇年、福田和也(編)『江藤淳コレクション1 史論』ちくま学芸文庫、二〇〇一年、六八～七〇頁(傍点原文)。
【＊13】 実際、山本と司馬についてはすでに、「もうひとつの戦中派」としての分析がなされている。高澤秀次『戦後日本の論点─山本七平の見た日本』ちくま新書、二〇〇三年、八～九頁。成田龍一『戦後思想家としての司馬遼太郎』筑摩書房、二〇〇九年、三六〇頁。特に山本再評価の口火を切った高澤著は、網野との歴史像の類似にも触れる(六四～六五頁)。
【＊14】 松本健一『三島由紀夫と司馬遼太郎─「美しい日本」をめぐる激突』新潮選書、二〇一〇年、二一〇～二一八頁。
【＊15】 稲垣武『怒りを抑えし者─評伝山本七平』PHP

研究所、一九九七年、四〇五頁。
【＊16】　ベンダサン前掲『日本教について』、三九、四四～四五頁。
【＊17】　同前、二八～二九頁。
【＊18】　同前、三六、三五頁。
【＊19】　同前、三〇、一〇二～一〇三頁。
【＊20】　イザヤ・ベンダサン『日本教は日本を救えるか―ユダヤ教・キリスト教と日本人の精神構造』山本七平〔訳・編〕、さくら舎、二〇一三年、一二八頁。
【＊21】　一九七五年に本名で刊行した『存亡の条件』（ダイヤモンド社、二〇一一年復刊、一二七頁）で山本は、戦後の「米ソの冷戦・二つの世界」が、与野党の双方に「対外的に満点をとり、それが満点であることを対内的に提示して指導性を確保する」という明治以来の政治手法を可能にしてきたが、田中角栄の日中国交回復を最後に「この行き方は、大体これで終わった」と記している。
【＊22】　ベンダサン前掲『日本教について』、二〇九頁。
【＊23】　同前、一五五～一五九頁。
【＊24】　イザヤ・ベンダサン「日本人と中国人」山本七平〔訳〕、一九七二年十二月～七四年四月、『山本七平ライブラリー13』文藝春秋、一九九七年、二二四～二二五、二三二、二八五～二八六頁。このとき山本が朝日新聞の本多勝一とのあいだで、南京事件時の「百人斬り」競争の有無をめぐり論争したことは有名だが、山本の意識としては、それはいわば脱線だったわけである。
【＊25】　同前、二四四、三〇二、二三七～二三九、三一一頁。これは一九八〇年から本名で『諸君！』に連載される主著『現人神の創作者たち』（単行本八三年）の骨格が、この時点で完成していることを示す。
【＊26】　山本七平『山本七平の日本の歴史　下』ビジネス社、二〇〇五年、二〇九～二一五頁。
【＊27】　同前、二三四、二六〇～二六一、二六五～二六六頁。高澤前掲『戦後日本の論点』、一一四～一一五頁。
【＊28】　網野・小熊前掲「人類史的転換期における歴史学と日本」、一八二頁。
【＊29】　内田力「無縁論の出現―網野善彦と「第二の戦後」」『東洋文化』第八九号、二〇〇九年、二〇〇～二〇二頁。
【＊30】　山本七平『一下級将校の見た帝国陸軍』一九七六年、『山本七平ライブラリー7』文藝春秋、一九九七年、五〇五～五〇六頁。
【＊31】　網野・小熊前掲「人類史的転換期における歴史学と日本」、一六五～一六六頁。
【＊32】　網野善彦「若狭における封建革命」一九五一年一月、『網野善彦著作集別巻』岩波書店、二〇〇九年、一一頁。

【＊33】 網野善彦「封建制度とはなにか」一九五一年十二月、前掲『網野善彦著作集別巻』三三頁。
【＊34】 網野・小熊前掲「人類史的転換期における歴史学と日本」、一六〇頁。
【＊35】 山本幸司「二つの太良荘―戦後歴史学への自己批判」、神奈川大学日本常民文化研究所(編)『海と非農業民―網野善彦の学問的軌跡をたどる』岩波書店、二〇〇九年。
【＊36】 網野前掲『中世荘園の様相』、二一六、二〇八頁。
【＊37】 同前、二三四～二三七、二八六頁。やがて八〇年代初頭に西洋史家との交友を通じてこの立場を放棄し、安良城盛昭らマルクス主義の日本史家の批判を招く経緯は、與那覇潤「無縁論の空転―網野善彦はいかに誤読されたか」『東洋文化』第八九号、二〇〇九年、二三四～二四一頁、参照(近刊『荒れ野の六十年』勉誠出版に再録予定)。
【＊38】 網野善彦『蒙古襲来』一九七四年、『網野善彦著作集5』岩波書店、二〇〇八年、三六五、四〇四、四〇七～四〇八頁。
【＊39】 網野善彦・谷川道雄『交感する中世―日本史と中国史の対話』洋泉社MC新書、二〇一〇年、一三二頁。対談は一九八六年の九月に行われたもの。
【＊40】 ベンダサン前掲「日本人と中国人」、二四二、三〇九～三一〇頁。
【＊41】 網野前掲『中世荘園の様相』、一六三、一四九～一五〇、一〇四、一二八頁。
【＊42】 イザヤ・ベンダサン『日本教徒』山本七平(訳・編)、一九七六年、『山本七平ライブラリー14』文藝春秋、一九九七年、三〇、一一八頁。
【＊43】 ベンダサン前掲『日本教は日本を救えるか』、一一一～一一四頁。ただし同書では「今の東京にも」と勝手に文言が改められており、原テキスト(『文藝春秋』一九七二年二月号、二二九頁)にそって修正した。なお一九七四年夏の講演を本名の山本名義で刊行した『比較文化論の試み』講談社学術文庫、一九七六年、四三～四五頁もまた、『日本教徒』と同様のハビヤン観に変わっていることからみても、おそらく七二ないし七三年に思考の転回があったものと思われる。
【＊44】 ベンダサン前掲『日本教徒』、五九、一〇一、八二、一一五頁。
【＊45】 ベンダサン「体制への忠誠と個人の裏切り」山本七平(訳)、『諸君!』一九七四年十月号、二二三頁。苅部直が批判するように、没後の単行本版『山本七平の日本の歴史』は、この回を再録していない(『鏡のなかの薄明』幻戯書房、二〇一〇年、一八七頁)。
【＊46】 その後も単発の時評等は執筆していたが、一九七七年八月の『文藝春秋』に寄せた「参議院、あまりに日本的な」が、おそらく最後のベンダサン名義の原稿になったようである。

【＊47】ベンダサン前掲『日本教徒』、八六〜八七頁。

【＊48】イザヤ・ベンダサン『にっぽんの商人』山本七平（訳）、一九七五年、前掲『山本七平ライブラリー14』三二〇、二五五頁。

【＊49】ベンダサン前掲「日本人と中国人」、二三五頁。

【＊50】網野善彦『日本中世の非農業民と天皇』一九八四年、『網野善彦著作集7』岩波書店、二〇〇八年、一〇二、五八三〜五八四頁。

【＊51】高原基彰『現代日本の転機―「自由」と「安定」のジレンマ』NHKブックス、二〇〇九年、第一章。

【＊52】青木保『「日本文化論」の変容―戦後日本の文化とアイデンティティー』中公文庫、一九九九年、一二二〜一三三頁。

【＊53】フランソワ・ドッス『構造主義の歴史―記号の沃野／白鳥の歌』清水正・佐山一・仲澤紀雄（訳）、国文社、一九九九年、ほか。

【＊54】ベンダサン前掲『日本教徒』、一三九頁。

【＊55】網野善彦『無縁・公界・楽』一九七八年、『網野善彦著作集12』岩波書店、二〇〇七年、一四七頁。

ふたつの「中国化論」
——江藤淳と山本七平

二〇一四年十一月

五輪と戦争

オリンピックが済んで、私は、それがわれわれの意識の底にうずまいている欲望の、いかに完璧な象徴であり得たかということにおどろいている。それは、まず、戦うことを自らに禁じている（あるいは何者かによって禁じられている）われわれが、平和の祭典という名の下に、安んじて戦い得る場所であった[*1]（⑥—84）。

いまから六年後には「第一次」と冠されているのだろう一九六四年十月の東京オリンピッ

クをめぐって、同年十二月の『文藝春秋』に寄せた「幻影の「日本帝国」」を、江藤淳はこう書き起こしている。江藤にとっては、オリンピック開催に向けて行われる東京の改造工事そのものが「ああ日本人は今戦争をしているのだな」と感じられるものであり、「もし、大多数の人々が、これが一種の戦争であることを暗黙のうちに認めているのでなければ、これほど徹底した生活破壊に、日本人が耐えて行けるはずもなかった」。

ではいったい、日本人は五輪開催を通じてなにと戦ったというのだろうか。それはペリー来航以来の「いわゆる日本の「近代化」」であり、「日本即世界という自己完結的な世界像のかわりに、日本が世界の数ある国のひとつにすぎぬという現実をうけいれなければならなくなった」ことがもたらす「不幸」であるという。日本人はかつてその「不幸の補償を戦争に求め」、日清戦争以来の領土拡張を通じて「自己完結的な世界の回復」を期したが、その試みは一九四五年の敗戦で灰燼に帰した。

しかし六四年の祝祭は「世界の象徴を自国のなかにむかえいれ、それをオリンピック競技場のなかに閉じこめることによって、一種の幻影の、しかしその故に完璧な帝国をつくりあげることに成功した」(⑥—87)。それは「「日本即世界」という自己完結的な世界像」を回復させる「心理的鎖国状態」、ただしかつての鎖国とは異なり外国人の排除ではなく受け入れによって成立した「開けば開くほど閉じられるという見事な逆説」であったと、江藤は述べる。

たとえばインパール作戦からの生還兵であった大松《だいまつ》博文が率いたバレーボールチーム＝東洋の魔女が、決勝で第二次大戦の宿敵ソビエト連邦を下すという劇的な展開に「戦争」の代償行為を見たのは、おそらくは当時の日本人多数の潜在意識であって、だからこそその二著『おれについてこい！』『なせば成る！』は翌六五年のベストセラー四位、二位を記録している。[*2] しかし江藤が東京五輪に見た「戦争」のゆくえは、その目的が単なる個別の旧敵国への報復ではなく、近代以前にあった「日本即世界」、すなわち日本人が世界の他者性に悩まなくてもよかった環境の回復である以上、もう少し複雑だ。

オリンピック競技場に「世界」を収めえたことの快楽に酔う六四年の日本人に、それが世界のすべてではないことを突きつけた存在こそが、毛沢東の人民中国であったと江藤は断ずる。

> 中国は、〔中ソ論争を想起させる〕フルシチョフ失脚に追い討ちをかけるように一発の核爆発でその巨大な存在を認めることを要求した。それは、認めざるを得ない外界の侵入だという意味で、一世紀前に提督ペリーが徳川幕府に対して行った要求に似ていた……一発の核爆発のために、われわれの白日夢はかき消された。もう日本は世界を含んではいなかった。東京の国立競技場は世界の中心ではなくなった（⑥—89）。

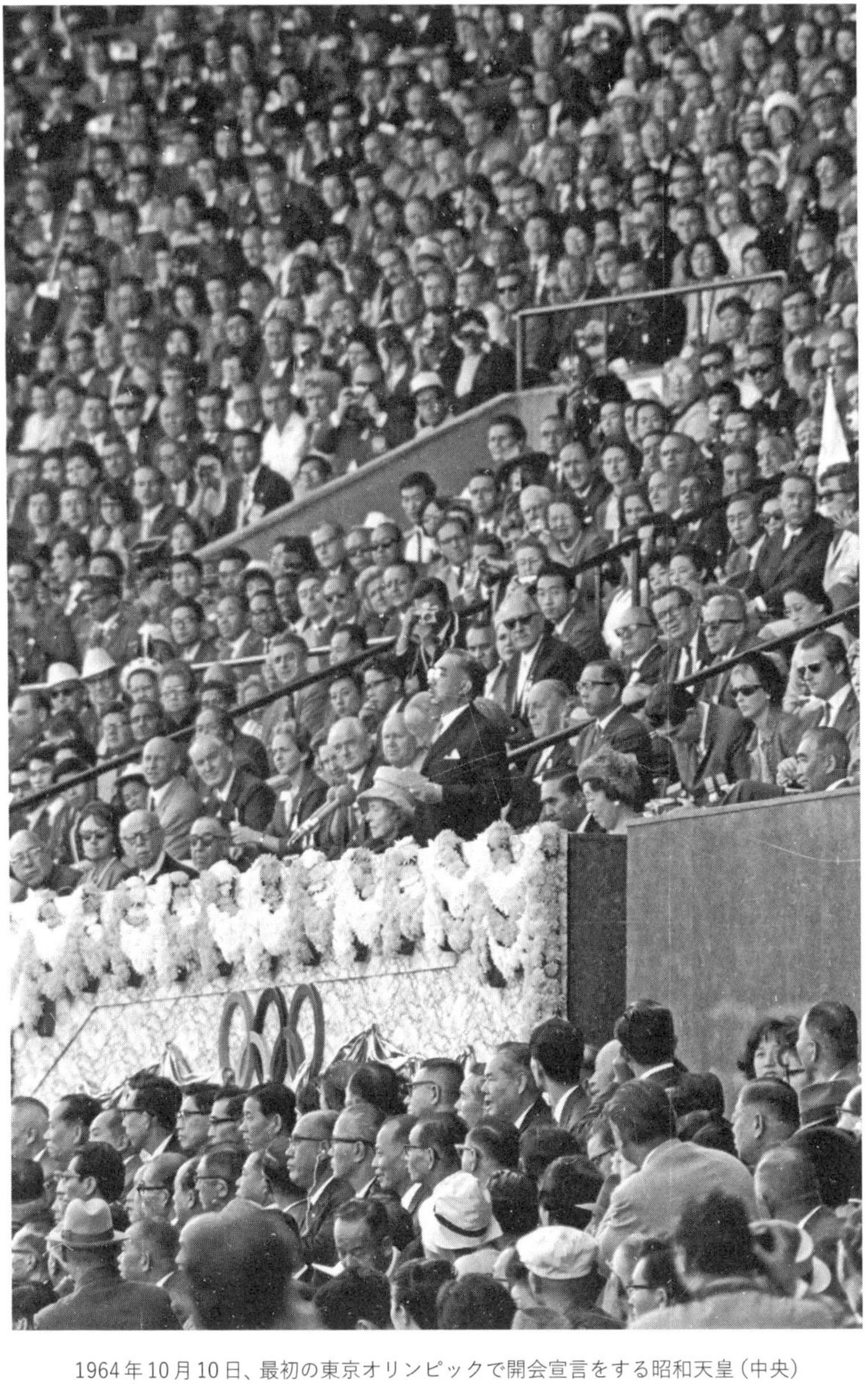

1964年10月10日、最初の東京オリンピックで開会宣言をする昭和天皇（中央）

冷戦体制下、長らく日本人にとっての「世界」の枠外に置かれながら、核実験によって無視しえぬ他者として再びその世界に侵入してきた大陸中国という存在。すなわち対欧米、特に日本の対米関係をめぐる関心が突出し、「彼の世界観は、旧来の、物質的野心と達成感の欧米指向的態度に強く条件づけられ……ほかのアジア地域についてはほとんど書かず、アジア人への関心も示して〔い〕ない」[*3]とも評される江藤にして、みずからの終生のモチーフであった幕末維新に比するほどの表現を取らせざるをえなかった、一九六四年十月十六日の核実験による「中国台頭」の衝撃。

「われわれが国を鎖し、幻影の戦争を戦い、幻影の帝国を建設し、オリンピックという象徴の鏡に自分を映すという自己陶酔《ナルシシズム》の夢にふけっているあいだに、中国人は現実の怨恨に生き、現実の戦争にそなえ、現実の帝国の基礎を固めていた」とする江藤の分析は、二〇二〇年の「第二次」東京五輪を控えたいまこそ、ヴィヴィッドに響くものがあろう。事実一九六〇年代を通じて、江藤には日本文化にとっての中国のインパクトを、歴史と同時代とを対照しながら把握しなおそうとしていた節がある。

中国を受け入れるということ —— 江藤淳

六〇年安保の挫折、そして六二年八月からちょうど二年間におよぶ米国滞在の経験に保守ナショナリスト・江藤淳の誕生をみるのは従来からの通説であった。[*4]本稿が試みたいのはその江藤の日本回帰（と呼ばれるもの）の意義を、やがて七〇年五月に『日本人とユダヤ人』でデビューすることになる山本七平の思考との接続／断絶によって位置づけることである。事実、「イザヤ・ベンダサン」の名義で刊行された同書については、当初その真の筆者探しが盛り上がったが、その際には候補の一人として江藤の名前もあがり、「ぼくはこんなに頭がよくありません」と否定する一幕もあったという。[*5]

実際にいま、江藤淳と山本七平であれば似ている、少なくとも重なるという印象を受けるものが大半であろう。ともに冷戦下にあって保守論壇の重鎮であり、革新陣営を中心として主張された「戦後民主主義」の神話に水を差す人であった。それと表裏一体の実践として、しばしば観念的に否定し去られる「戦前」のために弁ずることもあった。前者は米国での英語資料の捜索を通じて『閉された言語空間』をはじめとする米占領軍の検閲史を講じ、後者はやはり英文のBC級戦犯裁判の記録を読み解いて、『洪思翊《こうしよく》中将の処刑』を著した。[*6]

そして、従来あまり注目されていなかったように思うが、ともに「中国化」ということばを使って日本文化の形成を論じた——しかし、裏面でその用いられ方には鋭い差異がみられた。ゆえにこそこの二人を対照することはいま、中国のプレゼンスが高まる東アジアにおいて日本を論ずる上で、含蓄に富む示唆を与えてくれるのではないかと思う。

江藤における中国発見は留学中、プリンストン大学で日本文学史を講ずるために同大図書館の本居宣長全集を紐解いたときに遡るものと思われる。在米中の六四年一月に『文學界』に寄せた小文「日本文学の顔」で、日本国内における国文学の読まれ方に不満を呈し、「書かれる批評は宣長の排した類推批評をいくばくも出ないことが多い。唯一の相違は、かつて中国を指した「異朝」が、今は西洋を指すということだけだ」と断ずる（続①—186）。宣長が「からごころ」として批判した、中華の価値尺度を絶対視して自文化の価値を裁断する姿勢が、いまは文学なるものの標準を西洋に求める安易な態度に受け継がれているのではないかと慨嘆するのだ。

実際に明治の初頭まで、日本人にとっての中国と西洋とは共に重ねて理解することのできる他者だったのではないかと、六五年三月の『新潮』に載せたより長文の論考「日本文学と「私」——危機と自己発見」で江藤は指摘する。英国留学前の夏目漱石の自意識はいまだ漢学の世界観のもとにあり、「かつて江戸時代の儒者は、朱子学にいわゆる「格物致知」の一手段として蘭学を認めた」のと同様に英文学を修めることが可能だと考え、「漢学が代表する朱子学的世界観に対置されたものとしてではなく、その秩序に重ね合せられたものとして英文学を認める」姿勢をとっていた（続①—167）。ロンドンで漱石が陥った激しい精神的危機は、まさにその戦略が破綻した——西洋が日本人にとってははるかにラディカルな他者、「明治日本が前代からそのままうけついで近代国家の意匠を象嵌《ぞうがん》した朱子学的価値体系に結びつけていた絆そのもの」を「無慚に切断」する存在であることを思い知らされたがゆえだというのである。
だとすれば日本人にとっての中国とは、近代の西洋との遭遇に先立つ他者体験のチュートリアルのようなもの、いわば相対的には御《ぎょ》しやすい「他者」だったことになろうか。事実、同じ「日本文学と「私」」で江藤は以下のように述べる。

中国という「他人」も、かつては――七世紀、あるいは十四、五世紀には日本の胎内にはいりこんで来たかも知れない。しかし、それは力によってではなく日本人の選択によってであり、ある意味では日本の社会的・心理的秩序がかつてないほど中国化した江戸時代までには、同化され尽していた。一面でもっとも中国化した江戸時代は、その反面もっとも日本的な特色を文化の諸相に創り得た時代だったからである（続①――155～156）。

「七世紀、あるいは十四、五世紀」における中国という他者の日本文化への侵入が何を指すのかは詳論されないが、六五年から六六年の『文學界』に「文学史に関するノート」として長期連載された『近代以前』（単行本は八五年刊）によってある程度、知ることができる。同書で江藤は行論上、『万葉集』や『風土記』に言及する際、「古代氏族社会から律令国家への転換期にあたって、中国化の趨勢のはなはだしかった八世紀後半に編まれたこの詞華集《ママ》……

彼〔大伴家持〕の周囲には中国化した新興貴族の擡頭《たいとう》があり」、「『風土記』の「浦島子」の行文には、唐初の文人張鷟《ちょうさく》の恋愛小説『遊仙窟』の模倣がいちじるしいので、ここに描かれた「蓬山《とこよのくに》」はすでにずい分中国化されており」として「中国化」の語を用いる（文春学藝ライブラリー版、一四九・二二八頁）。

より江藤にとって重要な「中国化した江戸時代」とは、端的にいえば藤原惺窩《せいか》と林羅山による朱子学受容を指すものだ。*7「儒教というひとつの外来思想の全面的な採用」によって近世日本における「古典主義」の秩序は築かれたのであり、それゆえに「二百五十年後に新しい西洋思想でおきかえられること」が可能になったとされる（一一二頁）。

六〇年代に日本文学史を語るなかで江藤が追及した問いは、圧倒的な存在感をもって国外の「世界」から迫りくる他者――前近代であれば中国、近代であれば西洋――を回避するのではなく、それにまっこうから渡りあいながら、自己の輪郭を失うことなく保つ作法はいかにして可能か、というものであったろう。その際に天啓を与えたのが、朱子学に由来する「治者」のモデルであったことは広く知られる。*8『近代以前』で江藤は、一五九〇年代に学問の師を求めて渡明を企て失敗した惺窩が、薩摩で南浦文之《なんぽぶんし》による『四書新註』の和訓本に接して独学を決意するさまを、「儒学の正統をたずねるために儒学を学ぶわけではない。自分のなかの正統性の感覚をたしかめるために儒者になるのだ」（五八頁）と描き出す。

外界から突きつけられた普遍性をただ拒絶するのでも、逆に押し流されるのでもない、

「いくつもの原理が現に実在し、そのいずれもが相対的に正しいことを認めたとき、はじめてその彼方に「天賦の理」という普遍的な価値が浮びあがる」という態度で、自己を維持しながら他者に接してゆく態度を、江藤は近世初頭の儒学受容のあり方に見たのだった（七二頁）。

もうひとつの中国化論——山本七平

江藤が描く日本文化史の中で、日本人が対峙を迫られた外部の世界＝他者として、江戸時代までの中国、明治の西洋、そして戦後における米国の覇権がひと連なりをなしていたことは想像に難くない。保守論壇人としての江藤の憤懣は、この最後の他者、戦後日本人のアメリカという他者——によってもたらされた「平和」と「民主主義」——への向きあい方が、前二者と比べてあまりにも惨めではないか、という認識に発していた。

先に見た六四年末の東京オリンピック論において、江藤は擬似的に「日本即世界」を回復させたこの祝祭の必要性を承認しつつ、それが「日本人のための「国際的な」祭典であり、〔近代化にともなう〕怨恨の表現のための「善意」の催しであった」という逆説に「自己欺瞞」を感じとる（⑥—91）。日本人は、みずからの享受する普遍性が決して文字通りのものではないという限界に目を閉ざし、敗戦の現実を覆い隠す戦後民主主義の甘い語彙のなかへとふたたび流されてゆくのだろうか。それに冷や水をかけたという意味で江藤は人民中国の核実験に着目し、「世界には、オリンピックの論理で生きている九十四カ国と、それに嘲笑をあびせている中国があるのではない。「平和的」象徴にとりかこまれていまだに「日本即世界」の夢から覚めやらずにいる日本人と、それが夢であることを知っている諸外国民があるだけである」と総括したのだった。

実際に六〇年代後半の江藤の時論には、正確な自己認識を欠いたまま米国との二者関係に依存しつづける戦後日本に対し、世界のパワーバランス自体を書き換えることによって目覚めるよう促してくれる存在として、共産中国の国際社会への復帰に半ば期待するような姿勢がみられる。たとえば六五年七月の「アジア志向の心理的現実」ではアジア・アフリカ（AA）を観念的に持ち上げる議論を批判したのち、唐突に「だが、北京はおそらく東京のともウィーンのともちがう、もうひとつのダイナミズムでみたされ……東京はこれと競争する運命にある」と中国を評価し、六八年末の「戦後世界の解体」では米ソ両国のヘゲモニーに「最初に痛烈にノンを発した毛沢東」が率いる同国の台頭を、「世界的な文脈のなかでの〝戦後〟という体制の解体の、最初の兆候」だと位置づける（続③―58・40）。七〇年初頭の著名な評論「「ごっこ」の世界が終ったとき」では、「日中関係と米中関係を緩和する」という理由によっても在日米軍の漸次撤退が進むことで、存外に早く日米関係が一方的な依存状態を脱し、「かつての日英同盟に似た at arm's length の関係に更新されるかも知れない」という楽観的予測を語った（続③—132）。

周知のとおり、二年後の七二年九月には日中共同声明によって共産中国が正式に日本人にとっての「世界」に組み込まれ、東アジアの国際秩序は大きく再編される。このとき、『日本人とユダヤ人』をベストセラーとして時代の寵児となっていたイザヤ・ベンダサンこと山本七平は、七二年末から一年半にわたり『文藝春秋』で連載した「日本人と中国人」で、やはり江戸時代の文化史を振り返りながら日中関係の構造を論じた。しかしそこで論じられた儒学史の構図、および——やはり著者自身によって使用された——「中国化」という観点での自国史の切り取り方は、数年前に『近代以前』で江藤が見せたそれとは著しく異なっている（前章も参照のこと）。

明に渡りそこねた結果として独自の江戸儒学を編み出した藤原惺窩から説き起こされる江藤の儒学史と異なり、山本が着目したのは大陸での清朝の成立後、「朱舜水以下の亡命中国人の所産」として生じた徳川日本の「中国化」であった。

（西欧に対する鎖国によって）「思想」の輸入先は中国だけとなり、これが国内の安定とあいまって、日本における「民衆のレベル」まで達する「中国化」となり、一種の「中国ブーム」が起る時代がはじまるわけである。もちろんこの場合の「中国化」とは、正確には「擬似中国化」ではあろう——思想の輸入とは、常にそういったものだからである

（⑬―237）。

山本が見るところ、徳川光圀が一六九二年に湊川《みなとがわ》に建てた楠木正成の碑の裏文を準備した、朱舜水の影響力は極めて大きく「一六六〇年から一六九〇年までは、実に、中国ブームすなわち楠《なん》公ブームであったらしく……もちろん「中国人が立派だと言ったから立派だ」といったような雷同派もいたであろうし、またこういった「世論」が湊川建碑となったわけであろう」。そのブームの中で生まれた国産の「中国ものベストセラー」が一六八七年、浅見絅斎《けいさい》が刊行した「中国思想の殉教者の殉教記録および遺言集」＝中国史上の忠臣伝としての『靖献遺言』であり、これが近世後期に忠誠の対象を天皇に移して皇国史観を形成してゆくので、「勤皇思想というのは、実は輸入品であり、その思想の産物である天皇もかつての絹同様に、実は輸入品なのである」。したがって勤皇の志士たちが起こした「明治維新が中国化革命であった」のは自明の理であり、それを知らずに「「日中友好」などという言葉を口にするのは非常識である」と、山本は断ずる（⑬―311）。

「日本文学と「私」」で江藤が言及した一四世紀――南北朝時代についても山本は、やはり「中国化」の概念を用いて分析する連載「ベンダサン氏の日本歴史」を同時期、『諸君！』誌上で展開している（没後に『山本七平の日本の歴史』としてビジネス社より公刊、頁数は同書）。天皇親政を志向する後醍醐帝が目論んだのもまた、宋朝の正統思想に基づいて日本を革新しようとする「中国化革命」であり、しかしそれは「中国化という名を冠してはいるが、実は、中国と何ら関係ない後醍醐帝の白昼夢」であって、後代の「太平洋戦争という「人間の常識」では推定しかねる壮大な白昼夢も、帝の白昼夢の延長線上に生じた国際版」だと山本は喝破する（下巻二〇九〜二一〇頁）。

江藤のように、日本人が歴史上儒学を嚙み砕いて咀嚼し、自家薬籠中のものにすることによって舶来の普遍性と拮抗しうる治者の論理を組み立てていったとは、山本は考えない。山本のいう中国化とは狂える治者の論理、むしろ江藤が憎悪した空疎な借りものの言葉に主体性なき日本人が振り回される狂騒状態を指しているのであって、その観点からは後醍醐の建武新政の失敗も、一般に成功したとみなされている明治維新も、そして太平洋戦争の敗戦も同根の病理現象として扱われるのだ。

六〇年十一月の『文藝春秋』に掲載され、安保闘争の帰結を批判していわば江藤の保守派への転向声明となった「〝戦後〟知識人の破産」の末尾に、「「戦後」という仮構をとり去ってみるがいい。日本を支えて来たものが生活する実際家たちの努力で、それを危地においやったのが理想家の幻影であったという一本の筋が今日にまでつながっているのが見えるであろう」という一節がある（⑥―16）。おそらくこれに山本は完全に同意しただろう――ただしその「理想家の幻影」に、江藤がアイデンティファイする明治維新の治者たちをも含めるのであれば。

七七年から八一年にかけてキリスト教の雑誌『信徒の友』に連載された「私の歩んだ道」〔没後に単行本『静かなる細き声』〕は、他の著作ではあまり見せない山本の内面をうかがわせる作品だが、「明治的天皇制を私は、大したものだとは思っていない。ある意味ではニセモノだったと思っている」と言い切った山本は、以下のような言をも添えている。

彼〔朱舜水〕のもたらした正統主義は結局、擬似正統主義にしかならず、それは擬似キリスト教のように作用し、何やら決定的なように見えて、一度の敗戦で消えるような根なし草になった。敗戦によって消える思想などというものは、はじめから〝にせもの〟にきまっている（⑯―106・130）。

同じく保守の言論人であっても山本にとっては、必ずしも戦前が実在で戦後が虚妄なのではない。明治には存在した治者が、戦後になって消えたのでもない。日本史上の中国化はつねに擬似的なそれにとどまり、明治国家も含めてその産物はすでに戦前から「にせもの」であったがゆえに、戦後一掃されたととらえるべきなのだ。

来歴と残影

一九七〇年に前後する十年間に、ともに「中国化」という用語と視角によって日本文化史を論じながら、ある意味で両極端にまで至った江藤と山本の相違は、どこに起源を求めるべきだろうか。むろんその出自は大きいであろう。親族のルーツを訪ねた『一族再会』や、山本権兵衛の生涯を描いた小説『海は甦える』によって知られるように、父母両系ともに日本海軍につながる家系に生まれた江藤が（特に米国からの帰国後に）そのことを自己意識の核においていたことは、彼の目線を明治の「治者」たちに寄り添わせたに違いない。

一方で山本は、大逆事件の刑死者・大石誠之助を遠縁に持つ身であり、明治国家とは潜在的な緊張関係にあった。[*9] 彼にとっての海軍とはなんであったかをよく示すのは、最晩年の連載『昭和東京ものがたり』（一九八八～一九八九年）の一挿話であり、神奈川県の久里浜で毎夏、避暑をする習慣のあった山本一家は、ある日つきあいのある現地の漁師が獲物を追うあまり、要塞地帯の立入禁止区域に入って逮捕されたことの後始末に奔走する。連合艦隊が海に威容を現しても「みな見物しているだけで、だれも感動も賛美もしていなかった……そんなものを持つのは「日本にとって身分不相応だ」」という印象で暮らす庶民が昭和の初頭には多かったのだと、淡々と回顧している（⑯—370・382）。

東京近郊の漁村の漁師たち＝被治者の目からすると、海軍という治者自体がどこか、日本元来の姿とは不釣り合いな背伸びをしているように見える。実はそれは、江藤にとってもある程度看取されていたことだったかもしれない。そもそも五六年秋のデビュー作『夏目漱石』に「当時〔明治〕の日本で、鉄道が敷設され、軍艦が自国の造船所で建造されることが名誉だったように、西欧風の「懐疑苦悶」を所有していることも名誉だったのであって、所謂《いわゆる》自然主義の作家達は、この意味では、光栄ある帝国陸海軍並みの国家的貢献をしていた」と皮肉に書きつけたのもまた江藤である（①―16）。

先に触れた『近代以前』にせよ、中国化の表れとしての儒学の摂取＝「古典主義」の整備という営みが、実はそれだけでは抱えきれない多様な日本の土着的感性とのあいだで摩擦を繰り返すという展開が、後段の読みどころとなっている。同書で江藤は「江戸の古典主義に対して、上方はそれよりひと時代旧い価値、つまり伝統的なロマン主義を代表していたといえるかも知れない」と述べ（一三五頁）、その観点から近松門左衛門の浄瑠璃を分析の俎上に載せる。それは「儒教という外来思想（たとえば儒教）の上に築かれた秩序のなかから、「やまとたましひ」という王朝以来のエロティックな美的原理につながる反・社会に、人々をいざなう」ものであり、つねに外圧にさらされる環境下、外来思想からの「落伍者」たちの「恨みを含んだ反撥」によってこそ、「文学の一貫した持続」が可能になった点に日本の特色があると位置づける（一四七頁）。

だから代表作『国姓爺《こくせんや》合戦』のプロットは、（満洲族の清朝に対する）明朝すなわち真の中華の回復という古典主義的＝朱子学的な名分論によって構成される裏面で、そのような外来思想の鎧に激烈に反発し「普遍性とは、もし存在するなら日本の価値そのものでなければならない」と考える主人公・和藤内の、臣従した唐人に月代《さかやき》をそらせるという情動的行為をも活写したのだと位置づけられる。

それは、自らの感情の充足と、〝普遍的〟原理の受容とのあいだにいつも背馳するものを感じつづけなければならなかった民族の不幸である。あるいは中国文明という巨大な自律した文明の周辺にあって、つねにそれとの対比の上で自分を眺めなければならなかった民族の感情生活に生じたひとつの緊張である（二一八～二一九頁）。

「満州国に神社を建てて皇帝溥儀《ふぎ》に嘲笑され、朝鮮人に創氏改姓《ママ》を勧めて憎悪を買った」ような帝国日本の「愚行」は、実は近世浄瑠璃の中で「予言」されていたと江藤は述べる。誰もが古典主義としての朱子学を体得して、治者となりえるわけではなかったのだ。

むしろ日本の庶民には絶えず、外来ではなく在来の価値観によって真の自己の情感を満たしたいというパトスがあり、それが江戸時代には伊勢参りや熊野信仰の形で迸《ほとばし》ったのだとする『近代以前』の視角は、六八年三月のラジオ講演「二つのナショナリズム——国家理性と民族感情」でより明瞭に図式化される。「開国論が代表する開かれたナショナリズム」＝国家理性の代表者としての勝海舟と、「水戸的な攘夷論に象徴される閉ざされたナショナリズム」＝民族感情の象徴としての西郷隆盛を対比した同講演において、江藤は表向き前者の側に立つ（続⑤—56）。

西郷にあったのは「関ヶ原の仇を報じたいという一念」「徳川幕府のかわりに島津幕府がつくりたかった」という発想だけで、「「反体制的」民族感情というものが、つねにそれ自体革新的な意義を持っているということはない」（続⑤—61）。にもかかわらず大衆の情動を揺り動かすのは勝よりも西郷であって、西南戦争の帰趨が決しつつあるときでさえ「東京市民が西郷星を拝む」のだ（同年十月の石原慎太郎との対談、続③—179）。江藤の道行きを知るものは、やがて三十年近く後の論考『南洲残影』（連載一九九四〜一九九八年）での、西郷の決起へのパセティックなまでの自己同一化を想起するであろう。

かくて人生の最後の地点でもまた、江藤は山本とふたたびのすれ違いを見せる。この最晩年の西南戦争論で江藤は、一九四五年に日本を占領に来た米軍の「巨大な艦隊の幻影を、ひょっとすると西郷も見ていたのではないか」との想像を、「こうなることは、最初からわかっていた、だからこそ一所懸命に戦って来たのだと」思っていた「小学校六年生の私」への回顧とともに提示する（文春文庫版、五〇頁）。しかし外来の普遍性を格闘しながら内在化してゆくべき治者の地位をなげうって、最後に江藤が実存を投影した西郷こそ、実はかの『日本人とユダヤ人』で「西郷は日本教の聖者であり、セント・サイゴーだと考えて少しもおかしくない」と揶揄まじりに山本が分析した当の人物であった（⑬—106）。

ここで戦後保守論壇を代表するふたりのあいだに露呈しているのは、ある深刻な世代の断絶だろう。破滅へと向かう西郷の挙兵を太平洋戦争開戦に重ねあわせ、その敗北の旅路に「ガダルカナルで、ニューギニアで、インパールで、そして比島戦線で〔繰り返された〕、山中彷徨の遠征《アナバシス》」の原風景を見て陶酔することができるのは（一七三頁）、三二年生まれの江藤に軍隊経験がないからであって、二一年に生まれ文字通り「比島戦線」で生死をさまよった山本にしてみれば、冗談ではないということになろうからだ。事実、七五〜七六年の連載で「西南戦争における西郷軍的発想が逆に軍部の主流になって、それと全く同じような敗け方をしつつ、どれくらいのひどさで、最後の最後までそれに気づかなかったか」を冷徹に批判した山本は、江藤と同じものをちょうど逆の位置から見ていた（『日本はなぜ敗れるのか』角川oneテーマ21、二〇〇四頁）。

江藤 淳

国際社会における大陸中国の影が色濃さを増してきた一九七〇年の前後、江藤と山本のふたりはそれぞれに違う角度から、ともに「中国化」の視角を用いた日本文化史の再構成に取り組み、とりわけその危機がいかに訪れるかについての思索を巡らした。中国化——近代以降は西洋化——という形で外部から与えられる普遍のロゴスには同一化しきれない民衆のパトスの噴出に、日本文学を貫くデモニッシュな力を見た江藤。むしろ正反対に、中国化がもたらす観念への過剰な同一化によってこそ主体性を見失い、白日夢に憑《つ》かれた治者たちの暴走が始まると論じた山本。

だが、ふたりは少なくとも、日本人が一種の辺境人であるとの認識に立ち、その宿命として世界の普遍性(を称するもの)とのあいだに抱えざるを得ない極度の緊張状態から目をそらさず思考したという点では、歩みを一にする。[*10] 国際化、グローバル、クール・ジャパン……あたかも安易に日本が「世界」とつながりうるかのような軽やかな言葉が溢れるなかで、しかしそれが何らかの葛藤を内に秘めてはいないか、あるいは「自己欺瞞」に陥っていないかを吟味する上で、ふたりの日本文化論はいまも新しい。

(『アステイオン』八一号、特集=共有される日本文化)

注

【＊1】　江藤と山本のテキストの出典に関しては、『江藤淳著作集』（講談社）、『山本七平ライブラリー』（文藝春秋）は（丸数字の巻数―頁数）として、『続江藤淳著作集』は（続①―186）のように表記した。それ以外の諸著書については適宜、本文中に頁数を付記する。

【＊2】　井上ひさし『完本　ベストセラーの戦後史』文春学藝ライブラリー、二〇一四年、二三六頁。

【＊3】　Olson, L. (1992), *Ambivalent Moderns*, Rowman & Littlefield（黒川創・北沢恒彦・中尾ハジメ訳『アンビヴァレント・モダーンズ―江藤淳・竹内好・吉本隆明・鶴見俊輔』新宿書房、一九九七年、七四～七五頁）。

【＊4】　たとえば小熊英二『〈民主〉と〈愛国〉―戦後日本のナショナリズムと公共性』新曜社、二〇〇二年、十五章。

【＊5】　井上前掲書、三一五頁。

【＊6】　また、ともに小林秀雄論を遺していることも共通点にあげられる。江藤の『小林秀雄』（一九六一年刊）と、山本の『小林秀雄の流儀』（一九八六年刊）である。

【＊7】　先崎彰容『ナショナリズムの復権』ちくま新書、二〇一三年、五章。

【＊8】　佐藤泉「「治者」の苦悩―江藤淳と日本近代」『現代思想』二七巻五号、一九九九年ほか。

【＊9】　高澤秀次『戦後日本の論点―山本七平の見た日本』ちくま新書、二〇〇三年、一章。

【＊10】　江藤と山本、双方の「中国化論」の系譜をクロスさせた議論を展開しているものとして、福嶋亮大『復興文化論―日本的創造の系譜』青土社、二〇一三年。

戦中派の退場

二〇一四年六月

元日に放送された「この国のカタチ　2014」というNHKの討論番組に出た際、若者中心のオーディエンスには、タイトルが司馬遼太郎（一九二三年生）の『この国のかたち』のパロディだという意識がないのに驚きました。現在の保守や右傾化と呼ばれているものにしても、それが「自覚せざるパロディ」になっていないか、という点検が必要ではないでしょうか。

右傾化の最大の背景は「戦中派の退場」だと思います。司馬や山本七平（一九二一年生）のような軍隊体験を持つ人々が、国民大の物語の書き手として保守論壇の中心にいた頃は、戦争を日本人自身の「失敗」として捉えるという自意識が強くあった。存命の方だと読売新聞の渡邉恒雄さん（一九二六年生）が、靖国参拝問題に関しては明確に安倍政権に反対しているのも、敗戦直前に徴兵されて、日本軍というものがとても自慢できない組織だと知っているからでしょう。

これに対し、兵隊に取られるより前に終戦を迎えた結果、少年期に思い描いていた「欧米列強と対等な世界の強国」とは異なる国（＝端的には対米従属国）で成長し大人になったことへの、割り切れなさを感じている世代を「戦後派」と呼びます。海軍エリートの家系に生まれた江藤淳（一九三二年生）がその象徴でしたが、岡崎久彦・渡部昇一（ともに一九三〇年生）・石原慎太郎（一九三二年生）・西尾幹二（一九三五年生）の各氏など、政権ブレーンないし「右傾化」の文脈で名前の挙がる方々がみなこの世代。当初はある種の世代間闘争だったはずのものが、一九五四年生まれの安倍首相を媒介として、隔世遺伝のように繰りかえされているという印象を持ちます。

安倍さんのお祖父さんはご存知のとおり岸信介ですが、戦前すなわち「祖父」の名誉にこだわる人々が、なぜ戦後という「父」の達成は唾棄《だき》して省みないのか。父親の不在が過剰なマッチョイズムを生むという逆説が、日本の保守の最大の矛盾だと思います。

（『文藝春秋』二〇一四年六月号。特集＝安倍総理の「保守」を問う）

4

歴史がおわったあとに

現在

病気と離職の体験にもとづき二〇一八年四月に刊行した『知性は死なない』（文藝春秋）は、幸いなことに、研究者をしていた頃にはありえなかったろう広い範囲からの反響をいただいた。歴史を語ることを通じてしか、教壇やメディアで人と人とをつなぐ仕事ができなかった私にとっては、そのこと自体が新鮮な驚きであり、心から嬉しく思っている。

率直にいって私たちの社会――日本に限らず世界の全域でいま、人びとが過去の歩みに学ばなくなり、歴史の存在感が薄らいでいることは事実だ。そうした事態を食い止めようとする学者時代の私の活動は、端的にいって徒労だったと思う。むしろこれからは（既存の意味での）歴史が壊死《えし》してゆくことを前提として、それでもなお維持できる共存のあり方を考えなければならないのだろう。まだ答えは出せていないが、そのヒントを模索する病後の作品を集めた。

歴史学者廃業記

――歴史喪失の時代

大学で歴史の教員をしていた際に開設した「史論家練習帳」を、この原稿をもって閉じることにしました。まずは長年更新できなかったことでご心配をおかけした（かもしれない）読者のみなさま、また本稿の掲載にあたって懇切なサポートをいただいたYahoo!ニュース個人のスタッフのみなさまに、ふかくお詫び申し上げます。

昨秋に、開設時の勤務先を離職しましたので、職業的な意味での「歴史学者」を廃業しているのは自明のことです。それにいたる経緯は、本日刊行となる『知性は死なない――平成の鬱をこえて』（文藝春秋）にまとめたので、ご関心のある方はそちらをご参照いただくとして、最後にこの場をお借りして、より本質的な意味での、私にとっての「歴史」の喪失について記したいと思います。

二〇一八年四月

歴史を語らなくなった識者たち

歴史学者という肩書で、雑誌に連載を持たせていただいたとき（◆18）、初回の一行目に「歴史というものは、人間の社会にとって、本当に必要なのだろうか」と書きました。当時の職業的に考えると、これは自殺行為なのですが、そのあとも同じ思いがふくらんでゆくだけの数年間だったなと、いまふりかえって思います。

まだこのウェブサイトを更新していた二〇一四年の春に、総合誌で「安倍総理の「保守」を問う」という企画があり、私もふくめて総勢百名の論者が回答を寄せたことがあります（本書前章）。掲載号が送られてきて驚きました。

歴史学者もふくめて、圧倒的多数の識者が「保守とはそもそも何か」を語るのです。エドマンド・バークの立場をさすとか、文化や伝統を大切にするとか、極端に流れず中庸を重んずるといった「保守の本質」を紹介したうえで、そういう立派な保守があってほしいですね、と結ぶ。政治哲学者がそのように答えるのは自然ですが、歴史の専門家として知られる人でも、いまはそう答えるものなんだと知って、ふっと意識がとおくなる気持ちがしたのをおぼえています。

もちろん、そういった本質論（そもそも論）がまちがっているわけではありません。寄稿の依頼としても、「日本は「右傾化」しているのか」と「本来の「保守」とはいかなるものか」のどちらに答えてもよい形式だったので、後者をえらんで回答するのが不誠実だということもない。

しかし、「正しい保守のあり方」のようなものを、純粋に思想の世界からとりだしてきて、目下の「保守政治」や「右傾化」がその水準に達していない、と批判すればことたりるなら、歴史を参照する必要はなくなります。リバタリアンとコミュニタリアンが両極にくる哲学チャートのようなものを準備して、平面上の「いま、ベストな立ち位置」を探せばすむことで、過去をふりかえって歴史という「奥行き」をそこにつけくわえることに、さしたる意味はない。

奥行きということばのニュアンスを、もうすこし具体的にいうと、現時点で私たちがもっている価値観や提示されている選択肢、そういったものの成立事情や背景をしることで見えてくる、相対化の感覚、ということになるでしょうか。どの価値観や選択肢をえらぼうと、歴史の流れにそれらが拘束されていることをしれば、けっして全能感は得られない。そういうわりきれなさ、「過去の影」のようなものですね。

◆18　『週刊東洋経済』の二〇一二年十一月十日号から月一回のペースで一年間執筆した「歴史になる一歩手前」。現在は東洋経済オンラインにて、全文が無料公開されている。

ひょっとすると私たちは、長らくものごとを「歴史的」に語りすぎてきたのかもしれません。とくに昭和の戦争については多弁をついやしすぎたせいで、たとえば先ほどの雑誌の依頼に「戦争の悲惨さを知っている世代が亡くなっていくことで、いまの日本では右傾化が進んでおり……」といった回答をすると、ベタでダサくみえてしまう。それは避けたいという気分が、有識者のあいだにもあるのかなと思います。

ゼロ戦ブームに歴史はあったのか

こういうことをいうと、「でも歴史教科書の問題や、中国・韓国などとの「歴史戦」に熱くなっている人は、いまもおおいじゃないか」と反論されるかもしれません。たしかに、あとわずかで終わる平成が「歴史論争の時代」でもあったことは、後世に（学問としての歴史がまだ存続していれば）書かれる文化史の、脚注くらいには残るでしょう。

しかし、政治的・社会的に「問題」になったときにだけ、歴史のまわりに寄ってくる人たちが、先ほどのべた「奥行き」という意味での歴史に関心をもっているとは、私には思いがたいところがあります。むしろ（左右とわず）自分のなかに最初から「正解」をもっていて、それが異なる人と戦って、排除したい。そういうメンタリティは、むしろチャート上のポジション争いに近い、平面的なものではないでしょうか。

私が大学に勤めていたのは、「歴史作家」としての百田尚樹《ひゃくた》さんのブームが頂点に達した時期でしたが、『永遠の0』（二〇〇六年、文庫化は二〇〇九年）も『海賊とよばれた男』（二〇一二年）も読んでいた同僚は、百田氏の「極右的」な歴史観をしって、本気でおどろいていました。文学を専門とされる方でもです。

『永遠の0』という小説自体は、とくに特攻讃美でも零戦礼賛でもありません。搭乗者の使い捨てを前提としたメカニックの無意味さや、技術面ですら間もなく米軍機に追いぬかれた事実がえがかれ、あげられる参考文献も航空戦記のほかは、NHKのドキュメンタリーや半藤一利氏といった「無難な歴史観」です。そこからどうして過激な歴史修正主義がでてくるのかと、おどろくのは自然でしょう。

鍵となるのは、現代の若者（姉弟）ふたりが特攻隊員だった祖父の姿をもとめて、その戦友たちを訪ね歩くという構造の「無意味さ」です。この戦友たちがみなじつに饒舌で、かつどう考えても戦場にいた時点ではしらなかったはずの史実（海軍上層部のようすや、米軍側の事情など）を、延々と「証言」する。つかう用語も現代風ですね。戦前生まれの人物が大学名に「帝国」を入れずに、「東大法学部のトップクラス」と陸大出の参謀を比較したりします（講談社文庫版、二〇二～二〇三頁）。

戦友たちが戦後に各種の書籍で戦史を学び、その成果をふまえて主人公に語っているという設定なのでしょうから、やはり平成のベストセラーとなるとともに歴史家のきびしい批判をあびた『少年H』(妹尾河童著、一九九七年)にくらべれば、矛盾がすくなく構成されているとはいえます。しかし、それなら主人公に自分で勉強させればよい話で、戦中派の証言に仮託する必要はないでしょう。

「未知の過去をたずねる」形式をとりながら、じっさいにはどの証言者を切りとっても、現代人たる「著者の百田氏の分身」としか出会っていないのが、『永遠の0』に奥行きがない理由です。そして、だから読まれたのです。そこで消費されたのは、歴史というより「現代のある特定の価値観」であり、だからその著者が、異なる価値観にたいして非寛容な人物であることとも矛盾しないのです。

公平を期すなら、平成の歴史論争で百田氏と正反対の側にいた「左翼的」な人にも、『永遠の0』と同様の擬似巡礼をくりかえすケースはよくみられます。自分がえがいた(その人にとっての)「理想の被害者」にしか出会う気がなく、そのイメージにあてはまる範囲でしか証言を聞かない。二〇一四年に朝日新聞が報道を一部撤回するなど(◆19)、混迷を深めた従軍慰安婦問題も、そのような人たちに引きまわされた感がありました。

この、歴史をたずねているはずが、自分にしか出会わない「旅」になるという構成は、文体にもあらわれています。容貌について具体的な描写がほとんどないので、肝心の祖父・宮部久蔵も背が高いことしかわからず、女性の登場人物はただ「美人」だとしか書かれない。読む前から読者の頭の中にある、偉丈夫や美女のイメージを代入して、各自満足してくださいということですね。これも平成を席巻した、ライトノベルやケータイ小説に通じる特徴かもしれません。

政治家に歴史観を求めた不思議な時代

もっとも、各自が別個にイメージを投影して、じっさいには他の人と食いちがったままばらばらに満足するのは、必ずしも悪いこととはかぎりません。ことに「政治」のように、多様な価値観をもった国民を一つにまとめることが要求される場面では、そうした技術がむしろ必要とされることがあります。

戦後五十周年にあたる一九九五年に出された村山富市首相談話（村山談話）は、そのような技法の結晶だったと思います。近現代史を語る部分に「わが国は、遠くない過去の一時期、国策を誤り」とだけあって、その一時期がいつなのかは語られない。かなり「左」の人であ

◆19　二〇一四年八月五日、朝日新聞は慰安婦報道の根拠に用いてきた吉田清治の証言（戦時下に済州島で従軍慰安婦を強制連行したとするもの）は虚偽だったとして、関連記事を撤回した。戦地ではなく朝鮮半島で「慰安婦の強制連行」があったとする歴史像に対し、従来から立証が不十分とする声は多かったが、元慰安婦への謝罪や賠償を求める運動体への配慮もあって訂正が遅れたことは、致命的な打撃となった。

れば、江華島事件や日清戦争から「誤りだった」とみなすでしょうし、相当「右」でも、真珠湾の奇襲攻撃が「誤っていない」と主張する人はまれでしょう。

村山談話は、このあと「戦争への道を歩んで国民を存亡の危機に陥れ、植民地支配と侵略によって」とつづくため、「わが国」が「植民地支配と侵略」をしたという文言をみとめたくない人びとにつよく忌避され、声高にその見なおしをうたって支持を集める政治家も出現しました。いわゆる、「右傾化」とよばれる現象です。

しかし、よく考えると政治家に歴史観をもとめる——政策よりも歴史認識のほうが「自分といっしょであってほしい」と感じて支持や不支持を決めるというのは、不思議な現象です。たとえば、「源氏でなく平家を応援する政治家は、国政にふさわしくない」「あんな、関ケ原観のなっていない人が総理大臣だなんて！」という有権者がいたら、かなり滑稽にうつるでしょう。

これは、極端なたとえではありません。戦前には「足利高氏（尊氏）観がおかしい」という理由で、大臣をやめさせられる政治家がふつうにいました。それがいま、とても奇妙にみえるとすれば、そう遠くない将来、政治家に「日中戦争観」や「太平洋戦争観」を問うていた時代もまた、よくわからないものとして映じる可能性も否定できません。

戦後七十周年の総理大臣談話はご存じのとおり、村山談話に批判的な勢力を代表する安倍晋三首相によって出されましたが、こうした談話の書き方自体は、そこまで変わっていませ

1995年6月9日、衆議院での「戦後50年決議」に賛同を呼びかける村山富市首相。
大量の欠席を出したことの反省が、8月15日の談話につながった。後ろは土井たか子議長

ん。「進むべき針路を誤り、戦争への道を進んで行きました」とあるので、昭和時代になんらかのあやまちを認めていることがわかりますが、そのあと唐突に「そして七十年前。日本は、敗戦しました」とつながって、なにが「誤り」なのかは結局、特定されません。

「植民地支配と侵略」の文言が、日本を主語としては盛りこまれなかったことをもって、画期的な変化――「右傾化」勢力の勝利とする論評も、その賛否を問わずみられました。しかし、それはほんとうでしょうか。

「日本は、世界の大勢を見失っていき」、「次第に……「新しい国際秩序」への「挑戦者」となって」、突然の敗戦にいたる安倍談話を読むと、自国が起こした戦争というよりは、むしろ自然災害の犠牲者を弔《とむら》う文章のような気がしてきます。「わが国」の誤りが（悪い方向にであれ）歴史を動かした、とのべている村山談話とくらべて、「日本」は侵略云々はおろか、物語全体の主語なのかもよくわからなくなっています。

「日本」というのは（「世界」と同様）、たんに物事が起こった場所の名称にすぎず、荒ぶる地霊かなにかのような、登場人物の力ではいかんともしがたいものによって災厄が生じてしまったので、鎮めるために追悼文を読んでいる。そんな印象をうけるのです。日本という主体を立ち上げて、そのなした行為＝歴史への責任を引きうけるというよりは、むしろ主体というもの自体が、すっとなくなってしまうような語り口。

それは、歴史よりも「神話」の語りに近づいてはいないでしょうか。舞台設定はしっかりしている（安倍談話も、十九世紀以降の国際環境については滔々と語ります）けれど、だれが主人公かは最後まではっきりせず、登場人物名を入れかえれば他の部族（＝国民）とも相互に交換できてしまいそうな物語の群れ。そうしたレヴィ＝ストロースが描いた人類学の世界観に、私たちの歴史認識も溶けていきつつあるのでしょうか。

神話とサブカルチャーに飲みこまれて

聖地巡礼という用語も、近年はすっかり「人気アニメの舞台になった土地を訪れること」の意味になったようですね。まずアニメの世界観にはまったうえで、頭の中で照合しつつ「ああ、ここがモデルだったのか」と確認するために、現地へ旅行にいく。もちろん、これはなにも悪いことではありません。

しかし、それが現実の歴史となると、どんなものでしょうか。大学で教えて実感したのは、歴史学者はほんらい、これまで語られてこなかった「新しい歴史像」に出会うために、史資料を読みといたりフィールドに出たりしている。ところが授業の受講者には、むしろ「既存の歴史像」を前提としたうえで、それを「より身近に感じてみたい」といった感覚で、古文書に触ったり史跡をめぐりたがる人がおおいのですね。好きなアニメキャラのフィギュアやグッズを、手元に置きたくなるのと同じです。

これは、もともとの意味での聖地巡礼になっているともいえます。一見すると一次史料(一次資料)に触れているようでいても、それを新しい歴史像への入り口としてはとらえずに、むしろ自分の頭の中にすでにある歴史(＝神話)上の登場人物がのこした「聖遺物」として、物理的な接触を楽しんでいる。よしあしは別にして、それは近代的な学問とは関係のない、各地の部族社会でよくみられる光景です。

そういう「聖遺物との接触をつうじた神話的な過去のイメージとの交歓」ではだめで、一本、すじの通ったクロノロジカル(年代記的)な歴史観を持たねばならない、という発想自体が、いまふりかえれば特殊なものだったのでしょう。そういう狭義の歴史意識は、地中海沿岸と東アジアの古代文明に固有のもので、たまたまそれらの地域でのちに近代国家が発達したがゆえに、価値ある規範とみなされてきたにすぎません。

たとえるなら、人類の始原から終末への流れを語る歴史観をもつキリスト教と、そんなものとは無縁な先住民の神話の世界観とのあいだに、ほんらい優劣はありません。前者のほうが「進んで」「知的・体系的に」みえたのは、たんにキリスト教文化圏が軍事技術でほかの地域を圧倒したからであり、そういった植民地主義の時代が終われば、捨てさられてしまっても文句は言えません。

もはや物語(ストーリー)の流れをたどることに意味はなく、すべてはキャラクターの組みあわせからなるデータベースやゲームになっている。そういう議論が「サブカルチャーの世界は新しいんですね」といった風潮で、流行した平成前半の空気が、いまはなつかしく思い出されます。じっさい、オンラインゲームとタイアップした作品制作の手法が一般化すると、必要なのは無限に着せかえ可能なキャラクターの集合体であって、重たいストーリーの存在はかえってじゃまになりました。

いま私たちが目にしているのは、そういった変容がサブカル内の「架空世界」のみではなく、現実の歴史をも飲みこみつつある状況ではないでしょうか。文学史的には時系列すら通っておらず、たんに作家名をキャラクターとして借りているだけのアニメが、その作家の記念館で企画展になる。おそらくはそういう仕事をしないと、政治家に「がん」呼ばわりされてしまうのでしょう（◆20）。大変だな、と思います。

もうひとつの「歴史の終わり」へ

「歴史の終わり」といったとき、思想的にはことなる二つの意味があります。一つはヘーゲ

◆20　二〇一七年四月に山本幸三・地方創生担当大臣が講演で、観光を活性化するための文化財の利用に関して「一番のがんは文化学芸員と言われる人たちだ。観光マインドが全くない。一掃しなければ駄目だ」と発言した（のち撤回）。

ル的な終わりで、「もうこれ以上進歩しようのない、最終状態に人類が到達した（すくなくとも、なにが最終状態かは確定した）」という意味。そうした見方は平成の初頭、「冷戦の終焉（自由民主主義の勝利）が、その状態をもたらした」というかたちで流行しました。私が研究者として、何冊かの本で書いてきたのも、こちらの意味でした。

しかし、時代はそちらを通り越して、むしろニーチェ的な意味での歴史の終わり——「歴史的にものごとを語って、一本のすじを通そうとする試み自体に無理があるのであり、もはや有効ではない」という局面に達してしまった。そうして歴史（的なものの見方）が死滅したあとになにが残るのかは、「永劫回帰」といったぼんやりしたことばでしか説明されていませんが、案外それがいま、私たちの目の前にある光景かもしれません。

厳密には、ニーチェと歴史との関係は複雑で、自分を圧殺しようとするキリスト教のような「悪しきもの」の系譜をなぞるというかたちでなら、従来とは裏返した歴史を語れると考えていた節もあり、また既存の歴史像の虚飾をとりはらえば、歴史の真実がみいだせると言いたげなところもあります。ああ、その「日本版」なのだな、と納得できそうな、学者や論客の顔が目に浮かぶ方もいるかもしれません。

そういったかたちで、これからも散発的にわが国の過去をめぐって火花が散ることは、時としてあるでしょう。しかしながら長期的にみて、この国ではもはや歴史というものがゆるやかに壊死していくことは、避けられないように思います。

それが、私がこのサービスを閉じる理由です。いままで読んでくださった方々、また支えてくださったスタッフの方々に、厚く御礼申し上げます。

（Yahoo!個人ニュース、二〇一八年四月六日。現在は文藝春秋ＨＰに転載）

偶然性と代理

——歴史の不在を生きる技法とは

二〇一八年九月

失われた日本の歴史？

——與那覇さんは『中国化する日本』（二〇一一年、現在は文春文庫）で、グローバル化としての中国化と、それを遮断して成立した江戸化を二極に置き、両者の振幅で日本の通史を描きました。『日本人はなぜ存在するか』（二〇一三年、現在は集英社文庫）でも書かれたように、今、日本的だとされていることの多くは、この江戸化のプロセスで生み出されている。

與那覇さんはその後病気をされ、歴史がストーリーからキャラクター化している状況を、神話とサブカルチャーに飲み込まれたものと評して、「歴史学者廃業記」（本書前章）を公表された。「現代建築に歴史観がないのではないか」を問うためのヒントとして、そのような経験を元に、どう考えられるか伺えればと思います。

與那覇　私自身、大学の歴史学科で教えていた時から、「歴史観」の喪失を強く感じていました。建築でも今、教育のディシプリンの中で、歴史が有機的に組み込まれていないということでしょうか。

——そう思います。もちろん、建築史を教えている先生方は危機感を持っているると思いますが……。今、環境デザインといった形で設計に関わる学校は急増していますが、そこでの歴史のカリキュラムについてリサーチしたことがあります。多くは専属の建築史の先生がおらず、設計の先生が近代建築の概論について教えたりしている。與那覇さんの言葉で言えば、既に学校教育において、歴史がキャラの列記になっているかもしれません。

與那覇　設計のヒントに、有名な作品だけ並べてひと通り知っておきましょうという扱いなのですね。単なるカタログになっていると。

そういう状況を考える時、二通りの見方ができると思います。ひとつは、日本は明治以降に他律的な近代化を経た、つまり日本の根っこを否定する近代化を強いられたので、歴史的な断絶が生まれたと。その時以来、日本人は真に自分のものとして歴史を語れなくなった。

往年の江藤淳的な感覚というか（第三部参照）、近代日本、特に戦後日本をフェイクとして見る視点になります。

しかし、私が歴史学者時代に通史の形で行ったのは、「いや、ずっと前からフェイクだったんじゃないのか？」と問いなおす作業です。日本的なものという理想＝回帰幻想のルーツは古代にまで遡ると同時に、その「あったはずの日本」が現実に実体化したのは、中国化を消去した近世江戸のごく一瞬のみだった。それ以外はむしろ「日本的」ではない＝リアルでなくフェイクな姿が常態だったのではないか。それが日本中世史家の東島誠さんとの対談での結論でした（『日本の起源』太田出版、二〇一三年）。

大昔からずっとフェイクだったので、自国史を描こうとしても有名なキャラ（人物）やアイコン（文化財）のカタログから適当につなぎ合わせる、歴史観なき歴史しか生まれえない。そういう「歴史のない」状態がずっと日本では普通だったようにも思うのです。

――「歴史がない」とは、どういう状態と考えればいいでしょうか。

與那覇　たとえば今日の歴史研究の現場でいうと、江戸時代は近代直前の社会としては、世界的に稀なほど平和ですね。識字率も相対的に高いので、庶民の上層くらいでも大量の文書を残すから、いくらでも地方史的なディテールを研究し続けられる。しかしその反作用で、国単位の歴史観というものが意識の外に消えてしまう。研究者の方が、江戸の村人と同じサイズの視野になっていくんです。

　思想史の方と歴史思想の話をすると、中世の『愚管抄』や『太平記』は本当に面白いと言う。しかし面白すぎて、江戸時代になってからも太平記の世界に没入して、武士も庶民もバーチャルに歴史を体験していたらしい。今は研究が進んでいるので、ここは自分の知識が少し古いかもしれませんが。

　民俗学者の宮田登の古典に『ミロク信仰の研究』がありますが、本来は欧米の千年王国主義のようにリニアな時間感覚を持っていた弥勒信仰が、日本の江戸時代には歴史意識を喪失して、「来年も今年のように豊作であって欲しい」とだけ祈る思想の土着化が起きていく。気にかけるのは身のまわりのことだけで、大きな物語はもっぱらバーチャルに味わうとなると、インスタグラムとオンラインゲームの先駆にも見えてきますね。

　しかし江戸時代に一番困ったのは、支配階層のはずの武士階級で、戦乱が終わってしまうと存在意義がない。そこでアイデンティティを探して歴史を掘りはじめ、社会のごく上層部が儒教化する。つまり、中国化です。これが、ムラ社会にきちんと包摂されていなかった下層農民や都市細民と共鳴現象を起こして、たとえば奇兵隊のような物騒な人々が出てくる。

　水戸学や尊王攘夷思想に始まって皇国史観に至る日本の近代は、偏ったものではあれ日本人が「歴史観」を持ち、熱烈にそれを奉じて行動した時代に見える。しかし、それは江戸時代の「あぶれ者」たちが編み出し、まぐれあたりで天下を取って一時的に普及させた、日本史上のむしろ「例外期」に過ぎなかったのではないか。学者時代に私が「中国化」と呼んだのは、そうした例外状態の別名だったのですね。

ジャポニスムの起源

――いわゆる江戸時代から明治以降につくられた日本的なものは、中国化と江戸化の振幅のあいだにある。一方、日本の文化の語り方として、中国や西欧の真似でしかないとする自画像に対して、リニアな時間を超越した「日本性」を仮構する向きがあります。

與那覇　日本文化論の歴史をふり返る際に、長く指摘されてきた問題ですね。日本人の近代観は、非常に極端な振り子的な意識になる。たとえば戦争に負けて自信を喪失していると、「日本は近代化できなかったからこんなことになった」と日本的なるものは西洋近代の正反対だととらえる歴史意識が流行る。逆に高度成長を達成すると「日本は近代化を先駆けていた」、「江戸時代に資本主義を準備していた」という感じの本が売れる。

「我々は西洋近代になり得るのか／なれないのか」という尺度だけで見ているせいで、一八〇度の対立から、日本的なものの中に実は近代があるという完全一致までの両極を、引き裂かれたまま揺れ動くだけになってしまう。「世界で唯一、西洋以外の国が近代化できた」という明治維新の神話に、いまも呪縛されているんですね。本当は、よくて中国化なのに。

――建築も同様だと思います。近代建築の時には、規格化された柱・梁の部材で自由な平面をつくり、建具でフレキシブルに使う白壁の日本建築はモダンだと。今であれば、エコロジー建築の知恵は欧米社会が直面する課題を先取りするとか、ヨーロッパの階級社会的な建築類型から脱しているとか。

一方で、近代的な普遍性と無縁なガラパゴス的な悪い場所として絶望する時期もある。欧米から見た建築の歴史のマッピングの中で列挙される、各地方のオリエンタルな試みの一つとして、期待される役割を演じているだけなのかと。

與那覇　明治以来のジャポニスムがまだ続いているんですね。建築の世界にそういう振幅があるとすると、それも歴史意識というよりは振り子的な現象に思えます。

最近、「教養書ブームの気配」に対するコメントを求められたのですが（『日本経済新聞』二〇一八年八月十三日夕刊）、それも単に、深みがあるっぽいものがほしいというテイストの変遷ではないかと。機能性に徹して余分なものを削ぎ落とすソリッドなファッションが流行ると、次にコンサヴァな重みや伝統を感じさせる装飾が流行る。それが飽きられると、また斬新な造形が流行り……という振り子が、書物でも働いている。文藝批評家なら、小林秀雄が昭和初期に指摘した「様々なる意匠」だよ、と言うでしょうか。

――今も国の肝入りで、フランスで「ジャポニスム二〇一八」というイベントをしていますが、普通に考えれば、ジャポニスムは外から見た日本イメージなわけです。これは與那覇さんが指摘された歴史のキャラクター化にも思えますが、このような文化のあり方についてはどのように思われますか？

與那覇　ジャポニスムというのは本来は他称のはずで、研究者の世界では問題的な存在なのに、自ら名乗ってしまうと……。外から与えられたキャラクターでも、本人が「ぼくらはそれでいいです、それでやっていきます」と言いだしてしまった。歴史をふり返ると、新渡戸稲造以来の帰結が、来るところまで来てしまったわけですね。

よく知られた話ですが、新渡戸の *Bushido: The Soul of Japan*（武士道）は外国人に向けて書かれたもので（一九〇〇年に米国で刊行）、「キリスト教の宗教心がない日本人は、どのように道徳を維持するのか」と聞かれて、強いて武士道を挙げたら妙にウケてしまった。いわば、武士のキャラ化への決定的な一歩ですね。そのおかげで、外国人の偏見によって描かれても、そこそこ格好良くなれる状況ができてしまった。

――新渡戸は、どう答えるべきだったのでしょう？

與那覇　先ほど、尊攘史観・皇国史観を日本人が生きた時代は「例外期」だった、と話しました。それを踏まえると、世の東西を問わず、歴史には世俗化した宗教道徳という側面があるように感じます。

欧米諸国の人たちは今でも概ねキリスト教を信じていますが、昔ほどではない。新渡戸に質問した欧米人だって、近代化にともなう世俗化の最中だったはず。その時に、「後世から見て、正しい判断をしたと言われたい」という歴史感覚が、モラルを維持する源泉になるわけですよね。有名な例は、ヒトラーとの妥協を拒んだチャーチルでしょうか。

幕末維新の動乱を経た時代に新渡戸が見た武士道も、その一類型にすぎません。だから新渡戸が「宗教がない時代こそ、歴史観がモラルの源泉になる。あなたのお国と同じですよ」と答えていれば、武士道なるミステリアスな誤解は生まれなかったでしょうね。

歴史と型のせめぎ合い

――武士道＝サムライのようなキャラクター的なわかりやすさは相変わらず拡大していると感じ

ますが、一種のアイコン、型ですよね。アレクサンドル・コジェーヴが歴史の終わりに、敢えて型と戯れるスノッブを日本に見たように。

與那覇　現実と接点のないキャラ＝様式美になりきった方が、何にでも使えるわけですね。「サッカー選手のロッカー利用のマナーがよかった」でもサムライになる（◆21）。

一方で、文化人類学で一時期議論された「文化の流用」という考え方があります。例えば、欧米人の目線で世界遺産が選ばれる。しかし、現地の人にとっても商売ができるし、プライドにもなるのでいいじゃないかと考える。そのように、欧米人に一方的に定義された自文化を、自分たちがより有利になるようにアレンジして使う現象は、世界中にある。その最大の成功例が武士道かもしれません。

――建築家は、最終的に型をつくる仕事とも言えます。そこで型のみが目的化するのでなく、歴史観と両立させることも可能ではないでしょうか。例えば、歴史上の事物をキャラ化したゲームといった（サブ）カルチャーを楽しみつつ、歴史を考えることは不可能なのか。

與那覇　近いかなと思うのは、『帝国の残影――兵士・小津安二郎の昭和史』（NTT出版、二〇一一年）で分析した小津映画の世界ですね。小津のイメージは完全な様式美で、撮影当時はリアルな日本の家族像ではまったくなく、同時代には「ブルジョワ趣味の絵空事だ」という批判さえありました。

実際によく見ると変なところだらけで、蓮實《はすみ》重彦さんの指摘で有名なのは、二階建ての家が舞台なのに決して階段を映さない。カラー時代になると、理由不明の赤いヤカンが唐突に置いてあるとか、映像表現としては完全にヴァーチャルで、「オレはこういう型で撮りたい」だけでできている。もっと日本家屋らしくお仏壇を中心に撮りましょう、などといった「時代考証」はしないわけです。

しかし面白いのは、舞台となる家のデザインとしては、全て本人の好みの様式に当てはめている反面、展開する台詞にちらりと示されるサイドストーリーのような形で、小津は歴史を語るのですね。「あの人も戦争に行って……」といった発言によって、必ず登場人物に戦争の影が差す。

言い換えると、まさに建築というかアーキテクチャは徹底的にバーチャルにつくり、しかしその上で展開するストーリーの方に、秘かに実体験を込めていた。型と歴史とがせめぎ

◆21　二〇一八年七月、サッカーのロシア・ワールドカップで敗戦した日本代表が綺麗にロッカールームを清掃して退室した挿話を、写真を添えて大会スタッフがＳＮＳに投稿（のち守秘義務違反で削除）。とくに日本で大きな話題を呼んだ。

合ってこそ、一つの芸術を構成していたのだと思います。

しかし、小津の死後に高度経済成長が来て、みんながそこそこの小津の家族のような暮らし方をするようになった。その結果、絵空事と批判されていた「型」が、最初からリアルな同時代の描写だったと錯覚されて残る反面、型からはみ出す身体感覚に依拠していた「歴史」は忘却されてしまう。

――型が過去の反復だけでなく、未来として組み立てられる。先ほど言われた、歴史＝未来からどう評価されるかという観点でみると、作り手の自意識を媒介せずに歴史が作用しているようにも思えます。

與那覇　政治思想史の片山杜秀先生と対談させていただいた時に、そうした議論が出ました（「小津安二郎が「作為」した日本」『史論の復権』新潮新書、二〇一三年）。小津研究本が沢山出始めるのは七〇年代からで、国際的にはドナルド・リチーによる『小津安二郎の美学――映画のなかの日本』（原著一九七四年）が大きかった。進駐軍記者としての来日体験を持つアメリカ人の目線で、小津の世界を「禅に通じる日本的なもの」と言い切った。後に蓮實重彦さんが『監督 小津安二郎』（一九八三年）で「小津は日本的ではない」とわざわざ論じないといけないくらい、小津が日本そのものに化けてしまった。

つまり、結果的に小津は未来作家になったのだと。小松左京のようなSF作家の描いた壮大な未来予想図がハズれて、逆に「オレの好きな型で撮って何が悪い」、「リアリティなんて知るか」と居直っていたはずの小津映画が、高度成長後に何が日本の標準になるかを言い当てたわけですね。

面白いのは、しかし今は、その「リアルだと錯覚された型」自体が崩れつつあること。たとえば晩年の小津映画では、おそらくはnLDKのデザインであろう団地に住む家族も散見されますが、今の若い人はもう日本家屋と同じくらい、nLDKモデルにもリアリティを感じないかもしれません。つまり型と現実とが葛藤するのではなく、単にスルーされる時代が来ている。

歴史の構造主義化

與那覇　歴史に関して言うと、たとえば司馬遼太郎なら明らかに、小説という技法で「本当の歴史」を捉えるんだという創作意欲があった。それが今や、刀を擬人化してイケメンにしたゲームが出てくる状況です。「本物と違うから何ですか？　それはいけないんですか？」という感覚が前提になっている。

――型やキャラの意味自体も変容してきている？

與那覇　大衆社会や消費社会を論じる方が日本史に触れると、原点としての大正モダンに注目します。片山さんのご著書（『近代日本の右翼思想』）で知ったのですが、思想家の唐木順三によると、その大正期に森鷗外は「かつてあった型がみんななくなった。このまま行くと困るんじゃないか」と懸念していた。最新のモードを順次乗りこなせばそれでいいよ、という「軽さ」が大正教養主義を基礎づけたのですが、でも昭和になるとやっぱりマルクス主義や日本主義の「型」に、物事を当てはめないと不安になってきます。

近日まで消費社会を席巻していたポストモダンという用語も、本来は建築批評の世界で、既存の様式＝「型」の系譜を脱臼させる態度を指す言葉でしたよね。その特徴のひとつがパロディですが、これは元ネタを知っているから通用するわけで、本来は元が忘れられると意味がなくなってしまう。そこで「ちゃんと元ネタを知らないとダメだ」として、定期的に、オーソドックスとされる型への揺り戻しが起こるのが常でした。

しかし、日本史におけるキャラ化の様相を見ていると、現代の歴史意識では「揺り戻さなくてもいい」という事態が生じているように感じます。「昭和が来ない大正」でいいと。それは、少し新しい局面なのかもしれません。

――その新しい局面について、もう少し分析いただけますか？

與那覇　本当にオリジナル（歴史）が無効化しきった結果、パロディではなく「オリジナル」という概念の方が意味を失う世界ですね。フェイクニュースやポスト・トゥルースというのも、その表れなのでしょう。

たとえば私のような世代がオンラインゲームの『刀剣乱舞』を最初に見ると、「イケメンキャラが欲しいからって、どうして刀の擬人化なんだ?」という点にショックを受けます。大河ドラマや従来型の歴史ゲームがしてきたように、普通に武将をハンサムに描けばいいじゃないかと。でも考えてみれば、人ではなく物の方が歴史＝オリジナルを引きずらなくて済むから、そうするのかもしれません。

人を素材にすると「本当はこういう人生だった」とか、「現実には対立した人たちだから、一緒に組むのはあり得ない」などいろいろ気にしてしまう。でも物（日本刀）の擬人化であれば、カップリングもストーリー展開もつくり放題です。「それじゃあかえってハマれないよ」と思うのは、型があってこそ人は世界に習熟できるはずだという、もはや保守的な感覚にすぎないのかもしれない。

『刀剣乱舞』に先行して『艦隊これくしょん』が流行った時には、まだ歴史学者をしていたのですが、似た予兆を感じていました。戦前の日本海軍の軍艦を美少女キャラにしたために、当時はこれは危険だと。萌えキャラを通じて、プレイヤーを日本軍の側に感情移入させていく、ソフトな歴史修正主義だといった批判をする「真面目」な人も結構いました。でも、おそらくゲームにハマっている人は、ナショナリズムとか歴史論争のような「重たい」話題を全部消去して遊ぶためにこそ、人（軍人）でなく物（戦艦）を擬人化して、しかも女の子にしているわけですよね。

従来は歴史をエンタメ化すると、「あなたはその背景にある、本当のストーリーを知っていますか？」と怒られたわけですが、むしろそういうストーリーを無視したいからやっているのだと。

——歴史学者としては、かなり耐えがたい事態であったかもしれません。しかし辞められた今は、そこに何らかの現代のリアリティを見出しておられるわけですか？

與那覇　構造主義のブームがあった頃、柄谷《からたに》行人さんの「サブカルチャーには構造しかない」という揶揄がよく引用されました。たとえばバトルマンガは、SFファンタジーか時代劇かスポ根かといった設定は違っても、「努力・友情・勝利」という構造を見ると、キャラを相互に入れ替え可能なくらい同じことしか描いてない。

構造主義の元祖であるレヴィ＝ストロースの人類学に対しても、同じ批判があったわけですよね。彼の分析は、全てを（彼自身が研究対象に投影した）構造に押し込めて、他なる文化を平板に描き出してはいないかと。そこからデリダやドゥルーズのような、ポストモダニズムの展開が生まれました。

しかし現在の歴史をめぐる状況を見ると、最終的にレヴィ＝ストロースが勝ったのかもしれません。レヴィ＝ストロースの神話分析では、「何々族が具体的にどんな歴史上の体験をしたのか」といった、個々の史実はほとんど意味を持たない。同じように、構造的にはみな同一であるオンラインゲームの、キャラデザイン上の参照カタログとしてしか、もはや歴史は享受されていない。

――「歴史学者廃業記」でも、歴史が神話の語りに近づいていると書かれていました。

與那覇　数千キロも離れた北来のA族と南米のB族の神話が、構造主義で見ると入れ替え可能になってしまうように、「日本史のイケメンキャラは使い切ったから、今回は中国史から借りようかな」といった存在に歴史が変わりつつある。それは必ずしも、ネガティヴなことではないのかもしれません。

ある記者さんに教えてもらったのですが、いまは中国人にも『艦これ』ファンが結構いるそうですね。つまり歴史からストーリーが脱色されてカタログ化すると、かえって物語的な意味での「歴史論争」ではわかりあえなかった人とでも、共有できることがある。

――もしかすると、究極的には歴史はなく、即物的にデータベースを共有できた方が、世界の共存にとって良いかもしれないと。

與那覇　そうなるかもしれません。そのことと病気の体験とを経て、哲学者の方が言われる「偶然性」の問題というものが、個人的には気になり出しています。

究極的いえば、誰と結婚するかも、子宝に恵まれるかも偶然ですよね。家族ですらその意味では入れ替え可能ですが、人間は露骨に偶然と言われてしまうと生きていけないので、「あの出会いは必然だった」といった意味づけを行うわけです。しかしひょっとすると、これからは偶然を偶然のままに生きていく技法に、軸足を移さないといけないのかもしれない。

歴史なき偶然性と知性

――歴史という営みすら、偶然に意味を与える仕掛けに思えてきます。

與那覇　そうなんです。そして、私も双極性障害のうつ状態の体験から痛感したのですが、うつというのは「意味をめぐる病」ではないかと思う。たとえば仕事の量が物理的に多いよりも、その仕事に意味を感じられないほうが、往々にしてストレスになりますよね。

ドストエフスキーの獄中記にあるそうですが、囚人労働でも小屋をつくらされるのだと、囚人が生き生きと働く。自分の家でなくとも、形あるものをつくることに意味を感じるからだと。逆に「土の山を運んだ後、自分でまた元に戻す」ような完全に無意味な作業をさせたら、きっと自殺してしまうだろうと。つまり人間は栄養素と同じように、意味を食べながら生きていて、足りないと死んでしまう。

日本史のストーリーは、なぜ我々は日本人として生きているかを意味づけるものなわけです。我々はこれまでのこういう歩みの上に、こういう時代を生きていると説明してくれる。しかしその結果、「この戦争には世界史的使命がある！」などという話になると怖い。そうした「歴史（による意味づけ）の過剰」が、平成の知識人の間では問題にされてきました。

しかし本当の課題は、むしろ「歴史の過少」だった。その時に「意味なんてなくても偶然だけで生きていける」技法があるとすれば、それはひとつのモラルのあり方かもしれない。ですが、ただ単に完全に偶然性に委ねるだけでは、歴史から宗教に戻る——目の前に何が現れても「神様のおぼしめしだから」で済ませる思考停止状態になってしまいます。

歴史叙述でいえば、意味を過剰に追い求めると「すべては仕組まれていた！」とする陰謀史観になり、意味の追求を完全に放棄すると「たまたま目についた史料を読みました」というだけの無味乾燥な論文になります。その中間をどう抜けるかという、歴史学者として感じていた課題を、もっと幅広い人のために考えたいんですね。

いまヒントになると思う思想家に、『日本人はなぜ存在するか』の文庫版の増補部分での結論として、引用した哲学者のアルチュセールがいます。彼はある時期まではマルクス主義者で、必然という見方で物事を見ようとしていたはずですが、上手くいかずに「マルクスはヘーゲル主義の悪しき部分を乗り越えていた」という自分の学説を放棄するところまで、追い詰められていった。むしろマルクスだけでなく、スピノザやマキャベリも参照しながら偶然性を考えることに軸足を移そうとしていたところで(偶然の唯物論)、極度の双極性障害を発症して未完に終わるのですが、ひょっとしたらその問題がいま、大事になってきているのかもしれないと思います。

なかば悪者のようにキャラクターゲームを扱ってしまいましたが、あれってだいたい「ガチャ」を回して、偶然当たったキャラでプレイしますよね。つまり現実世界以上に、偶然性が露骨に可視化されている。実は小津安二郎に「日本」を見出したリチーも、より近年のエッセイでは、「パチンコと座禅の機能は同じだ」と書いています(『イメージ・ファクトリー』原著二〇〇三年)。偶然、玉が当たるかどうかの確率的な無意味さに身を浸すことで、敗戦後の日本人は、信じてきた物語の破綻というもっと巨大な無意味さを生き抜いたのかもしれない、とする示唆ですね。

――高度成長終焉後の、現代の大きな流れの中で偶然が見えやすくなっているとすれば、どのような生きる技法が考えられるのか……。

與那覇　偶然性をベースにしつつ、「ぜんぶ風任せ」な思考停止にならないためにはどうするか。私としては、「代理人の倫理」が大切ではないかと考えています。

私自身が大学教員時代に、自分の本来の専門分野と異なる授業をずいぶん「代理人」として担当しました（笑）。いま思うと、そのことが結構自分の意識をつくっていた。いま、私は君たちの前で偉そうに教えているけれど、本当はもっと適した人がいるはずで、たまたまここにいるという偶然によって、自分が代理を務めているだけだと。

ルイ・アルチュセール

――偶然性の時代に、「代理」が大事だということは、非常に重要な視点だと感じます。

與那覇　大澤真幸さんが一時期、よく書かれていたと記憶しますが、戦場に行って精神を病む人は、単に自分の死を恐れているのではない。むしろ、一〇〇%の偶然に晒されることが精神を傷つけると。自分と隣にいる人の生死を分けるのが、単なる数メートルの立ち位置の違いでしかない状況では、自分が生きていることに理由（＝意味）があるとは思えない。

しかしそこから、誰かの「代理人」として生きるという倫理をつくれないか。「自分はスゴい人材だから、活躍するのは必然だ！」みたいにマッチョな方向でなく、確かに今自分は活躍しているけれど、それは究極的には他の人がやってもよかったことだ。でも、自分が代理としてベストを尽くしている。そういうモラルのあり方を模索できるように思っています。

――もちろん、そこでのベストの尽くし方、仕事の素晴らしさを評価することは前提として、慎みのような倫理が重要になってくると。

代理は型の問題にも通じる気もするのですが、数学なども同じで、「こういう問題がある。自分には解けない。しかし、それは解かれるべきなんだ」と印を付けて、タイムカプセルのように未来に受け継いでおく。将来変化しうるサナギのようなイメージを持ちます。

與那覇　それは面白い比喩ですね。代理人のモラルというとどうしても、神を代理する司祭とか、家元に代わる師範代とか、保守的なイメージになりがちです。しかし、それこそがまさに「今まではそういう形態しかなかった」という、偶然の産物のように思えます。

現在は一〇〇％の本物と、〇％のパロディやフェイクに過ぎない表層的な世界との、「間」をつなぐヴィジョン、イメージが必要な時代なのでしょう。そこでなんとか、既存の伝統志向のコンサヴァティズムではなく、もう少し自由度の高いイメージを出したい。それが代理人だと考えています。

――建築の設計の分野でも、ある機能に対して、今何かに使われていることはたまたまで、将来は別のものになりうる空間をつくろうとしている建築家もいます。

與那覇　まさしく、過去ではなく未来志向で何かを「代理」しようという提案ですね。これまで代理の哲学として一番影響力があったのは、マルクスが「ルイ・ボナパルトはいかにナポレオン一世の代理人に過ぎないか」を論じた時評で（次章参照）、どうしても代理人の皮相さが強調され、詐欺師という印象が強くなる。実際、私も『中国化する日本』では同書を引いて、日本人がありがたがる歴史的な事件が、実は昔の中国化や江戸化のコピーにすぎないことを嘲笑する態度でした。しかし今はむしろ、いかにポジティブに「代理」を語るかを考えたい。それが、本物なき時代の指針になると感じています。

（『GA JAPAN』一五四号、特集＝歴史観なき現代建築に未来はないⅢ。聞き手／同誌・山口真）

歴史なき世界のはじまり
――凡庸な独裁者たちの肖像

二〇一八年十二月

チャベスを追いかけるトランプ

二〇一六年十一月のトランプ大統領当選の報を、歴史学者であった私はうつ状態からのリハビリ中に聞きました。利用していたリワーク・プログラムには毎月、興味を持った書籍を紹介しあう時間があり、翌月に取りあげたのがR・キャロル『ウーゴ・チャベス』（岩波書店、原著二〇一三年）です。

英国紙の記者がベネズエラ国内で支持者・批判者双方に取材した同書は、米国の対テロ戦争を強く批判し「反米の英雄」として中南米のカリスマとなった大統領チャベス（執政一九九九〜二〇一三年）が、実はイラク戦争の最大の受益者だった事実を描き出します。戦争による原油価格の高騰が産油国ベネズエラのプレゼンスを増大させ、大胆な社会政策の原資を作りました。しかし一時的な外貨の流入に依存した再分配は持続できず、後継のマドゥロ政権下ではいま、経済の崩壊が進んでいます。

グローバル経済の相互依存性を無視して恣意的な関税を導入し、結果として自国内の多国籍企業の首を絞めつつあるトランプ氏は、マスコミの批判にツイッターで応戦することでも知られます。実はチャベスもまた、二〇一〇年春の時点で四十五万人のフォロワー（単純に人口比で換算すると、日本でなら二〇〇万人弱に相当）を有したツイッター政治家の先駆であり、時間無制限で自身と国民との対話をテレビ局に強制放送させた、既成メディアへの挑戦者でした。

アメリカ大陸と言ったとき、なんとなく我々は「南米の途上国が、北米の先進国を追いかけている」と考えてしまう。しかしこれからはむしろ、北米（トランプ）が南米（チャベス）を追いかける事態が進むのかもしれない。そんな話をリワークで披露したのを憶えています。

どこの地域が「先進国」なのか。否、そもそも「進んでいる」とはどういう状態を指すのか。そうした歴史の遠近法が狂ってしまった世界を、いま私たちは生きている。その自覚が大切ではないでしょうか。

かつて哲学者ニーチェが喝破し、パノフスキーらの美術史家が跡づけたように、遠近法で描くと「リアルに見える」という感覚自体が、特定の時代に成立した約束事にすぎません。

ポスト遠近法の時代にも、各種の前衛的な形態で絵画が描き続けられていったように、私たちが過去をふり返るスタンスもまた狭義の「歴史学」をはみ出し、これまでとは違ったものになってゆくのだろうと思います。

安倍政権はマルクスに学んだ？

その際に古典となる「歴史書」は、月並みですが十九世紀に書かれたマルクス『ルイ・ボナパルトのブリュメール18日』（平凡社ライブラリーほか、初出一八五二年）でしょう。ルイ・ボナパルトこと後のナポレオン三世（在位一八五二〜一八七〇年）が、いかに伯父の初代ナポレオンに倣って革命の成果を簒奪し、大統領就任を経てやがて帝政への回帰という「反動」をなし果《おお》せてゆくか。「一度は偉大な悲劇として、もう一度はみじめな笑劇として」という冒頭の一節はあまりにも有名です。

鹿島茂『怪帝ナポレオンⅢ世』（講談社学術文庫、初出二〇〇四年）が批判するように、労働者自身がブルジョワ政府を打倒する「進歩」を夢見ていたマルクスには、伯父の威光に便乗して下層階級の支持をかすめ取ったボナパルトをごろつき、詐欺師と罵る口吻がありました。実際のナポレオン三世には、彼なりに一貫した労働者救済の構想があり、それをエセ社会主義と腐すのはマルクスのやっかみとも言えます。しかし初代ボナパルトのようなカリスマを欠く凡人が、相互に対立する諸階級の支持を取りつけて国民統合の象徴に成りあがるトリックを分析した点では、『ブリュメール18日』の叙述は今日も有効です。

ルイ・ボナパルトの最大の支持基盤は本来、組織化された自らの代表を持たない分割地農民のはずでした。しかし彼の狡猾さは、「秩序の守護者」を自任することでブルジョワジーや中産階級を、「帝国の栄光」の後継者を演じて官僚や軍隊を、長い亡命生活によって「意識高い系」の浮動層（当時でいうボエーム）を惹きつけたことでした。

諸階級の代表が複数の「党派」に分かれてしまう国民議会では、こうした自分をすべての代表者にみせ（かけ）る芸当はできない。それこそがルイ・ボナパルトなる、凡庸な独裁者を生んだ秘密だった。こうしたマルクスの視点は支離滅裂な公約を掲げ、知的素養の乏しさを指摘されながらも国民の四割以上から支持を集める、目下のトランプ政権を見る上でこそ際立ってきます。

マルクス『ルイ・ボナパルトのブリュメール18日』平凡社ライブラリー

なお、あたかも同書を教科書としたかのような手法で権力を確立したのが、二〇一二年末発足の第二次安倍政権でした。「アベノミクスの三本の矢」を掲げて、特に第二（国家主導の財政出動）と第三（市場主導の規制改革）の矢は明白に矛盾するにもかかわらず、三つの政策それぞれの支持者を丸どりした。安定政権の看板を担保に、国家行事とインフラへの投機を加熱した点は、鹿島氏の描くナポレオン三世とも共通します。平成の時代に高まった国民の改革熱を、戦後最も「保守的」とされる宰相がすべて吸い上げた、あざやかな簒奪劇でした。

「中道」ヒトラー、「俗物」スターリン

この意味では安倍政権の批判者こそ、フランス第二帝政を参照しなくてはなりません。にもかかわらず多くの人は、「最も有名な独裁者」「誰にでもわかる絶対悪」という理由だけで、「安倍はヒトラーだ」の空疎な唱和に加わるばかりです。しかしここではあえて、その比喩に乗って考えてみましょう。

安倍首相をヒトラーになぞらえる批判者は、「安倍（＝ヒトラー）のような極右ではなく、『中道・中庸』の政治が必要だ」と主張します。しかしそのヒトラーこそが「中道の政治家」だったと言えば、目をむいて驚くでしょうか。これは、晩年の三島由紀夫が戯曲「わが友ヒットラー」（「サド侯爵夫人」とあわせて新潮文庫、初演一九六九年）で示した洞察です。

一九三四年夏の大粛清で、ヒトラーは正規軍の地位を奪いかけていた突撃隊最高幹部レー

ム（極右）と、実質的な社会主義政策の断行を唱える党内左派領袖シュトラッサー（極左）の双方を抹殺しました。これは日本史でいえば、二〇年代末の共産党弾圧から三六年の陸軍皇道派鎮圧（二・二六事件）を経て、総動員体制があたかも中庸なものとして国民の前に現れるプロセスの圧縮だというのが、三島自身による解説です。舞台の最後の台詞は「政治は中道を行かなければなりません」でした。

昭和日本が十年を要した過程を数日でなしとげた点に天才を認めるとはいえ、三島が描くヒトラーはマルクスにとってのルイ・ボナパルトと同様、自分が実際には（装いに反して）あらゆる立場を代表しえない矛盾に直面し、中道という表象にすがって安堵する凡人です。では、実際のヒトラーはいかなる人物だったのか。参考になるのは、T・ライバック『ヒトラーの秘密図書館』（文春文庫、原著二〇〇八年）です。

ヒトラーの蔵書のうち、書き込みから本人が熟読したとわかる書籍を抽出して、政治への影響を考察したノンフィクションの力作です。そこから見えるのは意外なほど勉強熱心ながら、きわめて凡庸な読書傾向を持ち、しかし実行力だけは卓越した人物像でした。ヒトラーの愛読書は、今日のわが国でいえば「日本すごい本」「中韓バッシング本」に類する通俗的なエセ学術書や、オカルトがかった自己啓発本で、その意味では時代を問わずどこの国にもいる、平凡な半可通《はんかつう》にすぎませんでした。

しかし「ドイツすごい本」「ユダヤバッシング本」に溺れるところまでは凡庸でも、書かれた内容を文字通りに実践してしまった点で、ヒトラーは際立っていた。このことは情報を吟味する知性よりも「実行力」が関心を集める、目下の社会の風潮を内省する上でも有益です。「独裁者とは中道の顔をして、実行力を看板にやってくる凡人だ」という教訓こそ、ナチス台頭からいま学ぶべきものではないでしょうか。

なお凡人による独裁という点では、ヒトラーのライバルだったスターリンの方に、より豊富な材料があるかもしれません。ボーレフ『スターリンという神話』(岩波書店、原著一九九一年)は、スターリンについて語り継がれたアネクドート(真偽不詳の政治的な小話)だけをつないで、その人生と統治を再構成する野心的な試みであり、「凡庸な独裁」の究極系を生きのびたロシアの民衆の息づかいが伝わってきます。

トロツキーの言と称して伝えられた「スターリンは天才的な凡人だ」という皮肉にみられるように、小話に登場するスターリンは「たまたま絶対権力を手にした俗物」です。しかし人目を忍ぶひそひそ話の世界では、自明のものとしてその凡庸さが知られながらも、スターリンの築いたソ連共産党の支配は、没後四十年弱も続きました。このことは「安倍は反知性主義」「トランプの知能は小学生並み」といった批判が、凡庸さによる支配に対してまったく無効なことを示しています。

「エチオピア化」した街頭政治

ヒトラーやスターリンの支配が全体主義と呼ばれたころ、ややゆるやかな独裁である「権威主義」のモデルを提供したのは、権力構造のなかに一定の多元性を残したムッソリーニのイタリアやフランコのスペインでした。石田憲『ファシストの戦争』（千倉書房、二〇一一年）は、前者が行ったエチオピア戦争（一九三五～一九三六年）の分析を通して、凡庸な専制政治を支えた人びとの心性を描き出します。

党内に複数のライバルを抱えたムッソリーニは、単一のイデオロギーで世論を統一できず、同戦争への支持表明に際しても古代ローマ帝国の復活をうたう耽美主義者ダヌンツィオと、最新兵器による原始状態の制圧を讃美する未来派のマリネッティではロジックが正反対でした。「レーム粛清」を経なかったイタリアでは正規軍とファシストの民兵隊が手柄争いを繰りひろげ、特に後者からはゲーム感覚で「功名従軍」を行い、体験記をメディアに流して自己陶酔に浸る義勇兵が続出するありさまでした。

多様性を統合する手段が「政治」であるのなら、エチオピアの戦場で露呈したのは強権政治というより、むしろ政治の崩壊だったのかもしれません。近年の日米両国では、聞く人の眉を顰《ひそ》めさせ、味方をむしろ減らすような罵声やヘイトスピーチに喝采する風潮が高まっています。対話を通じたヘゲモニーの獲得を放棄し、一方的なタブー破りの快感に溺れる人びとの奔流は、彼らにとって自国の街頭やSNSの言論空間が、焼きつくすべき「エチオピア」として映っていることを示唆しています。

よみがえるベンヤミンの祈り

ナチスからの亡命を阻まれて自死を遂げた批評家ベンヤミンの著名な評論「複製技術時代の芸術作品」（『ベンヤミン・コレクション1 近代の意味』ちくま学芸文庫に収録、初出一九三六年）は、マリネッティのエチオピア戦争讃美への批判で閉じられています。旧来の意味での政治や芸術が行き詰まったいま、ファシストは破壊自体をアートに仕立て、滅亡に美的な快感を覚える倒錯した感性を育てることで、資本主義の矛盾を糊塗している。それに対し「コミュニズムは、芸術の政治化をもって答えるのだ」という末尾の一節はひろく知られます。

「政治化」の含意を現代風に言いかえれば、「既存の社会のあり方に抗して、新しい人びとのつながりを生み出す契機をつくる」といった趣旨でしょう。しかしインターネットが新しい政治を可能にする、二〇一一年の〝アラブの春〟は「フェイスブック革命だ」などと叫ばれた時代の最後に生まれたのは、凡庸なツイッター独裁者トランプでした。労働者の解放をもたらすはずだった映画が、ナチズムの最大の動員手段となる逆説を解明したベンヤミンの卓見と絶望は、いまこそ再読に値します。

遺書ともいえる絶筆「歴史の概念について」（歴史哲学テーゼ。前掲書所収、成立一九四〇年）で、ベンヤミンは歴史の「進歩」という発想を完全に放棄し、進歩と称する暴風に飛ばされゆく天使の眼前に、人類が意味を見出してきた出来事の連鎖が、ただ瓦礫の山として積み上がる光景を描きました。冷戦後に語られた「経済の自由化／政治の民主化／社会の情報化」を繁栄への道として称揚する言論の数々が、文字どおり屑《くず》入れの中のがらくたとして映りはじめた現在（まもなく「知性のＡＩ化」が続くでしょう）、私たちは彼と同じ地平にたどり着いたのかもしれません。その場所で求められる「歴史」があるのなら、それはこれまでとは著しく異なったものになることを、まさに凡庸なる独裁の歴史自体が教えているのです。

ヴァルター・ベンヤミン

（『中央公論』二〇一八年十二月号、特集＝名君と暴君の世界史。原題「独裁者の実像――「カリスマなき専制」を考える」）

共著者略歴

宇野常寛　うの・つねひろ

一九七八年生まれ。評論家。『PLANETS』編集長。株式会社PLANETS代表取締役。著書に『リトル・ピープルの時代』（幻冬舎文庫）、『母性のディストピア』（ハヤカワ文庫）、『若い読者のためのサブカルチャー論講義録』（朝日新聞出版）のほか、石破茂との対談『こんな日本をつくりたい』（太田出版）など多数がある。京都精華大学非常勤講師、立教大学社会学部兼任講師も務める。

河野有理　こうの・ゆうり

一九七九年生まれ。東京大学法学部卒業、同大学大学院法学政治学研究科博士課程修了。首都大学東京法学部教授。専門は日本政治思想史。著書に『明六雑誌の政治思想』（東京大学出版会）、『田口卯吉の夢』（慶應義塾大学出版会）、『偽史の政治学』（白水社）のほか、編著に『近代日本政治思想史』（ナカニシヤ出版）などがある。

呉座勇一　ござ・ゆういち

一九八〇年生まれ。東京大学文学部卒業、同大学大学院人文社会系研究科博士課程修了。国際日本文化研究センター助教。『戦争の日本中世史』（新潮選書）で角川財団学芸賞受賞。『応仁の乱』（中公新書）は四八万部突破のベストセラーとなった。ほかに『一揆の原理』（ちくま学芸文庫）、『陰謀の日本中世史』（角川新書）などがある。

斎藤環　さいとう・たまき

一九六一年生まれ。筑波大学医学専門学群卒業、同大学大学院医学研究科博士課程修了。精神科医、評論家、筑波大学医学医療系社会精神保健学教授。『世界が土曜の夜の夢なら』（角川文庫）で角川財団学芸賞を受賞。近著に『オープンダイアローグがひらく精神医療』（日本評論社）、『承認をめぐる病』（ちくま文庫）、『人間にとって健康とは何か』（ＰＨＰ新書）など多数がある。

仲正昌樹　なかまさ・まさき

一九六三年生まれ。東京大学大学院総合文化研究科地域文化研究専攻博士課程修了。金沢大学法学類教授。専門は法哲学、政治思想史、ドイツ文学。近書に『〈後期〉ハイデガー入門講義』（作品社）、『ヘーゲルを越えるヘーゲル』（講談社現代新書）、『悪と全体主義』（ＮＨＫ出版新書）、『FOOL on the SNS』（明月堂書店）など多数がある。

東島誠　ひがしじま・まこと

一九六七年生まれ。東京大学文学部卒業、同大学大学院人文社会系研究科博士課程修了。立命館大学文学部教授。著書に『公共圏の歴史的創造――江湖の思想へ』（東京大学出版会）、『選書日本中世史２　自由にしてケシカラン人々の世紀』（講談社選書メチエ）、『〈つながり〉の精神史』（講談社現代新書）、『日本の起源』（與那覇潤との共著、太田出版）、『「幕府」とは何か』（ＮＨＫブックス、近刊）がある。

福嶋亮大　ふくしま・りょうた

一九八一年生まれ。京都大学大学院文学研究科博士課程修了。文芸評論家、立教大学文学部准教授。『復興文化論』（青土社）でサントリー学芸賞、『厄介な遺産』（青土社）でやまなし文学賞を受賞。そのほかに『百年の批評』（青土社）、『ウルトラマンと戦後サブカルチャーの風景』（ＰＬＡＮＥＴＳ）、張彧暋との共著『辺境の思想』（文藝春秋）などがある。

【写真提供】

＊45頁　週刊読書人

＊87、157、171、195、299、317、333頁　朝日新聞社

＊249、349頁　共同通信社

与那覇潤

よなは・じゅん

一九七九年生まれ。東京大学教養学部卒業。同大学大学院総合文化研究科博士課程修了、博士(学術)。専門は日本近現代史。二〇〇七年から一五年にかけて地方公立大学准教授として教鞭をとり、重度のうつによる休職をへて一七年離職。歴史学者としての業績に『翻訳の政治学』(岩波書店)、『帝国の残影』(NTT出版)。在職時の講義録に『中国化する日本』(文春文庫)、『日本人はなぜ存在するか』(集英社文庫)。共著多数。

二〇一八年に病気の体験を踏まえて現代の反知性主義に新たな光をあてた『知性は死なない』(文藝春秋)を発表し、執筆活動を再開。本書の姉妹編として、学者時代の研究論文を集めた『荒れ野の六十年』(勉誠出版)が近刊予定。

歴史がおわるまえに

二〇一九年十月七日　第一版第一刷発行

著　者　与那覇潤

装　丁　寄藤文平+鈴木千佳子

発行所　株式会社亜紀書房
〒一〇一-〇〇五一
東京都千代田区神田神保町一-三二
TEL　〇三-五二八〇-〇二六一(代表)
〇三-五二八〇-〇二六九(編集)
http://www.akishobo.com/

振替　00100-9-144037

印刷・製本　株式会社トライ
http://www.try-sky.com/

©Jun YONAHA 2019　Printed in Japan

ISBN 978-4-7505-1610-3　C0021

本書の内容の一部あるいはすべてを無断で複写・複製・転載することを禁じます。乱丁・落丁本はお取り替えいたします。